Claudia Spahn ■

Musik mit Leib und Seele

Wissen & Leben

Claudia Spahn ▪ Bernhard Richter

Musik mit Leib und Seele

Was wir mit Musik machen und sie mit uns

🕊 **Schattauer** BALANCE ❸

Prof. Dr. med. Claudia Spahn
Prof. Dr. med. Bernhard Richter
Freiburger Institut für Musikermedizin
Musikhochschule Freiburg und
Universitätsklinikum Freiburg
Breisacher Straße 60, 79106 Freiburg

Ihre Meinung zu diesem Werk ist uns wichtig!
Wir freuen uns auf Ihr Feedback unter
www.schattauer.de/feedback oder direkt über QR-Code.

Bibliografische Information der Deutschen Nationalbibliothek
Die Deutsche Nationalbibliothek verzeichnet diese Publikation in der Deutschen Nationalbibliografie; detaillierte bibliografische Daten sind im Internet über http://dnb.d-nb.de abrufbar.

© 2016 by Schattauer GmbH, Hölderlinstraße 3, 70174 Stuttgart, Germany
E-Mail: info@schattauer.de
Internet: www.schattauer.de
Printed in Germany

Lektorat: Marion Lemnitz, Berlin
Umschlagabbildung: Figurine (Kostümentwurf) für die Figur des Papageno, Zeichnung von Carl Friedrich Thiele, 1816
Satz: am-productions GmbH, Wiesloch
Druck und Einband: CPI – Ebner & Spiegel, Ulm

Auch als eBook erhältlich:
978-3-7945-6953-3 (PDF) / 978-3-7945-6954-0 (ePub)

ISBN 978-3-86739-114-6 (BALANCE buch + medien verlag)
ISBN 978-3-7945-3129-5 (Schattauer)

„Die Musik drückt das aus, was nicht gesagt werden kann und worüber zu schweigen unmöglich ist."

Victor Hugo (1802–1885)

Vorwort

Liebe Leserin,
lieber Leser,
mit Musik kommen wir alle in Berührung – und dies sogar
schon, bevor wir das Licht der Welt erblicken, da unser
Hörorgan, das Ohr, bereits im Mutterleib vollständig ausgereift ist und wir, neben anderen Geräuschen, dem Herz-
schlag unserer Mütter lauschen – musikalisch und emotional eine äußerst interessante Erfahrung. Welche tief gehende
Bedeutung die Musik für uns alle besitzt – auch wenn dies
individuell unterschiedlich sein kann –, gerät dennoch
manchmal aus dem Blickfeld.

Es ist uns deshalb ein Herzensanliegen, das Thema
„Was wir mit Musik machen und sie mit uns" auf die
„Bühne des Lebens" zu bringen und es aus unterschiedlichen Perspektiven mit möglichst hellen „Scheinwerfern"
farbig zu beleuchten. So ist ein Buch entstanden, welches
wir „mit Leib und Seele" geschrieben haben und das in
seiner Vielfalt die innige Beziehung zwischen Psyche,
Körper und Geist beim Musizieren und beim Hören von
Musik spürbar machen soll.

Als Musikermediziner, die Musik und Medizin studiert
haben und die sich sowohl an Musikhochschulen, an Uni-
versitäten als auch an Universitätskliniken „bewegen",
sind unsere Tätigkeitsfelder in Lehre, Forschung und Kran-
kenversorgung sehr vielfältig. In diesem Buch kommt die
künstlerische Seite zum Zuge und zu ihrem Recht. Unser
Anliegen hinter allem ist: Kultur!

Die Musik – und in gleicher Weise der musische Mensch
an sich – gehört in untrennbarer Weise zu unserem Mensch-
sein. Gerade die Musik als Trägerin von Kultur und Bildung bedarf der aktiven Pflege und Praxis. In diesem Sinne
ist sie nicht luxuriöses Beiwerk, sondern Grundnahrungs-

mittel. Diese Tatsache lässt sich historisch gut mit der Gründung der Hochschule für Musik in Freiburg im Jahre 1946 illustrieren: Mitten im stark zerstörten Freiburg wurde direkt nach dem Zweiten Weltkrieg eine Ausbildungsstätte für Musiker geschaffen! Die Gründung erfolgte in einer Zeit, in der es nahezu an allem fehlte und in der (fast) alles materiell und immateriell „verwüstet" war – sie entstand quasi wie Phönix aus der Asche. Damit wurde der Wichtigkeit und Unverzichtbarkeit der Musik ein mutiges Zeichen gesetzt!

Heute – in Zeiten eines wieder entstandenen Wohlstandes – scheint es manchmal, als ob wir uns der Notwendigkeit von Kunst und Kultur nicht mehr ausreichend bewusst sind. Auf die Frage „Was wären wir ohne sie?" gibt es ein wunderbares Zitat des Schriftstellers Hans Pleschinski, der in seinem in Düsseldorf spielenden Roman „Königsallee" den Stadtkämmerer und enthusiastischen Amateur-Organisten Dr. van Seeken auftreten und in einer Gesprächsrunde erregt erklären lässt:

„Meine Herren, […] der Nutzen von Kunst ist nicht messbar. Ohne Kunst hätten wir ausschließlich Thyssen, Mannesmann, Henkel und die Wohnunterkünfte drum herum. Das darf nicht der ganze Rahmen unserer Erdentage sein. […] Die Künste adeln uns und nicht die Lohntüte und die Titel. […] Wer spricht von den Steinbrüchen Ägyptens? Die Pyramiden sind's, die uns anziehen und geheimnisvoll begeistern."

Gerade heute, im vermeintlichen Überfluss, lassen sich für die Pflege und Förderung der Musik viele Begründungen anführen: Musik schafft Raum für Muße und Kreativität – Musizieren fördert Gemeinschaft und Gesundheit – Musik ist wichtig für die kulturelle Identität der Gesellschaft – Musik fördert in positiver Weise die Persönlichkeitsentwicklung unserer Kinder und Jugendlichen – und mit Musik ist das Leben einfach schöner!

Wie kam es zu den einzelnen Kapiteln und was verbindet sie?

Zuvörderst handelt es sich um eine Auswahl von Themen, die unserem Erfahrungshintergrund entspringen und die wir häufig in Präsentationen und Vorträgen als anschauliche und anziehende Beispiele verwenden. Es ist sozusagen die persönliche Auswahl des „Was wir (die Autoren) mit Musik machen und sie mit uns" – und damit rein subjektiv. Hierzu gehört auch die Musizierpraxis, d. h. die intensive Auseinandersetzung beim Musizieren selbst und beim Produzieren von Klängen, die für uns Autoren von Kindesbeinen an eine konkrete alltägliche Erfahrung darstellt. Diese Erfahrung umfasst das Spiel unterschiedlicher Instrumente, wie Blockflöte, Geige, Klavier, und den Gesang sowie sehr verschiedene Aufführungsformate wie klassisch orientierte Konzerte als Solisten sowie in diversen Instrumentalensembles und im Knabenchor, Auftritte auf zahlreichen Kleinkunstbühnen im Musik-Cabaret sowie deutsch-französische Musiktheaterproduktionen im Stile der interdisziplinären Aufführungspraxis mit „La Compagnie Trompe l'Œil aux Chateaux du Tertre" in Bellême, Frankreich.

In den zehn Kapiteln finden Sie, liebe Leserin und lieber Leser, eine Mischung aus übergeordneten Themen sowie die Beschäftigung mit einzelnen Werken.

Letztere haben eines gemeinsam: Sie befassen sich mit der Musik selbst, mit ihrer Wirkung auf den Menschen und mit den Chancen, die darin liegen. Musik ist dabei verbunden mit Liebe und Beziehung, denn Musik ist das Mittel, die Geliebte zu finden (ZAUBERFLÖTE und DSCHUNGELBUCH), wiederzufinden (ORFEO/ORPHÉE), oder sie zu „gewinnen" (SÄNGERKRIEG DER HEIDEHASEN). Im umfassenden Sinne bildet hierfür der Orpheus-Mythos die Grundlage, welcher die Musikdramen der gesamten Musikgeschichte – mit Gesang und Lyra – durchzieht und auch als Motivik beispielsweise in der ZAUBERFLÖTE im Zauberklang der Flöte und des Glockenspiels aufgegriffen wurde. Aber auch im SÄNGERKRIEG DER HEIDEHASEN erhält der beste Sänger die Prinzessin als „Preis" und nicht zuletzt übt auch im DSCHUNGELBUCH das Mädchen durch seine Stimme und sein Singen die entscheidende Anziehung auf den Jungen Mogli aus.

Die Auswahl der übergeordneten Themen gruppiert sich zwanglos um die Einzelthemen herum: Singen und Musizieren mit Leib und Seele – als Überblick und Hinführung in den gesamten Themenkomplex; die Stimme – ihre göttliche Wirkung und ihre Bedeutung in den Medien; das Ohr und der Gehörsinn – als Tor zur Seele und zur Musik; die Sprache/der Spracherwerb und ihre Verbindung zur Musik sowie Rituale auf der Bühne und beim Auftritt: toi, toi, toi!

Dieser Band wäre nicht entstanden, wenn uns nicht der Herausgeber der Reihe „Wissen & Leben" und Verleger des Schattauer Verlages, Dr. Wulf Bertram, hierzu aufgefordert hätte. Für diese spannende Möglichkeit, einmal etwas – abseits der täglichen Routine der Fachartikel und Forschungsanträge – „Essayistisches" zu schreiben, gilt ihm unser ganz persönlicher Dank. Für die gemeinsame Entwicklung von Inhalt und Konzeption des Buches danken wir ebenfalls sehr herzlich der Leiterin des Lektorats, Dr. Petra Mülker, im Schattauer Verlag. In diesen Dank schließen wir ausdrücklich auch die kompetente Mitarbeiterin im Lektorat, Ruth Becker, und die hervorragende Lektorin Marion Lemnitz mit ein, mit denen wir nunmehr schon beim zweiten Buchprojekt gut zusammengearbeitet haben. Natürlich danken wir ganz besonders herzlich auch allen Freunden, Mitarbeitern und Kollegen, die uns bei der Erstellung des Buches durch Lesen der Texte und fachdienliche Hinweise unterstützt haben.

Nicht zuletzt soll die Lektüre – passend zum Thema „Musik mit Leib und Seele" – unterhaltsam und kurzweilig sein. Auf die Lesereise durch die einzelnen Kapitel möchten wir Ihnen als Leserinnen und Leser ein Zitat aus einem anderen Buch aus dem Jahr 1557 mit auf den Weg geben, welches auf dem Titelblatt mit folgenden Worten angepriesen wird:

„Wegkürtzer. Ein sehr schön lustig vnd auß dermassen kurtzweilig Büchlin, der Wegkürtzer genant, darinn vil schöner lustiger vnd kurtzweyliger Hystorien, in Gärten, Zechen, vnnd auff dem Feld, sehr lustig zu lesen, geschriben, vnd newlich zusamen gesetzt. Durch Martinum Montanum von Straßburg."

In diesem Sinne wünschen wir Kurzweil, schöne Momente der Erfüllung und Muße beim Lesen!

Ihre

Freiburg im Breisgau, **Claudia Spahn und**
im Herbst 2015 **Bernhard Richter**

Inhalt

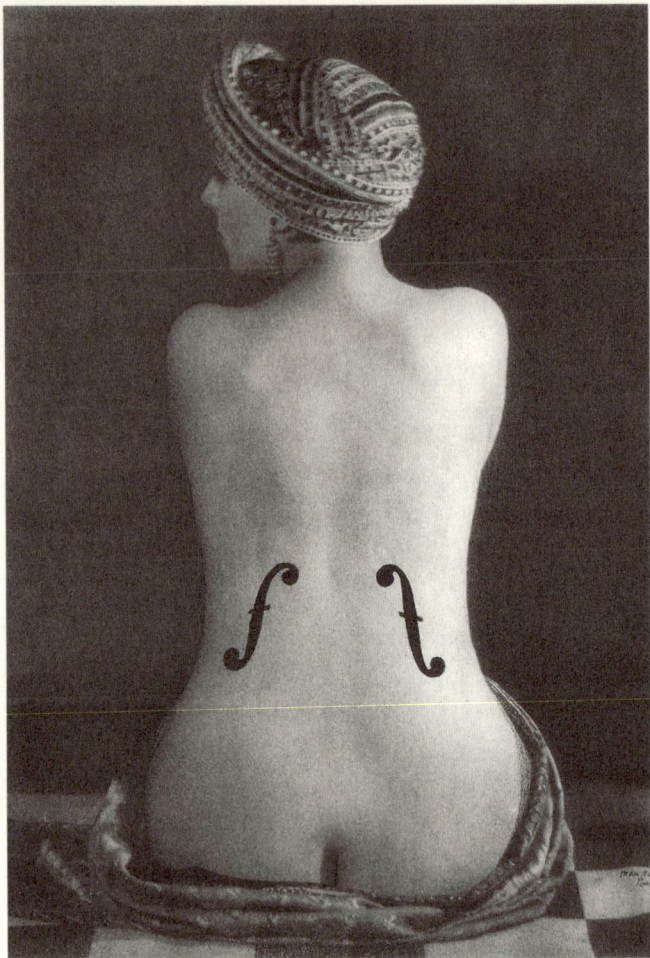

1 Singen und Musizieren mit Leib und Seele

Für uns Menschen ist Musik allgegenwärtig. Dabei begegnet sie uns in ganz unterschiedlichen Formen: als hörbares Ereignis wie beim Klang einer Klarinette, die zum Tanz aufspielt, als gedachtes Ereignis wie bei einer Melodie, die uns im Kopfe herumgeht, oder auch als Konzept von Musik wie bei der Sphärenharmonie von Pythagoras (um 570 v. Chr. bis nach 510 v. Chr.), wonach Musik durch die Bewegung der die Planeten tragenden „Kugeln", die sogenannten Sphären, im Weltall entstehen soll.

Musik ist ihrem Wesen nach zutiefst menschlich, denn sie wird durch den Menschen erzeugt und wirkt auf ihn zurück – sei es auf den Musizierenden oder auf den Zuhörenden. Musik ist demnach eine „humane" Kunst – wie der Autor und Pianist Roberto Cotroneo in seinem im Jahr 2006 in Buchform veröffentlichen BRIEF AN SEINEN SOHN ÜBER DIE LIEBE ZUR MUSIK mit dem Übertitel FRAG MICH, WER DIE BEATLES SIND ausführt.

Dass Musik eine ganz besondere Form des Ausdrucks darstellt, war vermutlich schon den Flötenschnitzern bewusst, die vor 35 000 Jahren mit viel Mühe und Geschick aus dem Flügelknochen eines Geiers ein funktionstüchtiges Instrument anfertigten. Nach heutigem Kenntnisstand und den Veröffentlichungen von William Fitch und William Hardy McNeill kann angenommen werden, dass gemeinsames Singen, Musizieren und Tanzen eine wichtige Funktion für die soziokulturelle Evolution besaß, da hierdurch die Kooperationsbereitschaft der Wir-Gruppe und deren Zusammenhalt gestärkt wurden.

Musik, Gesang und Tanz stellen in den unterschiedlichsten Kulturen weltweit zentrale Elemente des Soziallebens sowie auch der Heilkunst dar. Hildegard von Bingen (1098–1179), der deutschen Mystikerin, Äbtissin und Heilkundlerin, lagen Fragen der Gesundheit und die Pflege der Musik gleichermaßen am Herzen. Musik war für sie verbunden mit einem Zustand himmlischen Wohlbefindens – dem Gesundheitsideal schlechthin. Aus ihrer christlichen Überzeugung heraus drückt sie dies so aus: „In der Musik hat Gott den Menschen die Erinnerung an das verlorene Paradies hinterlassen." Mittlerweile besitzen wir zahlreiche wissenschaftlich fundierte Belege dafür, dass Kultur im Allgemeinen und das Singen im Besonderen positive gesundheitliche Wirkungen für den einzelnen besitzen. Dem interessierten Leser sei für einen aktuellen Überblick über die vielfältigen Wirkungen von Musik das von Günther Bernatzky und Gunter Kreutz herausgegebene Buch Musik und Medizin empfohlen.

Schon Mitte der 1990er Jahre konnte die Arbeitsgruppe um Bygren zeigen, dass Menschen, die häufig an kulturellen Veranstaltungen teilnehmen, eine signifikant höhere Lebenserwartung haben als Menschen, die kulturell nicht aktiv sind. Dass Musizieren auf Körper und Geist gleichermaßen positiv wirkt, ließ sich auch beim Singen nachweisen. So konnte die Arbeitsgruppe um Gunter Kreutz bei Menschen, die aktiv singen, gesteigerte Abwehrkräfte des Immunsystems feststellen. Singen führt außerdem unmittelbar – wie Thomas Biegl fand – zu vermehrter Ausschüttung von „Glückshormonen", den Endorphinen.

Ein anschauliches Beispiel dafür, wie stark die Musik uns erreichen kann, ist bei Kindern zu beobachten, die wie gebannt zuhören, wenn man ihnen etwas vorsingt – fast könnte man sagen: wie hypnotisiert! Eine vergleichbare Intensität im emotionalen Ausdruck zeigen auch Kinder, die voller Freude – und völlig selbstvergessen – beim Fahrradfahren aus vollem Halse singen!

Wie schrecklich es für die Gesellschaft wäre, wenn die Musik fehlen würde, möchte man sich gar nicht ausmalen müssen. Die Augsburger Puppenkiste hat im Jahr 2000 den sehens- und hörenswerten Versuch unternommen, das Thema „Musik und Kultur für Groß und Klein" in einer 13-teiligen Serie mit dem Titel LILALU IM SCHEPPERLAND aufzuarbeiten. Die Filmemacher zeigen nicht nur, was der Verlust der Musik für das Land Melodanien bedeutet (das Land, in dem nicht „Milch und Honig", jedoch unablässig schöne Töne fließen), sondern sie sorgen auch dafür, dass die von einer bösen Hexe mit dem sinnreichen Namen „Synkopia" (Herrscherin des Schepperlandes Kakofonien) entführte melodanische Prinzessin Lilalu durch ihre Freunde Pimpernell und Lukulla befreit wird und schließlich die Musik obsiegt: ein Happy End – glücklicherweise!

Singen und Musizieren kann man also wahrlich als „Grundnahrungsmittel" begreifen – so wie der Philosoph und Komponist Friedrich Nietzsche (1844–1900) es formulierte: „Ohne die Musik wäre das Leben ein Irrtum."

Leib und Seele – Problem, Dilemma, Einheit?

Aus der Sicht eines Musikers scheint es klar zu sein, dass Musizieren nur in der Einheit von Leib und Seele möglich ist. Diese Einheit hat Man Ray (1890–1976) in seiner berühmten Fotografie LE VIOLON D'INGRES im Jahr 1924 ver(sinn)bildlicht, die zu Beginn dieses Kapitels zu bewundern ist. Auf dem Bild sieht man den nackten Rücken einer Dame mit Turban, auf welchem die beiden F-Löcher einer Violine platziert sind. Das Modell, deren schöner Rücken uns „anlächelt", ist die legendäre Kiki de Montparnasse (eigtl. Alice Ernestine Prin, 1901–1953), Muse aller Musen im Paris der 1920er Jahre, den „Années folles". Der Bildaufbau ist ein Zitat des berühmten Bildes LA BAIGNEUSE DIT DE VALPINÇON (Die Badende von Valpinçon; 1808) von Jean-Auguste-Dominique Ingres (1780–1867), den Man Ray verehrte. Der Titel ist reichlich doppelbödig: Auf Französisch bedeutet „Violon d'Ingres" „Steckenpferd". Er leitet sich ab vom Maler gleichen Namens, der wohl recht leidenschaftlich auf der Geige „dilettierte" (sich ergötzte) – Kiki war zu der Zeit, als das Foto entstand, die Geliebte von Man Ray – honi soit qui mal y pense.

Wechselt man aus der musikalischen Perspektive in diejenige der Philosophie, so ist die Frage, *ob* und, wenn ja, *wie* Leib und Seele zusammengehören eine „überdauernde philosophische Fragestellung", wie es Jochen Fahrenberg formulierte. Ja, es ist nicht nur eine Fragestellung, sondern häufig ein Problem, welches manchmal sogar als Dilemma dargestellt wird, auf Deutsch also eine Zwickmühle, ein unlösbarer Konflikt. Für Schopenhauer war es der „Weltknoten", er formulierte 1813 in seiner Schrift ÜBER DIE VIERFACHE WURZEL DES SATZES VOM ZUREICHENDEN GRUNDE in § 42: „Die Identität nun aber des Subjekts des Wollens mit dem erkennenden Subjekt, vermöge welcher (und zwar notwendig) das Wort ‚Ich' beide einschließt und bezeichnet, ist der Weltknoten und daher unerklärlich." Das ist für „Nicht"-Philosophen durchaus nicht auf Anhieb leicht zu verstehen ...

Um sich hier nicht im philosophischen „Dschungel" zu verlieren, wird an dieser Stelle bewusst darauf verzichtet, die Gedanken weiterer bedeutender Denker wie Sokrates, Platon, Aristoteles, Demokrit, Epikur, Lukrez, Descartes, Leibniz oder Eccles darzustellen und zu diskutieren – um nur eine unvollständige Auswahl derjenigen zu nennen, die sich intensiv mit diesem Thema beschäftigt haben. Dem interessierten Leser sei für einen ersten Überblick die Zusammenstellung von Achim Stephan im Lexikon der Neurowissenschaften empfohlen; hier finden sich auch Angaben zur vertiefenden Lektüre.

Sehr stark vereinfacht kann man sagen, dass Denkschulen, die von einer Einheit von Leib und Seele ausgehen (sog. Monismus) anderen gegenüberstehen, die eine Trennung beider Elemente postulieren (sog. Dualismus). Diese Fragen werden keineswegs nur in der Philosophie abgehandelt, sondern auch in anderen Wissenschaftsdisziplinen wie beispielsweise der Theologie, der Psychologie und nicht zuletzt auch in der Medizin, wie es Olaf Meyer in seiner Monografie LEIB-SEELE-PROBLEM UND MEDIZIN ausführlich beschreibt. Je nach Blickwinkel und Denkschule können sogar benachbarte Fächer wie Psychologie, Psychiatrie und Psychosomatik zu ganz unterschiedlichen Schlussfolgerungen gelangen, die großen – vorentscheidenden – Einfluss auf Diagnostik und Therapie haben können.

Man kann diese „Weltverknotungen" nicht einfach lösen und auch nicht zerschlagen, wie es weiland Alexander der Große mit dem sprichwörtlichen „Gordischen Knoten" tat. Man kann allerdings versuchen, mit der Frage von Leib und Seele kreativ umzugehen.

Hierfür liefert die Musik ein gutes Modell. Sowohl in der aktiven Musikausübung – beim Singen und Musizieren – als auch in der Wahrnehmung von Musik spielen Prinzipien der Balance und harmonischen Ausgewogenheit eine wichtige Rolle. Disharmonien können – den Hörgewohnheiten der europäischen Musik entsprechend – vegetativ zu erhöhter körperlicher Aktivierung führen. „Die Vorstellung des Chaos" zu Beginn der SCHÖPFUNG von Joseph Haydn (1732–1809) ist hierfür ein berühmtes Beispiel.

Auch für die Gesundheit ist es wichtig, dass die Harmonie von Körper und Seele gefördert wird, wie Klaus Bergdolt in seiner Monografie LEIB UND SEELE – EINE KULTURGESCHICHTE DES GESUNDEN LEBENS aus dem Jahr 1999 ausführlich darlegt. Dabei sollte „ganzheitlich" und „integrativ" gedacht und gehandelt werden. Wenn wir heute von „Psyche" sprechen, meinen wir die seelischen Anteile des Menschen, welche in die Bereiche der Gefühle und der Gedanken (Kognitionen) aufgeteilt werden. Interessanterweise war dies nicht immer so. In der Antike herrschte noch die Vorstellung einer Ganzheit des Menschen vor: Der Begriff „psyché" bedeutete ursprünglich im Griechischen Atem und Leben. Der römische Dichter Juvenal prägte am Übergang vom ersten zum zweiten Jahrhundert nach Christus das bekannte Ideal „Mens sana in corpore sano" (gesunder Geist in einem gesunden Körper). Mit dem Aufkommen der naturwissenschaftlichen Betrachtungsweise des Menschen in der Medizin im 18. und 19. Jahrhundert etablierte sich im westlichen Denken eine Spaltung von Körper und Seele, die bis heute nicht gänzlich überwunden ist. Während sich diese Spaltung allmählich ausformte, wurde sie bereits von Zeitgenossen deutlich kritisiert. So formulierte Nietzsche: „Es steht uns Philosophen nicht frei, zwischen Seele und Leib zu trennen; (…) Wir sind keine denkenden Frösche, keine Objektivier- und Registrier-Apparate mit kaltgestellten Eingeweiden." Die Etablierung des Fachgebiets der Psychosomatischen Medizin (vom griechischen „sõma" = Körper) im letzten Jahrhundert trägt dazu bei, diese Trennung von Leib und Seele unter einer ganzheitlichen Betrachtung des Menschen in seinen bio-psycho-sozialen Aspekten zu überwinden.

Thure von Uexküll (1908–2004) problematisierte als einer der prominentesten Vertreter und als einer der Gründerväter der Psychosomatik den Dualismus von Leib und Seele. Seine Gedanken finden sich in gut rezipierbarer Form in einem Aufsatz mit dem Titel Die Entstehung der psychosomatischen Medizin aus der Geschichte des Leib-Seele-Dualismus und darüber hinaus in den einleitenden Kapiteln seines Standardwerks Psychosomatische Medizin wieder. Hier kritisiert er das „dualistische Paradigma" der Medizin mit der Spaltung in einen „kranken Körper ohne Seele und eine leidende Seele ohne Körper". Als Lösungsansatz entwickelte er die sogenannte „Integrierte Medizin", welche für eine gemeinsame Wahrnehmung körperlicher und seelischer Aspekte plädiert und damit eine isolierte Sichtweise biomechanischer oder psychologischer Aspekte in der Patientenbetreuung überwinden hilft.

Neben diesen Konzepten der „Psychosomatischen Medizin" ist Musizieren ein möglicher Weg zur sinnvollen Vereinigung von Leib und Seele – frei nach Novalis, der formulierte: „Jede Krankheit ist ein musikalisches Problem – ihre Auflösung eine musikalische Auflösung." Musizieren kann die Einheit von Leib und Seele direkt erfahrbar machen: Das „Voca me cum benedictis" aus Mozarts REQUIEM – gedacht, gehört oder gesungen – oder STÄNDCHEN in Schuberts Vertonung des Textes „Leise flehen meine Lieder" von Ludwig Rellstab – um nur zwei subjektiv herausgegriffene Beispiele zu wählen – überdauern Zeit und Raum und ermöglichen einen Transport von Emotionen über Generationen und Grenzen hinweg – besser und zuverlässiger als es jede noch so ausgefeilte „Cloud" im digitalen Orbit der Zukunft je können wird.

Im Folgenden sollen deswegen im Geiste der Musik Beispiele und Lösungsvorschläge unterbreitet werden, wie man mit Dichotomien kreativ umgehen kann. Scheinbar unüberbrückbare Gegensätze wie Klassik – Pop, Beatles – Stones, Alt – Jung können dabei nicht gänzlich aufgelöst werden, aber sie verlieren an Bedeutung, wenn man sie „integriert" und nicht separiert betrachtet!

Universelle Wirkung von Musik

Musik wird häufig als universelle Sprache bezeichnet – hat sie aber auch eine universelle Wirkung? Aus unserer Sicht ist die Antwort eindeutig: Ja – was zu zeigen sein wird!

Musik ist heute in den Ländern, die Zugang zu elektronischen Medien haben, fast überall und fast immer verfügbar (s. Kap. 8). Die sogenannte Klassische Musik ist europäischen Ursprungs und weltweit ein Exportschlager – so ähnlich wie italienische Pasta! Die Verantwortlichen für die Außendarstellung der Donaumetropole Wien haben dies verstanden und es ist ihnen gelungen, ihre Stadt zu *der* Botschafterin der „Schönen Künste", insbesondere der klassischen Musik von Haydn, Mozart, Beethoven, Schubert und den Mitgliedern der Strauss-Dynastie, zu machen – clever! Dass diese Musik tatsächlich als Exportschlager taugt, kann man beim alljährlichen Neujahrskonzert der Wiener Philharmoniker sehen. Laut Auskunft der Wiener Philharmoniker wurde das Neujahrskonzert 2015 mit Zubin Mehta vom ORF in 90 Länder weltweit übertragen und von mehr als 50 Millionen TV-Zuschauern verfolgt – eine Spitzenquote!

Auch die erste, am 25. Juni 1967 weltweit live per Satellit ausgestrahlte TV-Sendung „Our World" war wesentlich von kulturellen Beiträgen getragen. Nach Schätzungen der European Broadcasting Union (EBU) konnten in 31 Ländern zwischen 300 und 700 Millionen Menschen diese Sendung sehen.

The Beatles waren als Vertreter der damals endgültig auf dem Siegeszug in Richtung Mainstream befindlichen Pop-Musik in der Sendung zu erleben, die fast zweieinhalb Stunden dauerte. Gezeigt wurde eine Aufnahmesession aus den Abbey Road Studios in London. Die Beatles sangen „All you need is love" mit Unterstützung von Mick Jagger und Keith Richard von den Rolling Stones und zudem noch Eric Clapton (Cream), Marianne Faithfull, Keith Moon (The Who) und Graham Nash (The Hollies) – wow, welcher Cast! Dies ist hinsichtlich der „Qualität" der beteiligten „Celebrities" vergleichbar mit der Uraufführung der 7. Sinfonie von Ludwig van Beethoven am 8. Dezember 1813 in Wien, bei der unter Leitung des Meisters im Orchester u. a. so herausragende Musiker und Komponisten wie Giacomo Meyerbeer (1791–1864), Louis Spohr

(1784–1859), Johann Nepomuk Hummel (1778–1837), Bernhard Heinrich Romberg (1767–1841) und Antonio Salieri (1750–1825) mitwirkten.

„All you need is love" ist musikalisch eine der vielschichtigsten Kompositionen der Beatles, was sicherlich nicht unwesentlich ein Verdienst des genialen Produzenten George Martin war, der wegen seines großen Einflusses, den er auf die Fab-Four ausübte, auch als „fünfter" Beatle bezeichnet wird. Die Rhythmik ist mit den häufigen Taktwechseln von einem 4/4-Takt zu einem 3/4-Takt nicht trivial – ebenso wenig wie die prägnante Bass-Linie von Paul McCartney und die durch Overdubbing verfremdete Lead-Stimme von John Lennon sowie der Einsatz von klassischen Streichinstrumenten. Zahlreiche Musikzitate unterstreichen die universelle und über die Rock-/Pop-Musik hinausreichende Intention des Stückes. Es erklingen Ausschnitte aus der „Marseillaise", einer zweistimmigen Invention von Bach (BWV 779), dem englischen Volkslied „Greensleeves", „In the Mood" von Glen Miller sowie Selbstzitate der Band aus den Titeln „She loves you" und „Yesterday". Diese Titel sind teils ineinander verwoben und überlappend zu hören und durch Verwendung untypischer Instrumente wie der Trompeten in der Bach'schen Invention sowie eines Streichorchesters im Volkslied verfremdet – grandios.

Fast beiläufig beantworten mit dieser Session die Künstler selbst durch ihr „kollegiales" Miteinander die viel gestellte – und nicht selten als Dilemma bezeichnete – Frage, ob man die Platten der Beatles oder die der Stones auf die sprichwörtliche „einsame Insel" mitnehmen würde: ALLE von beiden Bands!

Die Beatles waren im Jahr 1967 auf dem absoluten Höhepunkt ihrer Popularität angelangt. Ihre Entwicklung begann als Liverpooler „Underdog"-Band mit Halbstarken-Image, deren Musik von den Erwachsenen als

„Negermusik, die aus dem Urwald kam" angesehen wurde
– wie Klaus Voormann, Wegbegleiter der Beatles seit gemeinsamen Hamburger Tagen, seine Mutter zitiert. Sie entwickelten sich zu der von den Massen der Teenager in Zeiten der Beatlemania abgöttisch geliebten Band, welcher
jedoch von konservativen Kreisen immer noch eine so „zer-
setzende" Wirkung auf die Jugend zugeschrieben wurde,
dass man ihre Platten in den USA verbrannte (sic!) (s. u.),
nachdem John Lennon 1966 in einem Interview mit
Maureen Cleave für den „London Evening Standard" einen – von der Presse missinterpretierten – Vergleich mit
Jesus machte („We're more popular than Jesus now").
Schließlich erreichten die Beatles in der Vor-Woodstock-
Ära und weit darüber hinaus den Status von Pop-Ikonen.

Diese Jugendbewegung wurde weltweit wesentlich von
der Musik getragen und geprägt, die Beatles waren nur ein
Teil davon – wenn auch kein geringer. Bob Dylan, Jimi
Hendrix, Janis Joplin und viele andere mehr drückten das
Lebensgefühl einer ganzen Generation aus – ein im wahrsten Sinn des Wortes „nachhaltiger" Effekt, der bis heute
andauert.

Ein weiteres, sehr interessantes Beispiel für die universelle Wirkung und Gültigkeit von Musik ist ein Video, welches unter dem Titel „Une tribu en Amazonie regarde pour
la première fois des images sur notre civilisation" bei You-
Tube zu finden ist. Es zeigt Filmaufnahmen eines Stamms
von Ureinwohnern des Amazonasgebietes, der noch wenig
Kontakt zur westlichen Kultur hatte und von Ethnologen
besucht wird. Die Wissenschaftler führen einer Gruppe von
Männern aller Altersstufen verschiedene „kulturelle" Errungenschaften der westlichen Kultur in einem Film auf
dem Computer vor – die „besten" und die „schlimmsten",
wie es im Off-Kommentar zum Film heißt – und bitten sie
um Reaktionen: Unter anderem ist hier Maria Callas zu
erleben. Sie singt Ausschnitte der Arie „Casta diva" aus der

Oper NORMA von Vincenzo Bellini (1801–1835) in einer Aufzeichnung der Galaaufführung vom 19.12.1958 an der Opéra de Paris. Alle, auch die Jüngeren, lauschen gebannt. Ein Sprecher der Gruppe sagt, dass sie sehr viel Respekt vor Sängern hätten, die sich trauen würden, öffentlich vor anderen zu singen. Ein Vertreter der Jüngeren sagt, dass dies nicht ihre Kultur sei, sie würden die Beispiele nicht kennen, aber es würde sie dennoch berühren. Ein Älterer sagt, er findet das überwältigend, er ist erschüttert – ohne es zu verstehen: Voilà, dem ist wenig hinzuzufügen.

Ein anderer Beleg für die universelle Wirkung von Musik ist die anhaltende und ungebrochene Begeisterung „fernöstlicher" Menschen für die westliche Musikkultur. Obwohl die Hörerfahrungen sowohl der westlichen Popmusik als auch der westlich orientierten klassischen Musik recht weit von der traditionellen Musik in den asiatischen Ländern entfernt sind, sehen viele Menschen im Erlernen gerade dieser westlichen Musikstile ihren Lebensinhalt. Aus der Popmusik sei nur ein Beispiel herausgegriffen: der nachhaltige Erfolg der deutschen Rockband *Scorpions*, die besonders in Japan grandiose Erfolge feierte – Stichwort *Tokyo Tapes*. Eine ähnliche Begeisterung für weltweit tourende Rock-/Popbands kann man auch auf anderen Kontinenten beobachten, dies ist vermutlich ein Spezifikum der weltweit – als Folge einer einheitlichen Mediennutzung (s. Kap. 8) – recht uniformen Jugendkultur. Jedoch erstaunt immer wieder die anhaltende Begeisterung der Menschen aus Japan, Korea, China und Taiwan für klassische Musik. Im Folgenden seien drei Beispiele herausgegriffen, welche dieses Phänomen aus unterschiedlichen Perspektiven beleuchten.

Zunächst: TRIP TO ASIA. Dies ist ein Film von Thomas Grube, der eine Konzertreise der Berliner Philharmoniker unter der Leitung von Simon Rattle durch die asiatischen Länder China, Hongkong, Taiwan, Südkorea und Japan im

Jahr 2008 dokumentiert. Thomas Grube hatte mit den Berliner Philharmonikern bereits andere Filmprojekte, wie RHYTHM IS IT, erfolgreich gedreht, sodass in TRIP TO ASIA ein besonders nahes, fast könnte man sagen intimes Portrait des Orchesters und seiner einzelnen Musiker gelingen konnte. Dieser Aspekt wurde von der Kritik, wie beispielsweise von Kai Luehrs-Kaiser, besonders lobend hervorgehoben. In der Tat erlaubt der Film hier erstaunlich ungeschminkte Einblicke in das Seelenleben einzelner Orchestermusiker – fast ist man manchmal irritiert ob solcher Offenheit vor der Kamera. Aber ebenso berührend wie die Portraits der Musiker ist die Darstellung des Publikums und seiner Reaktionen: reine Begeisterung für die klassische Musik! Während in Deutschland in klassischen Konzerten allenthalben eine „Vergreisung" des Publikums und ein Schwund der Besucherzahlen beklagt werden, stammten die Zuhörer bei den Konzerten der Berliner Philharmoniker in den genannten Ländern aus allen Altersschichten; vor allem junge Menschen strömten in Massen zu den Konzerten. Ein eindrucksvolles Beispiel hierfür ist die Szene in Taipeh, bei der Zigtausende, die wohl keine Karten für das Konzert bekommen hatten, das Geschehen im Public Viewing verfolgten. Nach dem Konzert feierten sie Sir Simon und seine Musiker wie Popstars – eine erstaunliche Erfahrung für klassische Musiker, was auch in den anschließend geführten Interviews zu hören und zu spüren ist!

Dann: „Bach". Die Rezeption der Werke von Johann Sebastian Bach (1685–1750) hat in Japan erst nach der Öffnung des Landes im Jahr 1887 begonnen, wie Seiko Itô und Shinji Koiwa beschreiben. Besonders in der zweiten Hälfte des letzten Jahrhunderts wurde die Auseinandersetzung mit Bach und die Aufführung seiner Werke intensiviert. Wie lebendig die Bach-Pflege heute ist, zeigt das Bach Collegium Japan (BCJ), welches von Masaaki Suzuki im Jahr 1990 im Geiste der historisch informierten Aufführungspraxis gegründet und seitdem zu Weltruhm geführt wurde. Im Rahmen dieses erstaunlichen Projektes ist es gelungen – neben zahlreichen Konzerten und anderen Aufnahmen –, in einem Zeitraum von fast 20 Jahren das komplette Kantatenwerk von Bach einzuspielen! Dieses Vorhaben ist nicht singulär, u. a. wurde es auch schon von Karl Richter mit dem Münchener Bach-Orchester und dem Münchener Bach-Chor, von Helmuth Rilling mit seiner Gächinger Kantorei, von John Eliot Gardiner mit seinem Monteverdi Choir sowie von Ton Koopman mit dem Amsterdam Baroque Orchestra realisiert. Beim BCJ geschah dies jedoch in einer gänzlich fremden Sprache aus einem sehr unterschiedlichen Kulturkreis kommend – und trotzdem in so hoher musikalischer Qualität – Chapeau!

Last but not least: „Musikstudierende". Aus den genannten Beispielen lässt sich vielleicht auch ein weiteres bemerkenswertes Phänomen besser verstehen: die hohe Zahl von Interessierten aus den genannten Ländern – und ihren Anrainerstaaten – für einen Studienplatz an einer deutschen Musikhochschule. Ein vergleichbares Interesse in umgekehrte Richtung, d. h. von Deutschen, die in asiatischen Ländern Musik studieren wollen, ist nicht festzustellen. Es gibt also hier eine Art „Sogwirkung", die von klassischer westlicher Musik auf „Leib und Seele" auszugehen scheint. Aus diesem großen Interesse – und einem damit einhergehenden hohen künstlerischen Niveau – resultiert auch ein sehr hoher Anteil asiatischer Studierender an den deutschen Musikhochschulen. Ein Faktum, das manchmal durchaus Fragen hinsichtlich der sprachlichen und – neben der Musik – kulturellen Integration dieser Studierenden in den Alltag einer Musikhochschule aufwerfen kann. Jedoch lässt sich diese Situation auch als Chance begreifen, denn kultureller Austausch nützt allen und ist eine Investition in die Zukunft. Wie herrlich sich diese Investition künstlerisch auszahlen kann, sei an dem Beispiel der koreanischen

Sängerin Sunhae Im verdeutlicht, die auf zahlreichen CD-Produktionen in makellosem Deutsch, Italienisch, Französisch und Englisch zu bewundern ist; unter anderem verkörpert sie die Papagena in der Referenzaufnahme der Zauberflöte (s. Kap. 5) aus dem Jahr 2010 mit René Jacobs – zauberhaft!

Vielleicht ist an dieser Stelle einmal der – banal anmutende – Spruch angebracht: „Qualität setzt sich durch". Bach, Haydn, Mozart, Beethoven und Schubert – nicht zu unterschätzen die Callas sowie die Beatles – welch' illustre Reihe. Hinsichtlich der hervorragenden musikalischen Qualität passen sie zusammen. Auch die Beatles stellen längst keinen Fremdkörper mehr dar – spätestens seitdem Leonard Bernstein (1918–1990), der großartige Musiker, Komponist und Musikvermittler, die Musik der Beatles als „the Schubert-like flow of musical invention" beschrieb und sie damit in einer Art „Ritterschlag" mit Schubert auf eine Stufe stellte. Diese Musik, stellvertretend für viele andere Beispiele, hält uns aufrecht, ganz im Sinne von Bernstein, der im Jahr 1979 sein Lob über die Beatles mit dem Satz schloss: „(…) three bars of ‚A Day in the Life' still sustain me, rejuvenate me, inflame my senses and sensibilities."

Musik, Sprache und Gedanken

Wie sehr im Singen von Liedern Musik und gedankliche Einstellung verknüpft sind, kann man an der Rolle der musikalisch ausgeformten Gedanken der Befreiungsbewegungen ablesen, die in Europa zum Ende der Feudalherrschaft geführt haben. Die gemeinschaftsstiftende Bedeutung der französischen Nationalhymne, „La Marseillaise", ist in diesem Zusammenhang legendär (s. Kap. 4). Die Melodie der Marseillaise kommt als Symbol der Befreiung auch am

Anfang von „All you need is love" der Beatles vor (s. o.), wobei es etwas paradox erscheint, dass in diesem friedensbewegten Song ausgerechnet ein so „blutrünstiges" Lied wie die Marseillaise zitiert wird. Im Text der Hymne ist „die blutige Fahne" gehisst („L'étendard sanglant est levé"), die „grausamen" Soldaten (Feinde) „brüllen" („Mugir ces féroces soldats") und „erwürgen" nicht nur „die Söhne" und „die Gefährtinnen" („Égorger vos fils, vos compagnes"), sondern es wird auch die Absicht erklärt, dass so lange marschiert (gekämpft) werden soll, „bis unreines Blut unserer Äcker Furchen tränkt!" („Marchons, Marchons, qu'un sang impur abreuve nos sillons!"). Eigentlich starker Tobak – oder?

Ungeachtet dieser Textinhalte wird die Marseillaise bis heute überwiegend positiv konnotiert. Nach dem Anschlag auf die Redaktionsmitglieder der Satirezeitschrift „Charlie Hebdo" im Januar 2015 erklang bei den anschließenden Protestkundgebungen gegen die sinnlosen und schrecklichen Ereignisse von Millionen Menschen in ganz Frankreich immer wieder spontan aus der Menge heraus die Marseillaise als Ausdruck für Gefühle der Freiheit und Solidarität. In künstlerisch überzeugender Weise wurde die Marseillaise bereits 1942 von Michael Curtiz (1886–1962) in seinem legendären Film CASABLANCA verarbeitet. Aus den vielen bemerkenswerten Szenen des Films, die an dieser Stelle leider nicht alle behandelt werden können – wie trefflich könnte man seitenlang über die wunderbare Wirkung von „As Time Goes By" schreiben –, sei folgende Szene herausgegriffen: Die deutschen Besatzer singen in Ricks Café – begleitet von einem Soldaten am Klavier – recht teutonisch die „Wacht am Rhein". Victor László, der tschechische Widerstandskämpfer, erträgt diese Provokation nicht und fordert die Kapelle auf, die Marseillaise zu spielen. Die Musiker zögern und beginnen erst, als Rick mit Kopfnicken sein Einverständnis signalisiert. Das ganze Café stimmt nun spontan lautstark in die Marseillaise ein, während die deutschen Soldaten gleichzeitig die „Wacht am Rhein" weitersingen und versuchen, dagegenzuhalten. Schließlich geben sie sich geschlagen: Der Freiheitsgedanke hat für den Augenblick gesiegt.

Ein weiteres Beispiel mit ähnlicher Wirkung ist ein Chorstück: „Va, pensiero, sull'ali dorate" („Flieg, Gedanke, auf goldenen Schwingen") – mit dieser Zeile beginnt der heute legendäre Gefangenenchor aus der Oper NABUCCO, die Giuseppe Verdi (1813–1901) auf ein Libretto von Temistocle Scolare im Jahr 1842 schrieb. Die israelitischen Gefangenen beklagen den Verlust ihrer Heimat mit der Textzeile: „O mia patria sì bella e perduta!" („Teure Heimat, so schön und verloren!" – manchmal als „Teure Heimat, wann seh' ich dich wieder" „verdeutscht" [s. Kap. 7]). Der Legende nach sollen Text und Musik aus dem Geiste des „Risorgimento", wörtlich der „Wiedererstehung", eines italienischen Nationalstaates im 19. Jahrhundert geboren sein. Der Berner Musikwissenschaftler und Verdi-Forscher Anselm Gerhard hat sich anlässlich der Inszenierung dieser Oper an der Deutschen Oper Berlin im Jahr 2013 im Programmheft mit dem Mythos „Va, pensiero" unter der Überschrift „Anachronismus der Legende" kritisch – und detailliert – auseinandergesetzt. Er kann anhand der Quellen eindeutig belegen, dass der Gefangenchor zur Zeit der Uraufführung *nicht* als politisches Manifest geplant war und von Publikum und Presse *nicht* in diesem Sinne wahrgenommen wurde. Den Status einer „heimlichen Nationalhymne" Italiens erwarb sich das Stück erst „ex post"; dieser ist aber heute immer noch lebendig, wie die im Folgenden geschilderte Situation veranschaulicht. Anlässlich der 150-Jahr-Feier Italiens wurde im Jahr 2011 im Teatro dell'Opera di Roma NABUCCO aufgeführt. Im selben Jahr wurde in Italien auch ein heftig kritisiertes Gesetz zur Reduzierung der staatlichen Kulturförderung verabschiedet. Riccardo Muti, der als Dirigent die Aufführung leitete, nutze die Gelegenheit zu einem viel beachteten politischen Statement während der Aufführung. Als nämlich das Publikum nach dem berühmten Gefangenenchor applaudierte und lautstark eine Zugabe forderte – auf Italienisch „Bis!" –, unterbrach Muti die laufende Vorstellung. Aus dem Publikum erfolgte der Zwischenruf: „Viva l'Italia", den Muti dankend aufgriff. Er wandte sich mit einem bewegenden Appell zum Widerstand gegen Kulturkürzungen ans Publikum. Er deute die Zeile „O mia patria sì bella e perduta!" um, indem er die *Kultur* als „unsere" wahre *Heimat* bezeichnete, die wirklich schön und – durch die Kürzungen – wirklich verloren sei. Muti erntete enthusiastische Zustimmung aus dem Publikum, besonders als er vorschlug, man solle den Gefangenenchor nun gemeinsam – Künstler und Publikum – nochmals musizieren. Das Publikum erhob sich von den Sitzen, alle sangen mit, Muti dirigierte den Saal und am Ende waren alle sehr bewegt: Die Choristen konnten Tränen der Rührung nicht zurückhalten. Dieses eindrucksvolle musikalische Ereignis wurde vom Fernsehsender ARTE aufgezeichnet, 2011 gesendet und ist bei YouTube nachzuerleben. Im Wortsinn: ganz große Oper!

Nicht nur die Marseillaise und „Va, pensiero", auch andere Lieder verkörpern das Freiheitsstreben der Menschen in hohem Maße, wofür gleichfalls das Lied „Die Gedanken sind frei" ein Beispiel darstellt. Es ist ein Volkslied, welches schon Ende des 18. Jahrhunderts entstand und noch heute in der bearbeiteten Fassung von Hoffmann von Fallersleben (1798–1874) aus dem Jahr 1841 recht bekannt ist.

Beim Hambacher Fest, das im Jahr 1832 unter Beteiligung breiter Bevölkerungsschichten – vermutlich mit etwa zwanzig- bis dreißigtausend Teilnehmern – als Ausdruck eines großen politischen Freiheitswillens auf dem Hambacher Schloss stattfand, wurde zwischen den flammenden freiheitlichen Reden viel gesungen, wie der zeitgenössische Chronist Johann Georg August Wirth berichtete. Die Menschen konnten damals nicht aus der „Konserve" mit Liedgut beschallt werden, wie dies heute in Fußballstadien üblich ist, wenn ein Tor fällt (z. B. der legendäre „Tschingderassabum"-Marsch des Orchesters und des Chores aus George Bizets CARMEN), sondern sie mussten selbst singen. Welch' starken Effekt kollektiver Gesang hat, kann man heute noch bei Spielen der schottischen Fußballnationalmannschaft miterleben: Hier sind Pausenfüller vom Band gänzlich überflüssig, die Fans singen selbst von der ersten bis zur letzten Minute des Spiels und in der Halbzeitpause nonstop. Ähnlich mächtig müssen wir uns auch den Gesang der freiheitsbewegten Teilnehmer des Hambacher Festes vorstellen. Es ist historisch nicht verbürgt, dass ausgerechnet „Die Gedanken sind frei" gesungen wurde – und wenn ja, in welcher Fassung –, aber es hätte gut in den Kontext gepasst.

Heutige Fangesänge, deren Anfänge im englischen Fußball der 1960er Jahre zu suchen sind, wie Desmond Morris schreibt, wurden intensiv wissenschaftlich untersucht, unter anderem von der Arbeitsgruppe um Reinhard Kopiez. Die Forscher fanden in den Fußballstadien z. B. ritualisierte Verhaltensweisen wie kultische Elemente in Fußballfangesängen (s. Kap. 9). Begleitend finden sich auch Elemente des Tanzes (z. B. das Werfen der Arme nach vorne bei der La-Ola-Welle). Damit wird eine Nähe zu Schlachten- bzw. Kriegsgesängen hergestellt, die häufig neben dem Gesang durch rhythmisches Trommeln und Tanzen Ausdruck finden. Schlachtgesänge müssen nicht immer melodiös sein, sondern können wie beim sprichwörtlichen „Indianergeheul" im Extremfall auch nur ein „Gebrüll" sein, wie der Schlachtruf „Auf sie mit Gebrüll" versinnbildlicht.

Eine noch heute praktizierte Variante eines Schlachtgesangs, der regelmäßig zelebriert wird, ist der „Haka" – ursprünglich ein ritueller Tanz der Māori auf Neuseeland –, der seit 1884 von der neuseeländischen Rugby-Union-Nationalmannschaft (sog. All Blacks) vor jedem Länderspiel von den Sportlern aufgeführt wird. Er beinhaltet – neben lautstarken stimmlichen Äußerungen – auch Tanzelemente und Sequenzen mit rhythmischem Atmen. Der Haka soll die Mitglieder der eigenen Mannschaft psychologisch motivieren und gleichzeitig den Gegner einschüchtern. By all means wahrlich mit Leib und Seele – so wie dieses raue, aber dennoch faszinierende Spiel selbst ...

Kehren wir jedoch zurück in „gepflegtere" Gefilde: Die Medaille, die dem Preisträger des Nobelpreises für Literatur jährlich verliehen wird – 1902 entworfen von Erik Lindberg (1873–1966) –, zeigt auf der Rückseite die Gestalt einer Muse mit Leier, die den Dichter zur Poesie anregt und ihn mit Wort, Gesang und Musik „beeinflusst". Schon Sigmund Freud (1856–1939) formulierte 1917 in seinen Vorlesungen zur Einführung in die Psychoanalyse: „Worte waren ursprünglich Zauber, und das Wort hat noch heute viel von seiner alten Zauberkraft bewahrt. [...] Worte rufen Affekte hervor und sind das allgemeine Mittel zur Beeinflussung der Menschen untereinander."

Mit Sprache, Musik und der Macht der Rede kann man also den Versuch unternehmen, das Denken anderer Menschen zu beeinflussen. Unrühmliche Beispiele für solche Manipulation lassen sich – leider – zur Genüge in der Geschichte finden. Aus der Menge der Hassprediger und Volksverhetzer – die bis in unsere heutigen Tage eine lange Reihe bilden – kann als besonders perfides „Exemplar" Adolf Hitler (1889–1945) herausgegriffen werden. Er übte insbesondere mittels seiner Rhetorik demagogischen Einfluss auf viele Menschen aus und schaffte es – neben vielen anderen Grausamkeiten –, Menschen dazu zu bewegen, das *Gedankengut* anderer zu vernichten, indem er deren Schriften öffentlich verbrennen ließ. Dies traf 1933 unter vielen anderen die

Werke von Sigmund Freud, Erich Kästner und Kurt Tucholsky. Etwa 450 Jahre zuvor versuchte Girolamo Savonarola (1452–1498) ebenfalls das geistige Erbe unter anderem von Giovanni Boccaccio und Ovid durch Verbrennen ihrer Werke zu vernichten. Der geniale Maler Sandro Botticelli (1445–1510) geriet unter den „unheiligen" Einfluss von Savonarola und warf wohl 1497/1498 einen Teil seiner Kunstwerke eigenhändig in die Flammen – welch' Verlust!

Welche Macht die in einer Rede ausgedrückten Gedanken haben können, und wie diese sich quasi aus dem Nichts mithilfe sprachlicher Mittel entwickeln, hat schon Heinrich von Kleist (1777–1811) in seinem Aufsatz ÜBER DIE ALLMÄHLICHE VERFERTIGUNG DER GEDANKEN BEIM REDEN plastisch dargestellt. Dieser recht kurze Text sollte zur Schulung – aber auch als Mahnung vor möglichem Missbrauch – Pflichtlektüre jedes Menschen sein – ebenso wie sein Essay ÜBER DAS MARIONETTENTHEATER (s. u.).

Kleist eröffnet sein „Gedankenspiel", welches als Brief an „R v L" abgefasst ist, mit folgender Aufforderung:

„Wenn du etwas wissen willst und es durch Meditation nicht finden kannst, so rate ich dir, mein lieber, sinnreicher Freund, mit dem nächsten Bekannten, der dir aufstößt, darüber zu sprechen. Es braucht nicht eben ein scharfdenkender Kopf zu sein, auch meine ich es nicht so, als ob du ihn darum befragen solltest: nein! Vielmehr sollst du es ihm selber allererst erzählen."

Kleist führt dann aus, wie hilfreich ihm seine eigene Schwester, die nichts sagt, aber doch da ist, bei der Verfertigung seiner Gedanken ist, und vermutet das gleiche auch von dem französischen Theatergenie Molière (eigtl. Jean-Baptiste Poquelin [1622–1673]) und seiner Magd, der dieser seine Stücke vortrug, um sich ihrer Wirkung zu vergewissern. Kleist nimmt an, dass die Anwesenheit eines menschlichen Gegenübers die Gedanken dergestalt beflügelt, dass sie zu einer feurigen Rede werden, während er formuliert:

„Es liegt ein sonderbarer Quell der Begeisterung für denjenigen, der spricht, in einem menschlichen Antlitz, das ihm gegenübersteht; und ein Blick, der uns einen halbausgedrückten Gedanken schon als begriffen ankündigt, schenkt uns oft den Ausdruck für die ganze andere Hälfte desselben. Ich glaube, dass mancher große Redner in dem Augenblick, da er den Mund aufmachte, noch nicht wusste, was er sagen würde. Aber die Überzeugung, dass er die ihm nötige Gedankenfülle schon aus den Umständen und der daraus resultierenden Erregung seines Gemüts schöpfen würde, machte ihn dreist genug, den Anfang, auf gutes Glück hin, zu setzen."

Kleist entwirft an Beispielen überlieferter Redebeiträge von Graf Mirabeau (eigtl. Honoré Gabriel Victor de Riqueti, Marquis de Mirabeau [1749–1791]) und der Fabel LES ANIMAUX MALADES DE LA PESTE von Jean de La Fontaine (1621–1695) seine Thesen, wie Gedanken während des Redens entstehen, um abschließend die gewonnenen Erkenntnisse auf das Beispiel mündlicher Prüfungen anzuwenden – unbedingt lesenswert!

Sprache ist also ein mächtiges Mittel, ein Mittel der Macht, welches leider nicht selten missbraucht wurde und wird – wie auch der kollektive Gesang missbraucht wurde und missbraucht werden kann (s. Kap. 3, Exkurs: Warum Singen „not" ist).

Manche Ideologen – und Diktatoren – versuchen durch eine Manipulation der Sprache an sich, also auch der *Langue* und nicht nur der *Parole* nach de Saussure (s. Kap. 7), eine geistige „Umerziehung" zu induzieren. Wieder können/müssen die Nazis als unrühmliches Beispiel herangezogen werden: Schon die Begrifflichkeit „Endlösung" für die Ausrottung der Juden ist unbeschreiblich widerwärtig. Der Philologe Victor Klemperer (1881–1960) schrieb über die Sprache der Nazis 1947 in seiner LINGUA TERTII IMPERII (LTI): „Worte können sein wie winzige Arsendosen; sie werden unbemerkt verschluckt, sie scheinen keine Wirkung zu tun, und nach einiger Zeit ist die Giftwirkung doch da."

Über das System spezieller Radioapparate, die bevorzugt nur bestimmte, von den Nazis erwünschte Frequenzen empfangen konnten, den sogenannten „Volksempfängern", wurde von den Nazis auch der Versuch unternommen, die Kontrolle darüber zu erlangen, welche Sprachsignale (Informationen) der Einzelne empfangen darf – ein Versuch, der glücklicherweise scheiterte (s. Kap. 8).

Auch wenn solche Manipulationen per se schrecklich sind, kann man diesen Vorgang auch satirisch aufs Korn nehmen: Lachen befreit und löst Beklemmungen. Prominentes Beispiel für eine solche Sprachsatire ist der Begriff „Jahresendflügelfigur" in der ehemaligen DDR als Ersatz für „Weihnachtsengel". Der Begriff karikiert die bemühte Umgehung religiöser Begriffe in der „offiziellen" DDR. Die Wortschöpfung wird dem Autor der Satirezeitschrift „Eulenspiegel", Ernst Röhl, zugeschrieben, der ihn 1986 in seinem Buch „Wörtliche Betäubung" verwendete; der Autor selbst meint sich jedoch zu erinnern, dass er den Begriff nicht erfunden, sondern auf einem Pappschild gesehen habe – zumindest stellte er dies gegenüber dem Journalisten Bodo Mrozek 2006 so dar. Ob das eine „Eulenspiegelei" ist oder ob dem tatsächlich so war, ist unklar; der Begriff wurde jedenfalls nicht in den allgemeinen Sprachgebrauch übernommen.

Musik und Bewegung (Leib)

Wenn wir gedanklich nochmals zur Überschrift dieses Kapitels zurückkehren, so erscheint es lohnend, sich demjenigen Element der Musik zuzuwenden, welches genuin mit dem „Leib" zu tun hat: dem Tanz.

Tanzen ist unmittelbar mit Musik verbunden, da beim Tanzen Bewegungen als Reaktionen auf rhythmische Strukturen und Klänge ausgeführt werden. Damit besteht auch eine große Nähe des Tanzens zur rhythmischen Koordination von Bewegungsabläufen, wie wir sie beispielsweise bei Arbeitsliedern finden.

Der Münchner Musikwissenschaftler Christian Lehmann weist in seinem in lexikalischer Verdichtung verfassten Beitrag „Chorgesang" im LEXIKON DER GESANGSSTIMME darauf hin, dass das griechische Wort „chorós" ursprünglich den „Tanzplatz" bezeichnete und – in der weiteren Bedeutungsevolution des Wortes – als „Reigentanz" auch die tanzende Gruppe und den mit Gesang verbundenen Tanz selbst benannte. Aus diesen frühen Kombinationsformen von Bewegung und Gesang und dem Hinzutreten von Schauspielern, die mit dem Chor in Dialog traten, entwickelte sich schrittweise das griechische Drama. Hierbei durchlief die Rolle des Chores eine Entwicklung: In den frühesten Tragödien vertrat der Chor das an der Handlung beteiligte Volk mit dessen Hoffnungen und Befürchtungen. In der klassischen Zeit, z. B. bei Sophokles und Euripides, trat er immer mehr hinter die Handlung zurück und nahm eher deutend-betrachtend am Geschehen teil. Diese historische Entwicklung der Chorfunktion wurde in neuerer Zeit künstlerisch auf sehr unterschiedliche Weise verarbeitet. Zum einen in der Operette ORPHÉE AUX ENFERS von Jacques Offenbach (1819–1880) aus dem Jahr 1858 (s. Kap. 10), in der die „L'Opinion Publique" als „leibhaftige" Figur zusammen mit dem Chor das Geschehen moralisch geistreich kommentiert – unbedingt hörenswert! Zum anderen taucht ein Chor samt Chorführer in dem Film MIGHTY APHRODITE („Geliebte Aphrodite") von Woody Allen aus dem Jahr 1995 auf und kommentiert die Handlung. Der Chor wird in einem Amphitheater in stilisiert griechischen Gewändern und Gesten wunderbar in Szene gesetzt (gedreht im „Teatro Greco" in Taormina auf Sizilien mit direktem Blick auf den Ätna) und vollführt in der Schlusssequenz in einer mitreißenden Choreografie ein gewagtes und keineswegs stilisiertes Tänzchen!

Eines der zentralen Dokumente, das auch für Nichttänzer dazu beitragen könnte, sich in das Wesen des Tanzes einzudenken, stammt wiederum von Heinrich von Kleist. Er schildert in seinem Essay ÜBER DAS MARIONETTENTHEATER das sehr interessante Gespräch eines Ich-Erzählers mit dem „ersten Tänzer der Oper". Beide treffen sich zum wiederholten Male in einem Marionettentheater. Der Tänzer sagt über das Puppenspiel, dass ein Tänzer, der sich ausbilden wolle, mancherlei von der Pantomimik dieser Puppen lernen könne. Wörtlich heißt es:

„(…) Jede Bewegung, sagte er [der Tänzer, Anm. d. Verf.], hätte einen Schwerpunkt; es wäre genug, diesen, in dem Innern der Figur, zu regieren; die Glieder, welche nichts als Pendel wären, folgten, ohne irgend ein Zutun, auf eine mechanische Weise von selbst. Er setzte hinzu, daß diese Bewegung sehr einfach wäre; daß jedesmal, wenn der Schwerpunkt in einer graden Linie bewegt wird, die Glieder schon Kurven beschrieben; und daß oft, auf eine bloß zufällige Weise erschüttert, das Ganze schon in eine Art von rhythmische Bewegung käme, die dem Tanz ähnlich wäre. (…) Dagegen wäre diese Linie wieder, von einer andern Seite, etwas sehr Geheimnisvolles. Denn sie wäre nichts anders, als der *Weg der Seele des Tänzers*; und er zweifle, daß sie anders gefunden werden könne, als dadurch, daß sich der Maschinist in den Schwerpunkt der Marionette versetzt, d. h. mit andern Worten, *tanzt*. (…)"

Die Seele beim Tanzen kann man in vielerlei Hinsicht am „eigenen Leib" erfahren, wenn man selbst das „Tanzbein schwingt". Gesellschaftstanz ist beileibe keine neue Erfindung, er bekam jedoch im 20. Jahrhundert einen entscheidenden „Push" durch das Aufkommen des Jazz und der populären Musik. Die elektronischen Medien, und damit die ubiquitäre Verfügbarkeit von Musik, haben an diesem Impuls zusätzlich einen wichtigen Anteil (s. Kap. 8). Greifen wir aus den in den „roaring twenties", den „goldenen" bzw. „wilden" Zwanzigern neu aufkommenden Tänzen nur einen heraus: den Charleston. Dieser Tanz elektrisierte die Welt. Der geniale Textdichter und Komponist Friedrich Hollaender (1896–1976) hat in seinem Schlager „Ich tanz Charleston, Du tanzt Charleston" aus dem Schauspiel DARÜBER LÄSST SICH REDEN – BERLINER BILDERBOGEN IN 3 AKTEN von Helmuth Riedel und Emil Rameau dieses „Fieber" im Jahr 1926 mit folgenden treffenden Textzeilen charakterisiert:

„Wenn Du willst, wenn Du kannst, wenn Du Atem hast, stürz' Dich je schneller, je lieber, kopfüber rein ins Charleston-Fieber, denn es jagt, denn es kocht, denn es saust die Stadt, in einem Rhythmus, wo mit muß, wer irgend Beine hat."

Wesentlichen Anteil an der Verbreitung des Charleston – und am gefährlichen Ansteigen der „Fieberkurve" – hatte die Tänzerin, Entertainerin und Sängerin Josephine Baker (1906–1975). Sie vereinte alles: Musikalität, einen entfesselten Tanzstil und einen anziehenden Körper, der auch zeichnerisch wunderbar von ihrem zeitweiligen Liebhaber Paul Colin (1892–1985) einfühlsam dargestellt wurde: ein, nein, viele „Hingucker"! Seit ihrem ersten Auftreten in Europa schlug sie alle Herzen und Hirne des Publikums in ganz Europa in Bann – sei es mit Bananen oder Federn kostümiert: wahrlich eine „Verrücktheit – une folie" mit (für) Leib und Seele. Ihre Tänze kann man heute noch auf YouTube bewundern: überwältigend!

Musik und Emotion (Seele)

Wenn wir gedanklich noch ein letztes Mal zum Ursprung dieses Kapitels zurückkehren, so soll im Folgenden nun das zweite im Titel genannte Element und seine Verbindung zur Musik angesprochen werden: die Seele.

Die große Actrice, Stil-Ikone und Diseuse Marlene Dietrich (1901–1992) versteht es, in „Johnny, wenn Du

Gebuuurtstag hast" mit den einfachsten Mitteln der Musik ihre Seele zu offenbaren, ihre ganze Sehnsucht (s. Kap. 7) in die wenigen Töne und lang gedehnten Silben zu legen. Der Titel stammt wiederum – wie so oft bei Marlene – von Hollaender, der ihr alles förmlich auf den „Leib" und den Zuhörern damit in die „Seele" geschrieben hat.

Bestimmter Musik – wie dieser – kann man sich nur schwer entziehen: Sie ist eine wahre „Gefühlsbadewanne". Eine Liste möglicher Titel, die eine ähnlich „beseeligende" Wirkung entfalten, wäre rein subjektiv; sie könnte mit den ersten Takten der im Jahr 1610 veröffentlichten MARIEN-VESPER – VESPRO DELLA BEATE VERGINE von Monteverdi beginnen, würde „J'ai perdu mon Eurydice – Che farò senza Euridice? – Ach, ich habe Sie verloren" aus Glucks ORPHÉE streifen (s. Kap. 10), „Träumerei" aus Schumanns KINDERSZENEN mit einschließen und wäre bei den „Alt-wiener Weisen" *Liebesfreud* und *Liebesleid* von Fritz Kreisler noch lange nicht zu Ende, da natürlich auch das Lied des Otto Lampe aus dem SÄNGERKRIEG DER HEIDEHASEN (s. Kap. 4) und „Versuch's mal mit Gemütlichkeit" des Bären Balu aus Disneys DSCHUNGELBUCH (s. Kap. 2) mit dabei sein müssten, und – und – und – unwillkürlich kommt einem die (fast) unendlich lange Aufzählung in Leporellos „Registerarie" („Madamina, il catalogo è questo") aus Mozarts DON GIOVANNI in den Sinn, ähnlich lang könnte und sollte eine solche Auflistung sein.

Auf alle Fälle wäre „Freude, schöner Götterfunken", Friedrich Schillers berühmte ODE AN DIE FREUDE, dabei, die er bereits 1785 ohne musikalischen Bezug als Gedicht verfasste und welche erst fast vier Jahrzehnte später im Jahr 1823 von Ludwig van Beethoven im Schlusschor seiner 9. Sinfonie in Töne gesetzt wurde. Diese Version des „Freude, schöner Götterfunken" ist seit 1972 auf Beschluss des Europarats die offizielle Europahymne. Aber auch „We are the champions" von Queen käme sicherlich vor etc. etc.: Gänsehaut und Glückshormone pur!

Musik und Seele gehören ebenso wie Stimme und Seele untrennbar zusammen. Wie der renommierte Züricher „Stimmpsychologe" Klaus Scherer ausführt, besitzt die menschliche Stimme sowohl in ihrer Sprechstimm- als auch in ihrer Singstimmfunktion die Fähigkeit, Emotionen – „Gefühlsbewegungen" – äußerst differenziert auszudrücken. Die Stimme stellt deshalb das wichtigste Kommunikationsinstrument des Menschen dar. Nicht zufällig gehören die Wörter *Stimme* und *Stimmung* zur selben Wortfamilie. Folgerichtig wird Stimme wegen ihrer engen Verbindung zum seelischen Empfinden auch als „Spiegel der Seele" bezeichnet.

Kulturübergreifend lassen sich Basisemotionen wie Angst, Wut, Freude, Trauer, Ekel und Überraschung laut Karel Sedláček und Antonín Sychra im stimmlichen Ausdruck und laut Paul Ekman auch im Gesichtsausdruck voneinander unterscheiden.

Eine besondere Anforderung an (professionelle) Sänger, insbesondere im klassischen Gesang, besteht darin, den emotionalen Ausdruck beim Singen – in gefühlsmäßig bewegenden Augenblicken – so kontrollieren zu können, dass belastende intrapsychische Vorgänge sich nicht beeinträchtigend auf die Stimme auswirken. Ein Sänger soll also zu Tränen rühren, aber nicht selbst weinen. Dies ist besonders schwierig, da emotionale Prozesse teilweise unbewusst ablaufen und sich dem Zugriff des Sängers entziehen können.

Es geht bei der Vermittlung der Emotionen durch Musik und die menschliche Stimme immer um prosodische Elemente wie Tonhöhe, Lautstärke, Tondauer, Rhythmus, Tempo und Pause sowie um Akzente (s. Kap. 7). Dabei gibt es direkt musikalisch ausgedrückte „Prosodien", z. B. den Gefühlsausbruch der Königin der Nacht in der Arie „Der Hölle Rache" in Mozarts ZAUBERFLÖTE (s. Kap. 5): hoch, schnell, laut – ein veritabler „Wutausbruch". Prosodische Botschaften können aber auch „versteckt" sein, wie in der Felsenarie („Come scoglio immoto resta", Wie der Felsen, der ohne Schwanken) der Fiordiligi in Mozarts Oper Così fan tutte. Die Sängerin möchte – im Text – ihren festen Willen ausdrücken, treu zu ihrem Verlobten Guglielmo zu stehen. Die Melodielinie – in der Musik – geht jedoch von den höchsten Höhen bis zu den tiefsten Tiefen einer Sopranstimme, gleicht also eher einer Berg- und Talfahrt – sie konterkariert den Treueschwur.

Prosodische Elemente werden auch von heutigen Pop-stars sehr gerne eingesetzt. Zusätzlich können dabei auch Elemente der Heiserkeit wie Behauchtheit und Rauigkeit Verwendung finden. Ein sehr instruktives Beispiel für dieses Vorgehen ist der Song „The Voice Within" von Christina Aguilera. Zum Teil singt sie die Töne sehr behaucht, zum Teil sehr rau, eine kräftige Beltingstimme wechselt mit einer „schwachen", kindlich anmutenden Kopfstimme ab; häufig wird auf der gleichen Tonhöhe direkt hinter-einander, sozusagen Ton für Ton, zwischen den verschiede-nen Tonqualitäten gewechselt. Emotional entsteht so ein Gefühlschaos – man weiß nicht mehr, ob der Beschützer-oder der Don-Juan-Instinkt angesprochen wird. Man könnte von einem Gefühls-Jo-Jo sprechen, mit akustischer Nähe (Behauchtheit, Piano) und Distanz (Rauigkeit, Ge-presstheit, Forte) in schnellem Wechsel – raffiniert …

Demzufolge sind menschliche Stimmen und Gesang auch heute ein integraler und wichtiger Bestandteil der „angesagten" Jugendkultur und des Pop, wie unter ande-rem die sehr beliebten gesangsbasierten Casting-Shows („The Voice of Germany" usw.) sowie die unterschiedlichs-ten A-cappella-Formationen zeigen – von den Wise Guys über Unduzo bis zu The Exchange. Und in ähnlicher Weise die weltweit sehr kommerziell erfolgreichen beiden Folgen des Film-Sequels Pitch Perfect, in deren Mittelpunkt mit den *The Barden Bellas* eine weibliche A-cappella-Gruppe steht.

Die Stimme ist als Ausdrucksorgan neben der sehr variablen Prosodie gleichzeitig auch Träger unserer Persönlichkeit. Das Wort *Person* wird vom lateinischen „persona" abgeleitet, einem Ausdruck für die Maske des antiken Schauspielers. Dieser ließ seine Stimme *durch* die Öffnung dieser Maske *erklingen*. Wenn wir also von einer „Person" in ihrer Individualität sprechen, so ist automatisch die Stimme in ihrer Bedeutung darin enthalten.

Die Stimme ist darüber hinaus ein wichtiges sexuelles Merkmal. Nicht umsonst bezeichnete Ernst Bloch in seinem Text ZAUBERRASSEL UND MENSCHENHARFE Sänger als „singendes Erotikon". Dies trifft in besonderer Weise auf den Operntenor heutiger Prägung zu, der sich ab etwa Mitte des 19. Jahrhunderts zur meistbewunderten Stimmgattung entwickelte. Die Tenöre lösten damit die Kastraten im 19. Jahrhundert als „zentrale" Figur auf der Opernbühne ab, wie Hubert Ortkemper in seinem Buch ENGEL WIDER WILLEN – DIE WELT DER KASTRATEN ausführlich darlegt (s. Kap. 3, Exkurs Kastraten).

Musik kann uns in außergewöhnliche seelische Zustände versetzten, sie kann ekstatische Wirkung entfalten – ganz ohne Drogen. Ein Paradebeispiel dieser Ekstase, der vollständigen Hingabe, des Rausches, ist „Isoldes Liebestod" aus Wagners TRISTAN UND ISOLDE. Bei dieser Musik und diesem Text der Isolde („ertrinken, versinken, unbewusst – höchste Lust!") wird das Unbewusste direkt benannt; also sei hier eine freie Assoziation im Freud'schen Sinne gestattet: Es kommt einem bei diesen Klängen unwillkürlich die bildliche Darstellung der „Verzückung der Heiligen Theresa" (TRANSVERBERAZIONE DI SANTA TERESA D'AVILA) von Gian Lorenzo Bernini (1598–1680) in den Sinn, die in Rom in der Kirche Santa Maria della Vittoria in Marmor gehauen zu bestaunen ist.

Aber nicht nur Eros (die Lebenstriebe), sondern auch Thanatos (die Todestriebe) sind musikalisch mehrfach genial vertont worden. Denken wir nur an den herzzerreißend todtraurigen Schlusschor der MATTHÄUSPASSION von Bach: „Wir setzen uns mit Tränen nieder und rufen Dir im Grabe zu: Ruhe sanft, sanfte Ruh!". Immer wieder absteigende Melodiebögen, so als ob die Blicke sich hinunter ins Grab richten, bis zum Schuss, in dem sich der lange, scharf dissonante Vorhalts-Akkord endlich in den c-Moll-Akkord auflöst.

Kehren wir zum Abschluss dieses Abschnitts im wahrsten Sinn des Wortes zur **„Seelenentäußerungsmusik"** zurück: die sterbende Gilda in Verdis Oper RIGOLETTO, die im Himmel ihrer Mutter nahe sein und für den Vater beten möchte („Lassù in cielo, vicino alla madre, in eterno per voi pregherò" – Oben bei Gott, an der Mutter Seite, bet' ich ewig, o Vater, für dich), oder Violetta aus Verdis Oper LA TRAVIATA, die sich von der Welt verabschiedet („Addio, del passato bei sogni ridenti, […]" – Lebt wohl, schöne heitere Träume der Vergangenheit, […]), um am Ende der Oper zu sterben. – Solche Musik erreicht direkt ohne Umweg unsere Seele. Das ist auch bewusst von den Komponisten in dieser Weise intendiert: „C'est fait pour", wie man auf Französisch sagt!

Manche Musikstücke wurden jedoch auch komponiert, um nur die Seele direkt musikalisch abzubilden, man könnte sie als **„Seelenvertonungen"** bezeichnen; drei Beispiele seien abschließend vorgestellt: ein trauriges, ein nachdenkliches und ein fröhliches.

Das „Traurige": Bach hat in seiner MATTHÄUSPASSION das Leiden Christi musikalisch sehr plastisch dargestellt. Am Ölberg lässt er Christus in einem kurzen Arioso die verzweifelten Worte singen: „Meine Seele ist betrübt, bis an den Tod. Bleibet hier und wachet mit mir." Er drückt damit seine große Angst vor dem Tod aus und bitte seine Jünger darum, ihm beizustehen. Die ganze Menschlichkeit des

„Sohnes Gottes" in Vollendung ausgedrückt in viereinhalb Takten!

Das „Nachdenkliche": Bach hat in seiner JOHANNES-PASSION, direkt nach der musikalisch lautmalerisch ergreifenden Geißelungsszene, dem Bassisten ein längeres Arioso in die Stimme gelegt, welches die Seele des Zuhörers dazu auffordert, zu bedenken, was man aus dem Leiden Christi lernen kann, wie uns aus seinem Leiden Kraft erwachsen kann: „Wie Dir aus Dornen, so ihn stechen, die Himmelsschlüsselblume blüht; Du kannst viel süße Frucht von seiner Wermut brechen (…)". *Verdichteter* kann man die Zuhörer kaum zum Nachdenken über die eigene Seele anregen.

Das „Fröhliche": Schumann hat das Gedicht WIDMUNG von Friedrich Rückert (1788–1866) herrlich vorwärtsstrebend in Musik gesetzt: „Du meine Seele, du mein Herz, du meine Wonn', o du mein Schmerz, Du meine Welt, in der ich lebe, Mein Himmel du, darein ich schwebe, (…)"

Mit dieser Seele möchte man mitschweben!

Resümee

Etwas „mit Leib und Seele" zu tun, bedeutet mit anderen Worten „ganz in etwas aufzugehen" – modern spricht man nach Mihály Csíkszentmihályi von „Flow". Dieser Zustand stellt sich gerade beim Singen und Musizieren oft spontan ein. Wie die vielfältigen Beispiele in diesem Kapitel zeigen, eröffnet uns die Musik einen großen Reichtum an Möglichkeiten, wie wir sie erleben und uns ihr nähern können. Wie kaum in einem anderen Bereich sind beim Singen und Musizieren Körper, Gedanken und Gefühle gleichermaßen beteiligt. Singen und Musizieren haben das Potenzial, dass wir uns als Menschen in der Einheit von Leib und Seele erleben können. Wenn wir Musik hören oder machen, dann macht sie auch etwas mit uns!

Probier's mal mit Gemütlichkeit

«The bare necessities» (Dschungelbuch)

1.Pro - bier's mal mit Ge - müt - lich - keit, mit Ru - he und Ge - müt - lich - keit, jagst

du den All - tag und die Sor - gen weg! Und wenn du

stets ge - müt - lich bist __ und et - was ap - pe - tit - lich ist, __ dann

nimm es dir e - gal von wel - chem Fleck. Pro - bier's mal

2 „Probier's mal mit Gemütlichkeit" – anziehende Stimmen im „Dschungelbuch"

Schon beim Lesen des Titels „Probier's mal mit Gemütlichkeit" erklingt in uns die wohlige Stimme des Bären Balu, dessen Song wohl der bekannteste des Films Das Dschungelbuch von Walt Disney und gemeinsam mit diesem ein Welthit geworden ist. Der Anfang des Songs samt Klavierbegleitung ist auf der gegenüberliegenden Seite zu sehen. Natürlich gibt es in diesem Film eine Reihe weiterer Songs und Stimmen, die ebenfalls sehr vertraut sind und mit denen es sich zu beschäftigen lohnt. Schließlich könnte man sich fragen: Welche Stimme im Dschungelbuch von Walt Disney übt die größte Anziehung aus?

Rollen wir die Frage vom Ende her auf und tauchen direkt ein in die spannenden Schlussminuten des Films.

Mogli ist auf dem Arm von Balu und schmiegt sich an seinen besten Freund, mit dem er gerade gemeinsam – mit ungeheurem Mut, der Kraft des Feuers und Hilfe der vier Geier – den Tiger Schir Khan im Kampf besiegt hat. Balu sagt eben: „Ja, Kind, wir zwei gehören zusammen und niemand soll uns je trennen", als Mogli plötzlich die Stimme eines ihm unbekannten Wesens hört. Er blickt auf, schaut sich aufmerksam um und sieht dann ein Mädchen, das aus der Menschensiedlung kommt, um mit einem Krug auf dem Kopf Wasser am Fluss zu holen. Sie singt das Lied „Trautes Heim, Glück allein". Mogli löst sich von Balu, geht rasch näher in ihre Richtung und fragt Balu und Baghira: „Da, was ist das?" Baghira antwortet: „Das ist die Menschensiedlung." Mogli insistiert: „Nicht doch, ich meine das da!" Balu will ihn abhalten, zieht ihn zurück und sagt: „Davor musst Du auf der Hut sein, die machen nur Ärger." Mogli entgegnet: „Lass mich doch mal, so was hab' ich noch nie gesehen." Er macht sich von Balu los, der unter Schulterzucken sagt: „Nun hast Du's gesehen, nun lass uns gehen." Mogli ist wie von einem Magneten angezogen und sagt: „Ich komm' ja gleich, das muss ich genau sehen", während er sich dem Mädchen immer weiter nähert. Balu ruft sehr beunruhigt: „Mogli, hörst Du denn nicht?" Baghira legt ihm beruhigend die Tatze auf den Unterarm und sagt: „Aber Balu, er möchte doch so gern." Mogli geht noch näher und klettert behände auf einen Baum, um besser hören und sehen zu können – währenddessen hört man unablässig die Stimme des Mädchens, ohne sie selbst zu sehen. Sie summt zunächst, dann vokalisiert sie die Melodie auf dem Vokal /a/ und beginnt die erste Strophe:

„Papa ist im Walde jagen / Mutter kocht für uns daheim / Und ich helfe Wasser tragen / Bis ich größer werde sein …"

Mogli klettert ganz weit vor auf einen Ast, der über dem Wasser hängt, und starrt das Mädchen an, welches man nun in Großaufnahme sieht.

Mit seinem großen runden Kopf, den sehr großen Augen mit langen Wimpern und der Stupsnase entspricht das Mädchen optisch perfekt dem Kindchen-Schema: quel cliché. Der Gesang des Mädchens ist zunächst bewusst naiv, die Stimme beginnt in den ersten Zeilen – besonders in der Höhe – mit einer leichten Behauchung; die Aussprache ist kindlich unscharf. Beide, Stimme und Artikulation, ändern sich dann jedoch ab der fünften Verszeile „Bis ich groß werde sein": die Artikulation klingt „erwachsen" mit rollendem „R", die Stimme wird glockenklar, hell und rein. Sie ist für ein zehnjähriges Kind (es ist vom Aussehen her etwa im selben Alter wie Mogli) eher zu reif, denn das Mädchen singt jetzt mit weiblicherer Klangcharakteristik, in hoher Stimmlage mit leichtem Vibrato – wie eine jugendliche Frau, die kokett auf die akustische Anziehungskraft ausgerichtet ist.

Das Mädchen entdeckt im Spiegel des Wassers sowohl sein eigenes Spiegelbild als auch das von Mogli. Sie schaut ihn aus riesigen braunen Augen an und blinzelt ihm verführerisch zu – eine Analogie dieses Augenspiels mit dem hypnotisierenden Blick

der Schlange Kaa kommt einem in den Sinn, da es den näm-
lichen Effekt hat: Mogli verliert den Halt und stürzt ins Wasser,
worauf er schleunigst versucht, das Weite zu suchen – das Mädchen kichert darob nur kurz verschämt. Sie füllt zur Verszeile:
„Dann werd' ich einen Liebsten haben" den Krug mit Wasser
und schaut Mogli direkt ins Gesicht, dieser versteckt sich ganz
erschrocken. Sie wendet sich summend und singend zum Gehen,
Mogli folgt ihr wie in Trance mit federndem Schritt; sie blickt
kurz über die Schulter, als ob sie sich vergewissern wollte, dass
Mogli ihr wirklich folgt, und lässt dann – unter Zuhilfenahme
eines kleinen Schubses mit der rechten Hand – den Wasserkrug
vom Kopf rutschen. Dieser fällt zu Boden und rollt in Richtung
Mogli, das Mädchen schaut ihm mit gespieltem Erschrecken –
„Oh" – nach. Balu, der die Szene sehr misstrauisch beäugt, sagt
zu Baghira: „Das war doch glatte Absicht", Baghira antwortet:
„Wahrscheinlich …". Mogli nimmt den Krug und füllt ihn auf.
Das Mädchen blickt mit erneutem Augenaufschlag zu Mogli,
dreht sich um und geht wieder einen Schritt, blickt nochmals mit
lockendem, schäkerndem Blick über die Schulter, bevor sie summend ins Dorf zurückgeht – nicht ohne sich mit weiteren kurzen
Blicken über die Schulter zu vergewissern, dass Mogli ihr nun
tatsächlich folgt. Mogli läuft wie hypnotisiert hinterher. Balu
ruft voller Sorge: „Mogli, komm weg da, komm weg!" Baghira
murmelt: „Geh' nur, geh' nur." Mogli zögert kurz und blickt
zwischen seinen Freunden und dem Mädchen hin und her. Das
Mädchen schaut nun noch einmal sehr direkt zu Mogli: ein
Augenaufschlag und ein Zwinkern. Dies wird von Mogli erwidert, er lächelt verzückt, wendet sich mit diesem Gesichtsausdruck nochmals zu Balu und Baghira um, zuckt mit den Schultern
und folgt ihr dann willenlos. Balu sagt traurig: „Einfach weg-
geangelt." Baghira erwidert verständnisvoll: „Das war unver-
meidlich, Balu, da kann man nicht gegen an, das musste so
kommen. Mogli ist da, wo er hingehört." Balu erwidert: „Ja,
Du hast wohl recht." Er schluckt, findet seine gute Laune lang-
sam wieder und sagt zum Abschluss: „Trotzdem glaube ich
immer noch, er wäre ein prima Bär geworden." Beide ziehen
singend und tanzend mit „Probier's mal mit Gemütlichkeit"
zurück in den Dschungel, „dahin, wo wir hingehören" – wie
Balu in seinem letzten Satz zugeben muss.

Welch' wunderbare musikalische Schluss-Phrase, über-spannt von einem großen, sich über mehrere Minuten er-streckenden Bindebogen: Die Stimme des Mädchen ist es, die Mogli zunächst elektrisiert und anzieht. Sicherlich wird diese durch nonverbale, optisch vermittelte kommunikative Reize verstärkt. Der stärkste Magnet aber, die initiale hyp-notische Kraft, geht vom Klang der Stimme aus, die in einem mäandernden, nicht enden wollenden Strom Moglis Herz und Hirn einlullt. Und als Schlussakkord, sozusagen nach einer Generalpause, leitet die Musik mit dem wunderbaren gesungenen Lebensmotto: „Probier's mal mit Gemütlich-keit" zu einem „lieto fine", einem glücklichen Ende, über.

„Das Dschungelbuch" von Walt Disney

Wer, der heute zwischen 40–80 ist, kennt es nicht: DAS DSCHUNGELBUCH von Walt Disney (1901–1966), uraufge-führt im Jahr 1967. Es war bereits der 19. abendfüllende Spielfilm von Walt Disney, an dessen Konzeption er noch bis zu seinem frühen Tod persönlich intensiv mitarbeitete. Für viele Kinder war es der erste Film im Kino überhaupt – inzwischen haben ihn in Deutschland weit über 20 Milli-onen Menschen gesehen. Weltweit hatte DAS DSCHUNGEL-BUCH bis heute sogar mehr als 300 Millionen – sicherlich zumeist begeisterte – Zuschauer. Und diese Begeisterung ist ungebrochen: Wer den Film mit seinen Kindern anschaut, ob im Kino oder auf DVD, kann es selbst erleben: Die Kin-deraugen leuchten und leuchten und leuchten – und auch die Erwachsenen amüsieren sich prächtig.

Die Handlung des Zeichentrickfilms lehnt sich an Mo-tive der Erzählungen aus THE JUNGLE BOOK von Rudyard Kipling (1865–1935, Literaturnobelpreis 1907) an, ent-wickelt jedoch eine ganz eigene, vollkommen andere und „leichtfüßigere" Geschichte als das Original.

Der Erfolg des Films ruht auf verschiedenen Pfeilern. Die Geschichte ist grandios und spannend erzählt und Groß und Klein können sich – jeweils altersentsprechend – mit den unterschiedlichen Rollen identifizieren. Auch sind die Bilder wunderbar gezeichnet und animiert – und erst die Musik mit ihren Songs: betörend!

Synopsis

Die Geschichte wird aus Sicht des Panthers Baghira erzählt.
Er findet eines Tages ein ausgesetztes Kind in einem Weidenkorb.
Das Lallen und Lachen des Kindes erweichen sein Herz und er bringt es zu einer ihm bekannten Wolfsfamilie, die gerade Nachwuchs bekommen hat. Die Wölfe ziehen es auf. Der Name des Menschenjungen ist Mogli (auch in der Schreibweise Mowgli) – ein Kunstwort von Rudyard Kipling ohne tiefere Bedeutung.
Zehn Jahre geht alles gut.
Dann kehrt Schir Khan, der Tiger, zurück und das Wolfsrudel beschließt, Mogli zu Seinesgleichen in die nächste Menschensiedlung zu bringen, da sie die Gefahr durch Schir Khan fürchten. Baghira bietet sich an, Mogli durch den Dschungel zu begleiten. Mogli ahnt nicht, wohin die Reise gehen soll. Erst auf dem Weg erfährt er, dass er wegen Schir Khan zu den Menschen zurück soll: Er ist gar nicht begeistert und sagt, er habe keine Angst und könne auf sich selbst aufpassen.
Nachts erfolgt die erste Begegnung mit der Schlange Kaa, die versucht, Mogli mit ihren Augen und ihrem Gesang „Süß sollst Du schlafen" (s. Abschnitt „Die Songs", 1. Song) zu hypnotisieren und anschließend zu verspeisen. Dank der Hilfe Baghiras misslingt dieser Versuch.
Des Morgens werden sie von der Frühpatrouille der Elefanten geweckt (s. 2. Song).
Als Colonel Hathi, ihr Anführer, das Menschenkind entdeckt, fragt er gebieterisch: „Was hast Du in meinem Dschungel zu suchen?" Baghira beruhigt ihn mit dem Versprechen, Mogli zu den Menschen zurückzubringen.
Mogli weigert sich jedoch, weiterzugehen, und Baghira verlässt ihn im Streit: Mogli ist allein.
Er begegnet dem launigen Bären Balu. Diesen hört man zunächst singen, bevor man ihn sieht. Balu lehrt Mogli, zu Trommelklän-

gen, zu kämpfen und wie ein Bär zu brüllen – Baghira hört dies und eilt besorgt zurück. Balu bietet Mogli an, dass er bei ihm im Dschungel bleiben kann: Er will ihn alles lehren, was er weiß – eine Zusage, die Baghira ironisch mit „Oh, das kann ja nicht lange dauern" kommentiert. Es folgt der eingangs bereits erwähnte Song „Probier's mal mit Gemütlichkeit" (s. 3. Song). Am Schluss des Songs wird Mogli von einer Affenhorde entführt. Balu versucht vergeblich, ihn zu retten, und ruft Baghira zu Hilfe. Gemeinsam gehen sie zur alten Ruinenstadt: zum König der Affen, King Louie. Dieser verspricht, Mogli im Dschungel bei sich zu behalten, wenn er ihm das Geheimnis des Feuers verrät. Es folgt die berühmte Gesangs-, Instrumental- und Tanznummer „Ich wär so gern wie Du" (s. 4. Song).

Nach der Befreiung aus den Fängen der Affen führt Baghira ein ernstes Gespräch mit Balu: Dieser sieht ein, dass es im Dschungel für Mogli zu gefährlich ist, und verspricht, ihn zu den Menschen zu bringen. Am nächsten Morgen zieht er mit Mogli los und gesteht ihm auf dem Weg, was er Baghira versprochen hat. Mogli ist tief enttäuscht und rennt weg.

Der Tiger Schir Khan streift durch den Dschungel und wird bei der Jagd von der Frühpatrouille der Elefanten gestört (die Marschmusik entspricht im Wesentlichen dem 2. Song). Die Patrouille trifft auf Baghira. Schir Khan lauscht und erfährt, dass Mogli allein im Dschungel unterwegs ist. Er macht sich auf die Suche nach ihm. Mogli trifft mittlerweile zum zweiten Mal auf die Schlange Kaa, die ihn erneut hypnotisiert: „Hör auf mich" (s. 5. Song). Schir Khan sucht den Jungen bei ihr und droht Kaa mit einer betont sonoren und (gefährlich) tiefen, latent aggressiven Sprechstimme – ohne Erfolg. Mogli kann sich aus der Umklammerung von Kaa befreien und rennt weiter. Er trifft auf die vier Geier, die ihn zu ihrem Freund erklären: „Deine Freunde" (s. 6. Song). Während des Gesangs zieht ein Gewitter auf. Am Ende des Liedes stimmt der hinzugeschlichene Schir Kahn mit tiefem Bass in die letzte Liedzeile ein – die Geier nehmen Reißaus. Der Tiger bedroht Mogli, der jedoch keine Angst zeigt. Schir Khan möchte mit ihm spielen, springt Mogli an, doch kurz bevor er ihn mit seinen Krallen erreicht, kommt ihm Balu zur Hilfe, der den Tiger am Schwanz festhält. Mogli wird von den wieder mutiger gewordenen Geiern in die Luft gehoben, ein Blitz schlägt in einen Baum, der Feuer fängt. Mogli nimmt auf Rat der Geier einen brennenden Ast.

Unterdessen hat Schir Khan Balu besiegt, der bewusstlos nieder-
fällt. Mogli bindet, während die Geier den Tiger ablenken, den
Ast an den Schwanz von Schir Khan, der in Panik vor dem Feuer
flieht. Schir Khan ist erfolgreich in die Flucht geschlagen, aber
Balu liegt regungslos am Boden. Mogli und die Geier halten ihn
für tot, Baghira hält eine pathetische „Totenrede". Währenddessen kommt Balu wieder zu sich. Baghira, Mogli und die Geier sind
außer sich vor Freude. Balu nimmt Mogli auf den Arm und nun
beginnt die eingangs bereits beschriebene Schlusssequenz …

Die Musik im „Dschungelbuch"

Die Musik ist besonders berührend und eindrücklich. Die
Songs und ihre Texte wurden – mit Ausnahme des großen
Hits „Probier's mal mit Gemütlichkeit", der aus der Feder
von Terry Gilkyson (1916–1999) stammt – von dem
Brüderpaar Robert B. Sherman (1925–2012) und Richard
M. Sherman (*1928) kreiert, die schon am großen Erfolg
von MARY POPPINS wesentlich beteiligt waren! Man
kann die Begeisterung über ihre Songs mit einem Wort aus
diesem Filmklassiker zusammenfassen: „supercalifragi-
listicexpialigetisch".

Aber auch die übrige Musik, komponiert von George
Bruns (1914–1983), ist atmosphärisch sehr gelungen. Schon
in der Eingangsmusik und den Zwischenmusiken werden
bewusst fremdländische Harmonien und Rhythmen verwendet. Die Instrumentation ermöglicht fernöstliche Klänge, indem sie auf Oboen und tiefe Flöten sowie Harfen zu-
rückgreift. Auch die Stimmung der jeweiligen Szenen wird
durch die Musik sehr gut emotional verstärkt, wie beispielsweise in der Trauermusik für den vermeintlich im Kampf
gestorbenen Balu. Baghiras pathetische Abschiedsrede ist
mit Orgelklängen unterlegt, die von Paul J. Smith stammen
und aus dem Disney-Film SCHNEEWITTCHEN UND DIE SIEBEN
ZWERGE entlehnt sind. Immer wieder wird die Musik auch
geschickt lautmalerisch zur Verdeutlichung der Bewegun-

gen und Handlungen eingesetzt, wie in der Sequenz der Verschleppung von Mogli durch die Affen sowie der Flucht vor den Affen aus dem Tempel, oder bei der „Verknotung" und Deformierung der Schlange Kaa in eine „Ziehharmonika": bestes „Mickey-Mousing" – eine tonmalerische Technik, die schon in frühen Walt-Disney-Filmen Verwendung findet (s. Abschnitt „Musik bei Walt Disney im Allgemeinen").

Damit bewegen sich die musikalischen Mittel des DSCHUNGELBUCHS in der Tradition der Filmmusik (s. Abschnitt „Kurzer Exkurs: Filmmusik im Allgemeinen").

Die Songs

1. Song – Die Schlange Kaa: „Süß sollst Du schlafen"
(Please, go to sleep)
Deutscher Sprecher/Sänger: Erich Kestin (1895–1969)
Die Schlange singt ein kurzes Solo, sparsam von einer tiefen Flöte und einer Bratsche in orientalisch anmutender Melodik umspielt:

„Süß sollst Du schlafen, bist ja so lieb, schlaf, kleines Menschlein, träume süß, schlaf, schlaf …"

Die (männliche) Stimme von Kaa ist behaucht, hoch, umschmeichelnd. Sie klingt amphoter, ist also keinem spezifischen Geschlecht eindeutig zuzuordnen. Die Gesangsmelodie ist mehr an die Sprechmelodik angelehnt und in ihrer Tonhöhe musikalisch nicht exakt fixiert, steht jedoch nicht in bewusster Dissonanz zur instrumentalen Begleitung.

2. Song – Elefantenparade: „Colonel Hathis Marsch"

Deutscher Sprecher/Sänger des Colonel Hathi: Martin Hithe (1921–1981), der in Deutschland als Synchronsprecher „kerniger Männer" (z. B. Orson Welles als Justinian in Kampf um Rom) bekannt ist

Grundlage dieses Songs ist ein zackiger Militärmarsch, der das gemeinsame Singen beim Militär parodiert. Einzelne Stimmen, wie die des Colonels und seines Sohnes, sind immer wieder aus dem Gesamtklang der Stimmen herauszuhören. Die Instrumentation mit Querpfeifen und Glockenspiel erinnert an den berühmten „River Kwai Marsch" aus dem Film Die Brücke am Kwai aus dem Jahr 1957. Der auf den Marsch folgende Appell persifliert die Gepflogenheiten der Britischen Armee in Indien – bis hin zu dem für den großen Elefanten im Verhältnis viel zu klein geratenen Bambusstöckchen im Rüssel des Colonels: eine Karikatur der unabdingbaren Reitgerte englischer Offiziere. Der Colonel schwadroniert mit fester, tiefer und sonorer Stimme über den „Korpsgeist", die „alten Zeiten" und seine „Karriere" in der fünften Brigade des Maharadschas – samt Verleihung des Victoria-Kreuzes für Tapferkeit vor dem Feind und die zackigste (sic!) Kommandostimme – sehr zum Missfallen seiner Gattin Winifred und anderer Mitglieder der Patrouille. Der wiederaufgenommene Marsch endet jäh in einem chaotischen Elefantenauflauf, weil der Colonel vergessen hatte, „Halt" zu sagen. Bei jedem Aufprall auf den Vordermann wird musikalisch die Marschmusik durch Posaunenglissandi und lautmalerisch dissonante Akkorde so verfremdet, dass ihre „militärische Ordnung" komplett durchbrochen wird.

3. Song – Balu: „Probier's mal mit Gemütlichkeit"
(The Bare Necessities)
Deutscher Sprecher/Sänger: Edgar Ott (1929–1994), der
in Deutschland als Synchronsprecher (z. B. für Telly Savalas
als Kojak in Einsatz in Manhattan), aber besonders als
Sprecher des Titelhelden in der beliebten Kinderhörspiel-
serie Benjamin Blümchen bekannt ist
Die Musik ist geprägt vom typischen Instrumentarium einer
Dixieland-Straßenband mit Banjo, Sousafon, gestopfter
Trompete, Percussion und einem Tin Pan Alley-artigen Ge-
klimpere auf dem Klavier. Der Gesang lehnt sich klanglich
mehr an die Sprechweise eines Schauspielers oder Jazzsän-
gers an als an die eines ausgebildeten Sängers. Die Stimme
trifft jedoch die Tonhöhe und den Rhythmus sehr gut, der
Sänger hat in der Interpretation und Artikulation ein perfek-
tes Timing – eine Art moderner Papageno: einfach in Gesang,
Gemüt und Stimme, aber sehr sympathisch (s. Kap. 5). Dieser Song – und seine unaufgeregte Interpretation – ist so ein-
prägsam und lädt jedermann zum spontanen Mitsingen ein
– auch Mogli singt am Ende kurz mit –, dass er nicht umsonst der populärste Song des DSCHUNGELBUCHS geworden ist.
Mogli singt die ersten Zeilen des Liedes auch spontan wieder
am nächsten Morgen, fast sofort nach dem Aufwachen.

4. Song – King Louie: „Ich wär so gern wie Du"
(I wanna be like you)
Deutscher Sprecher/Sänger: Klaus Havenstein (1922–
1998), bekannt als langjähriges Mitglied der Münchner
Lach- und Schießgesellschaft sowie als Synchronstimme
z. B. von Peter Ustinov – und als Moritatensänger beim
Sängerkrieg der Heidehasen (s. Kap. 4)
Die Musik ist geprägt von einer typischen Rhythmusgruppe:
„geschrubbte" Gitarre, Schlagzeug, Percussion, ergänzt im
Song durch Ukulele, Flöte und gesungenen Chorus auf Sil-
ben wie „schubi duap". Zwischen den Strophen spielt King

Louie auf einer gestopften Trompete. Sein äffischer Konkurrent – verkörpert durch einen deutlich kleineren Affen –, der versucht, ihm den Rang abzulaufen, imitiert das Trompetenspiel seines „Chefs" mit der Stimme. Als er dann noch zu pfeifen anfängt, reißt King Louie der Geduldsfaden und er schlägt ihn mit rhythmisch sehr präzisem Scat-Gesang im Stile Louis Armstrongs – begleitet von einer artistischen Tanzeinlage – in die Flucht. In der nächsten Strophe wird die Dominanz von King Louie noch durch eine – teilweise gestopfte – Posaune verstärkt. Der Musikstil bleibt insgesamt eher konventionell und den 1930/40er Jahren verhaftet. Zum Abschluss der Performance liefert sich Louie einen Scat-Battle und ein Tänzchen mit Balu, der sich – unzureichend und wenig „nachhal-tig" – als Frau verkleidet hat.

Im Gesang verwendet King Louie eine raue, dominante und betont männliche Klangfärbung. Sowohl die Stimme des englischen Originals, Louis Prima, als auch diejenige von Klaus Havenstein in der deutschen Synchronfassung strahlen eine bezwingende Virilität aus, die den bereits beschriebenen lästigen Rivalen souverän mit stimmlichen und artikulatorischen Mitteln aus dem Feld schlägt.

5. Song – Die Schlange Kaa: „Hör auf mich" (Trust in me)
Die instrumentale Begleitung mit einer Flöte unterstreicht den rauschhaften, tranceähnlichen Charakter des Gesprächs von Kaa und Mogli, welches beide vor Beginn des eigentlichen Songs führen. Der Song selbst wird von einer leisen Rhythmusgruppe, mit Flöte und einigen Streichern begleitet. In seiner zweiten Gesangsnummer ist Kaa immer musikalisch „daneben": Der Sänger setzt meist zu spät ein – manchmal auch zu früh – und erreicht die Tonhöhe der Melodie nur mit Mühe oder gar nicht. Dennoch ist das Timing seines Vortrags sehr passend zur hypnotischen Stimmung: Am Ende jeder kurzen Phrase hat er das „Verlorene" wieder eingeholt. Man hört, dass die Darbietung nicht auf

„Nichtkönnen", sondern auf voller Absicht beruht; man könnte seinen „Nichtgesang" mit den Gesangseinlagen von Heinz Rühmann („Ich brech' die Herzen der stolzesten Frau'n" oder auch „So ein Regenwurm hat's gut" u. a. m.) vergleichen: Das musikalische Ziel wird verfehlt, das interpretatorische Ziel auf perfekte Weise erreicht.

6. Song – Quartett der Geier: „Deine Freunde" (That's what friends are for)

Obwohl die Geier „Beatles-Frisuren" tragen und im englischen Original mit einem nordenglischen „Liverpool-Accent" sprechen, ist ihr Gesang – entgegen der ursprünglichen musikalischen Planung, einen Merseybeat-Sound zu verwenden – zuerst im Stile eines Barbershop-Songs a cappella gehalten, dann, in der zweiten Strophe, durch dezente instrumentale Begleitung, Gitarren und Bass, erweitert. Somit erinnern die musikalischen Mittel eher an einen Song der Andrew Sisters aus den 40er Jahren als an eine Swinging-Sixties-Group. Mogli singt in der Mitte des Songs bei der Wiederholung des Wortes „Weltrekord" kurz mit und ebenso mit ganz tiefer, Furcht einflößender Bassstimme – in der Schlusszeile „Dieser Freund ist hier" – der hinzugeschlichene Schir Khan.

Die Stimmcharaktere im „Dschungelbuch"

Wenn wir die eben beschriebenen Figuren und Charaktere nochmals Revue passieren lassen, so bietet sich uns ein Panorama von unterschiedlichen Stimmen, welche die Charakterisierung der einzelnen Figuren maßgeblich ausmachen. Sie unterscheiden sich hinsichtlich des musikalischen Stils, der Lautstärke, der Stimmlage, der Lebendigkeit und des jeweiligen Ausdrucks und verschmelzen mit den Typen der stark individuell gestalteten und menschliche Züge tragenden Tierfiguren. Die beschriebenen Songs entstehen natürlich auch aus der jeweiligen Situation und den Beziehungen zwischen den Figuren und sie folgen dem Handlungsstrang der Geschichte. Gerade in der Verbindung der Figuren – man denke beispielsweise an die tiefe Freundschaft zwischen Balu und Mogli und an die Begegnungen von Kaa und Mogli – wird deutlich, dass die unterschiedlichen Figuren perfekt mit den ihnen verliehenen Stimmen verschmelzen: Hierin liegt eine der großen Stärken dieses Films. So entsteht vor unserem inneren Auge – auch ohne den Film zu sehen – sofort das Bild von Balu mit seinen typischen tapsigen Bewegungen, wenn er singt: „Probier's mal mit Gemütlichkeit".

Aus der Fülle der Stimmen und Charaktere im DSCHUN-GELBUCH hebt sich jedoch eine Stimme heraus: die des Mädchens aus der Menschensiedlung. Sie ist – neben der herrischen, eher männlich charakterisierten Elefantendame Winifred – die einzige weibliche Stimme im Film. Ohne einen Namen, ohne eine Vorgeschichte fällt sie wie Sterntaler hinein in die Schlussszene des Films. Diese Wirkung ist auf grandiose Weise vorbereitet, denn Klangspektrum und Höhe ihrer Stimme tauchten bis dahin nicht auf und wurden für ihren Auftritt aufgespart. So scheint ihre Stimme – auch für Mogli – aus einer anderen Welt zu kommen. Die Verknüpfung des Stimmklangs mit den eingangs schon beschriebenen optischen Schlüsselreizen und dem psychologischen Motiv der Ablösung von den elterlichen Tierfiguren tut das Ihrige.

Filmmusik im Allgemeinen

Filmmusik entstand parallel zur Erfindung der „Motion pictures", der „laufenden Bilder". Schon die ersten öffentlichen Filmaufführungen durch die Brüder Auguste & Louis Lumière wurden im Jahr 1895 in Paris von einem Pianisten begleitet. Die Musiker der Stummfilmära, seien es Pianisten oder Orchester, waren darin geschult, spontan und improvisatorisch auf die wechselnden Stimmungen im Film zu reagieren. Es gab jedoch auch für den jeweiligen Film verfasste Originalmusiken, wie beispielsweise – um nur eine zu nennen – die Musik von Edmund Meisel in Sergej Eisensteins Panzerkreuzer Potemkin aus dem Jahr 1926. Die Live-Aufführungen dieser Filme mit Orchester erleben heute eine Renaissance und großes Interesse beim Publikum, wie die Aufführungen unter der Leitung des „Stummfilmmusikers" Günter A. Buchwald zeigen.

Auch die ersten Tonfilme waren eng mit der Musik verknüpft. Der allererste abendfüllende Tonfilm war The Jazz Singer, der vom Aufstieg eines armen jüdischen Sängers zum gefeierten Broadway-Star handelt. Der erste deutsche Tonfilm war Der blaue Engel mit Marlene Dietrich in der weiblichen Hauptrolle. Die Musik stammte vom genialen Friedrich Hollaender, den Charlie Chaplin einmal den „großen kleinen Friedrich" genannt hat. Die Musiktitel aus diesem Film wie „Ich bin von Kopf bis Fuß auf Liebe eingestellt" und andere mehr haben ins kollektive Unbewusste mehrerer Generationen Eingang gefunden.

Die Musik spielte auch in der weiteren Geschichte des Tonfilms eine entscheidende Rolle und blieb immer unverzichtbar: Pars pro toto sei die stimmungsverstärkende Musik „The Murder" (komponiert von Bernard Herrmann) angeführt, die in Alfred Hitchcocks Film Psycho aus dem Jahr 1960 den Mord unter der Dusche an Marion Crane (gespielt von Janet Leigh) mit zunächst hohen dissonanten rhythmisch abgehackten Streicherklängen untermalt – die in der Instrumentierung an Witold Lutosławskis Konzert für Orchester (entstanden 1950–1954) gemahnt – und später noch gruseliger in den tiefen Streichern ausklingt. Insgesamt dauert diese Sequenz nur eine Minute!

Manchmal ist Filmmusik genauso populär wie der Film. Als Beispiel sei die Fernsehserie PIPPI LANGSTRUMPF (Produktion ab 1968) mit dem Song „Hej, Pippi Langstrumpf" angeführt. Wer kennt nicht den wunderbar eigensinnigen Text aus der Feder von Astrid Lindgren (deutsche Übersetzung von Wolfgang Franke und Helmut Harun) „Zwei mal drei macht vier, widewidewitt und drei macht neune, ich mach mir die Welt, widewide wie sie mir gefällt" zur eingängigen, von Konrad Elfers und Jan Johansson komponierten Melodie.

Bisweilen ist Filmmusik jedoch auch (fast) populärer als der dazugehörige Film. Als ein besonders prägnantes Beispiel kann hier die Musik mit der klagenden Mundharmonika aus Sergio Leones Film SPIEL MIR DAS LIED VOM TOD aus dem Jahr 1968 erwähnt werden; diese im Film leitmotivisch eingesetzte Musik komponierte Ennio Morricone.

Es ließen sich zahlreiche weitere Beispiele für Filmmusiken, die heute noch sehr populär sind, obschon der Film nicht mehr häufig gezeigt wird, anführen – von der Musik zu DER DRITTE MANN („Harry Lime Theme", Musik: Anton Karas), über die Songs von Simon & Garfunkel zum Film DIE REIFEPRÜFUNG (u. a. „Mrs. Robinson", komponiert von Paul Simon) oder die Titelmusik der Fernsehserie BONANZA (Musik: Ray Evans & Jay Livingston) bis zur Realisierung von Michael Endes JIM KNOPF UND LUKAS DER LOKOMOTIVFÜHRER durch die Augsburger Puppenkiste (Lummerlandlied „Eine Insel mit zwei Bergen", Musik: Hermann Amann).

Manchmal wird eine Filmmusik so berühmt, dass sie sich quasi vom Film loslöst und unabhängig ein selbstständiger Hit wird: wie – wieder nur ein Beispiel – der Titel „Moon River" in FRÜHSTÜCK BEI TIFFANY aus dem Jahr 1961, komponiert von Henry Mancini und gesungen – ganz schutzbedürftig und mit behauchter Stimme zur Gitarre – von der hinreißenden Audrey Hepburn in der Rolle der Holly Golightly.

Musik bei Walt Disney im Allgemeinen

Filmmusik spielt in den Filmen Walt Disneys schon sehr früh eine entscheidende Rolle, wie Franziska Brocksch beschreibt. So wird im Jahre 1928 der Zeichentrickfilm STEAMBOAT WILLIE von eigens für ihn komponierter Musik begleitet. Die direkte Entsprechung der sichtbaren Bilder und der hörbaren Klänge wurde, da sie sich besonders in den Filmen des Cartoonhelden Mickey Mouse weiterentwickelte, als „Mickey-Mousing" bezeichnet: Geht der Held beispielsweise eine Treppe hinauf, ist auch in der Musik eine ansteigende Skala zu hören. Wie wichtig für Walt Disney die Wirkung der Musik war, lässt sich daran ablesen, dass er mit den SILLY SYMPHONIES dialogfreie Zeichentrickfilme zu Musik allein entwarf, wie beispielsweise den „Skeleton Dance" aus dem Jahre 1929.

Seit den späten 1930er Jahren wurden die gezeichneten Filme sogar um eigens für sie komponierte Musik konzipiert wie bei SCHNEEWITTCHEN UND DIE SIEBEN ZWERGE (1937), DUMBO (1941) und BAMBI (1944).

Aber auch die Musikfilme FANTASIA und MAKE MINE MUSIC verdienen besondere Erwähnung. FANTASIA ist ein abendfüllender Animationsfilm aus dem Jahr 1940, durchgehend begleitet von ausgewählter klassischer Musik, die vom Philadelphia Orchestra unter der Stabführung von Leopold Stokowski gespielt und zwischen den einzelnen Animationen von Deems Taylor erläutert wird. MAKE MINE MUSIC aus dem Jahr 1946 ist ebenfalls ein gezeichneter Episodenfilm ausschließlich zu bereits existierender Musik – u. a. PETER UND DER WOLF von Peter Tschaikowski –, aber ohne sichtbares Orchester und erläuternde Zwischenmoderationen. Beide Filme sind als DVD im Handel erhältlich. Die Rezeption dieser frühen Meisterwerke voller Spaß und Innovationen ist wärmstens zu empfehlen!

Alle diese Beispiele – und auch die zentrale Bedeutung und Verwendung der Musik in den weiteren Disney-Produktionen bis in die heutige Zeit – untermauern die Annahme, dass die Musik und der Einsatz der Stimmen im Dschungelbuch einer umfassenden künstlerischen Konzeption entspringen, in der die Sprache der Bilder und der Musik eine Einheit bilden.

Resümee

Abschließend lässt sich festhalten: Alle Stimmen im Dschungelbuch sind sehr besonders und auf ihre spezifische Weise äußerst anziehend. Und dennoch können wir die eingangs gestellte Frage, welche Stimme die größte Anziehung ausübt, klar beantworten: Es ist nicht diejenige von Balu, Colonel Hathi, King Louie, Kaa oder einem der vier Geier – nein, es ist die Stimme des Mädchens, des „Ewigweiblichen", das Mogli – frei nach Goethes Faust II – „hinanzieht".

3 Göttliche Stimmen – Callas, Elvis & Co

„Das Göttliche" an und für sich

Das Attribut *der/die/das Göttliche* wird an alles Mögliche
– und Unmögliche – angehängt: an Maschinen/Monarchen/
Mimen/Männer, die Fußball spielen/Musiker ...

Die Attribuierung kann sich auf ästhetische Elemente
der Schönheit beziehen, wie in dem Sprichwort „Er sieht
aus wie ein junger Gott", oder darauf, etwas besonders gut,
ja perfekt zu können: „Er singt wie ein junger Gott."

Aus der Fülle der möglichen Beispiele seien im Folgenden zu den eingangs genannten Stichwörtern exemplarisch
einige „wenige" herausgegriffen, bevor ausführlich auf die
„Vergöttlichung" der Stimmen von Sängerinnen und Sängern eingegangen wird.

Maschinen

Kann ein von Menschen gefertigtes technisches Gerät als
göttlich bezeichnet werden? Die Antwort ist: Ja. Mit dem
Titel LA DÉESSE, die Göttin, wurden Automobile des Her-
stellers Citroën versehen, die von 1955–1975 hergestellt
wurden. Im Französischen ist das Auto, „La voiture",
weiblich. Wenn man das firmeninterne Kürzel für die be-
treffende Modellreihe, DS, mit dem dazugehörigen weiblichen Artikel ausspricht, klingt dies exakt wie „La Déesse".
Somit trat der Titel „Die Göttin" für dieses besondere
Fahrzeug quasi durch Zufall ins Scheinwerferlicht der
Werbung. Wenn man ehrlich ist, hat *sie* sich den Titel
verdient, ganz im Sinne der eingangs erwähnten Kriterien:
Sie sieht verdammt gut aus und ihre Technik – Stichwort
Hydropneumatik – war besonders gut – ihrer Zeit weit vo-
raus!

Monarchen

Schon seit Urgedenken werden Herrscher – Pharaonen, makedonische Könige, römische Kaiser und absolutistische Monarchen im Allgemeinen – als Götter oder gottgleiche Wesen verehrt. Wenn kein Gottstatus mehr möglich war, da „The Job" im Monotheismus nicht mehrfach vergeben werden konnte, wurden euphemistische Umschreibungen eingeführt, wie beispielsweise die seit der Karolingerzeit bekannte Formulierung des „Gottesgnadentums". Im Kontext der Musik ist dies insofern von Belang, als es in den Handlungen und Libretti der barocken Opern von Göttern und Helden nur so wimmelt. Die für uns heute undurchsichtigen Handlungsstränge – und das in ihnen verstrickte ebenso schwer zu durchschauende „Personal" – diente der Verherrlichung der auftraggebenden Monarchen: Wenn man schon kein echter Gott mehr sein durfte, dann ließ man sich doch wenigstens im Spiel der Oper „vergöttern".

Mimen

Nicht nur Sängerinnen, sondern auch Schauspielerinnen wurde der „Gottstatus" zuerkannt, indem man ihnen den Titel „Diva" (Göttin) verlieh. Manche Wissenschaftler gehen sogar davon aus, dass er vornehmlich von Schauspielerinnen und weniger von Sängerinnen getragen wurde, wie die umfassende Darstellung zum Thema DIVA – DIE INSZENIERUNG DER ÜBERMENSCHLICHEN FRAU von Rebecca Grotjahn, Dörte Schmidt und Thomas Seedorf nahelegt.

In unserem heutigen Bewusstsein ist bei Schauspielerinnen der Ehrentitel „die Göttliche" vor allen anderen Greta Garbo (1905–1990) vorbehalten. Bereits im 19. Jahrhundert allerdings wurde die französische Mimin Sarah Bernhardt (1844–1923) mit diesem Titel bedacht. Schauspielerdiven umfassend abzuhandeln, würde mindestens ein eigenes Kapitel in diesem Buch erfordern. Deswegen sei nur noch ein besonders schillerndes Beispiel erwähnt: Georgette Dee (*1958). Dieser männlich/weibliche Star hat sich in der Begrüßung zu seiner im Jahr 2000 erschienen CD LIVE IM SCHILLERTHEATER selbst folgenden Text in den Mund gelegt, der das Wesen einer Diva umfassend begreiflich macht:

„Alle Menschen denken immer – (a part) mein Gott, ich hab' nur zwei Kleidungsstücke an und die machen, was sie wollen; es ist schon hart … – die Leute glauben ja immer, ich nehme, was ich kriege, und das tu' ich auch, aber ich krieg' gar nich' so viel …; (sehr leise) ich bin wirklich nicht besonders schwierig, (wieder lauter) ich bin eine Diva, aber schwierig nicht! Nein, ich wollte nie ein Star werden, man hat mich gebeten hier aufzutreten …"

Männer, die Fußball spielen

Auch Fußballer können gottgleiche Verehrung erfahren: So titulierte der Sportreporter Herbert Zimmermann bei der Radio Live-Reportage des Endspiels der Fußballweltmeisterschaft 1954 den Torwart der Deutschen Nationalmannschaft, Toni Turek, als *Fußballgott*. Zimmermann geriet nach dem Spiel unter „Blasphemie-Verdacht" und musste sich offiziell entschuldigen. Später ging man mit der „Apotheose" viel lockerer, fast inflationär um, indem man etliche Fußballer zu „Flankengöttern" erklärte; die Liste beginnt bei Stan Libuda, setzt sich über Rüdiger Abramczik und „Manni" Kaltz fort und ist bei David Beckham noch lange nicht zu Ende. Jede Fan-Generation kreiert mittlerweile ihre eigenen „Götter". Ach, und fast hätten wir ein „fußballgöttliches" Ereignis – sozusagen ein Wunder – vergessen: „la mano de Dios", die göttliche Hand des Diego Armando Maradonna beim Handspiel-Tor im Viertelfinalspiel Argentinien gegen England im Rahmen der WM 1986.

Musiker

Unter Musikern ist sicherlich DONNERBLITZBUB WOLFGANG AMADEUS – wie Rotraut Hinderks-Kutscher (1908–1986) Mozart in ihrem 1945 geschrieben Kinderbuchklassiker nannte – einer der am häufigsten mit dem Attribut „göttlich" Versehenen. Zu Recht! Aber auch anderen Musikern aus gänzlich anderen Zeiten und Genres wurde dieser Ehrentitel von Bewunderern verliehen. So tauchte Mitte der 1960er Jahre plötzlich in London ein Graffiti auf: „Clapton is god." Es galt Eric Clapton (* 1945), der zu dieser Zeit bereits der bewunderte Gitarrist der Band John Mayall & the Bluesbreakers war. Clapton wurde diese Ehre aus gutem Grund zuteil, allein schon deshalb, weil er auf dem WHITE ALBUM der Beatles zum Song seines engen Freundes George Harrison (1943–2001) „While My Guitar Gently Weeps" ein wahrhaft göttliches Gitarrensolo beisteuerte. Natürlich war dies beileibe nicht sein einziges Gitarrensolo, das den Ehrentitel rechtfertigen würde, es gibt sehr viele andere und er steht nicht umsonst auf der ewigen Bestenliste der 100 GREATEST GUITARISTS des amerikanischen Musikmagazins ROLLING STONE – hinter Jimi Hendrix (einem weiteren Gitarrengott) – auf Platz zwei.

Hosianna – kreuziget ihn!

Der Vergötterung ist aber auch der Absturz ins Inferno nahe. Wenn man nur an den dissonanten, akustisch wie ein Erdbeben erscheinenden Septnonakkord des „Barrabam-Rufs" aus Bachs MATTHÄUSPASSION denkt, wird einem diese enge Verbindung zwischen Vergötterung und Verdammung schmerzlich klar: Nicht einmal eine Woche zuvor hatte das gleiche Volk Jesus noch zugejubelt: Hosianna!

Neid und Missgunst sind auch in Alexander Puschkins (1799–1837) Einakter MOZART UND SALIERI aus dem Jahr

1832 ausführlich dargestellt. In diesem fiktiven Stück reichen die negativen Gefühle sogar so weit, dass Salieri Mozart vergiftet. Die von Puschkin entwickelte Handlung wurde von Peter Schaeffer, der das Skript zu Milos Formans Film AMADEUS verfasste, wieder aufgegriffen (s. Kap. 6). Auch Maria Callas und Elvis haben, wie wir noch sehen werden, die Achterbahn der öffentlich schwankenden Meinung leidvoll erfahren müssen, ganz so, wie es sprichwörtlich heißt: „Neid ist die ehrlichste Form der Anerkennung."

Kritik wird schnell unsachlich und verletzend – dies ist beileibe kein Phänomen der Anonymität des Internets, nein, es hat – bedauerlicherweise – eine lange Tradition. An solcher Kritik kann man zerbrechen. Der geniale Komponist und Textdichter Friedrich Hollaender (1896–1976), zu seiner besten Zeit im Berlin der „roaring twenties" ein über die Genres hinweg überall gleichzeitig zu findender Megastar, schrieb hierüber nach seiner späten Rückkehr aus der von den Nazis erzwungenen Emigration ein sehr trauriges, resigniertes Lied: „Spötterdämmerung". Hollaender spürte, dass er nach dem Krieg nicht mehr die ihm gebührende Beachtung erfuhr, der „Zug der Zeit", dessen Takt er einst mit vorgegeben hatte, war über ihn hinweggerast, wie über die gescheiterten Götter in Wagners GÖTTERDÄMMERUNG. Diesen Chanson-Titel hat Volker Kühn in seiner liebevollen Darstellung SPÖTTERDÄMMERUNG. VOM LANGEN STERBEN DES GROSSEN KLEINEN FRIEDRICH HOLLAENDER im Jahr 1996 aufgegriffen.

Sängerinnen und Sänger

Schon in der griechischen Mythologie gibt es Sänger, denen gottgleiche Eigenschaften zugeschrieben wurden, wie beispielsweise Orpheus (s. Kap. 10).

„Das älteste, ächteste und schönste Organ der Musik, das Organ, dem unsere Musik allein ihr Dasein verdankt, ist die menschliche Stimme."

Diese Feststellung traf Richard Wagner in seiner theoretischen Schrift OPER UND DRAMA. Er war beileibe nicht der Erste, der die Stimme solchermaßen rühmte. So schrieb schon der italienische Blockflötenvirtuose Sylvestro Ganassi im Jahre 1535 in seinem epochalen Werk OPERA INTITULATA FONTEGARA im ersten Kapitel: „Ihr müsst wissen, dass alle Musikinstrumente im Hinblick auf die menschliche Stimme und im Vergleich zu ihr geringeren Wert haben als diese." Freilich ist damit keine festgeschriebene Bewertung gemeint, sondern er wollte ausdrücken, dass Instrumentalisten sich darum bemühen sollten, den Ausdruck der menschlichen Stimme nachzuahmen – „imitare la voce".

Der Topos „göttlicher Sänger" ist weniger exklusiv als man vermuten könnte – er wurde historisch immer wieder neu vergeben. Die erste Sängerin, der das Attribut „göttlich" quasi offiziell als Ehrentitel verliehen wurde, war wohl die Sopranistin Adelina Patti (1843–1919), die schon als junge Sängerin als „La Diva" bezeichnet wurde. Mehr als einhundert Jahre später wurde für Christa Ludwig von Joseph Wechsberg der Begriff „göttinnenhaft" kreiert, wie Peter Csobádie in seinem Vorwort zu ihren Lebenserinnerungen schreibt. Aber auch Maria Callas und Elvis Presley wurden als Sängergötter verehrt. Man könnte leicht weitere Sänger nennen – jedoch bliebe eine Liste, die von Jenny Lind bis Freddy Mercury reicht, Stückwerk, wo fände sich Enrico Caruso, wo Michael Jackson, wo ...?

Im historischen Rückblick gab es seit der Mitte des 16. Jahrhundert bis ins 19. Jahrhundert eine Zeit, in der es von singenden Göttern auf den Bühnen nur so wimmelte: Es waren die Kastraten, die in unterschiedlicher Weise göttliche Attribute besaßen. Ihre artifizielle Gesangskunst wirkte wie ein Wunder auf die Zuhörer, ihre körperliche Erscheinung hob sich durch die ungewöhnlichen Körpermaße von den „Normalsterblichen" ab und die Erfolgreichen unter ihnen konnten aufgrund der hohen Gagen ein Leben „wie die Götter" führen.

Um die faszinierende Wirkung der Kastraten und ihrer Stimmen besser nachvollziehen zu können, lohnt es sich, dieser besonderen Sängerspezies im anschließenden Exkurs näherzukommen.

Exkurs

Kastratengesang als Sonderform des gottgleichen Gesangs

Der legendäre Kastrat Carlo Broschi, genannt Farinelli (1705–1782), evozierte den Ausruf „One God, one Farinelli!" der vor Begeisterung fassungslosen Lady Fox Lane, Mitglied der Londoner Adelsgesellschaft. Der Maler William Hogarth hat dieser Dame in ihrer ganzen Exaltiertheit in seinem Gemälde THE COUNTESS'S MORNING LEVEE ein Denkmal gesetzt: Sie ist der Mittelpunkt des Bildes mit roten Haaren und weißem Kleid – samt Hut –, die sich einem Sänger – vermutlich dem Kastrat Carestini – voll Hingabe zuwendet. Gesangskastraten waren keine flüchtige Erscheinung, sondern stellten über mehr als 250 Jahre einen integralen Bestandteil der italienischen Oper und der sakralen Musik dar. Ihre Popularität – und auch ihre Verdienstmöglichkeiten – lassen sich mit den Verhältnissen heutiger Pop-Stars vergleichen, wie John Rosselli (1927–2001) in seiner Monografie SINGERS OF ITALIAN OPERA. THE HISTORY OF A PROFESSION eindrucksvoll auflistet.

Diese „Singmaschinen" – so bezeichnet Rodolfo Celletti (1917–2004) die Kastraten in seinem wegweisenden Buch GESCHICHTE DES BELCANTO – besaßen durch den operativ hervorgerufenen Mangel an männlichen Sexualhormonen tatsächlich eine „übernatürliche" Physiologie: Ihre Kehlköpfe blieben eher klein, ihre Brustkörbe und Lungen wurden sehr groß. Dies ermöglichte ihre „übernatürlichen" gesanglichen Fähigkeiten: Diese Stimmen waren in der Lage, hohe Noten zu produzieren und sehr lange musikalische Phrasen auf einen Atem zu singen. Neben den physiologischen Besonderheiten der Kastraten war ihre lange künstlerische und sehr intensive gesangliche Ausbildung von entscheidender Bedeutung, wie Franz Haböck (1868–1921) in seiner Monografie zur Kunst des Kastratengesangs ausführlich beschreibt.

In der Kastration „erhebt" sich der Mensch im Zeitalter des Absolutismus über die Natur und maßt sich göttliche Befugnisse an. Dies entsprach dem zu dieser Zeit gültigen streng hierarchischen Gesellschaftsmodell: Auch die Pflanzen in den Gärten wurden nach dem Willen des absoluten Souveräns verschnitten und in unnatürliche Formen gezwungen. Ein wesentlicher Faktor war weiterhin, dass in der Kirche die hohen Stimmen nicht durch Frauen, sondern durch männliche Sänger gesungen werden „mussten" und sich besonders im Chor der Sixtinischen Kapelle zu Rom, der Privatkapelle des Papstes, Sängerkastraten etwa ab Mitte des 17. Jahrhunderts zum „Standard" entwickelten. In der Kastration junger Sänger sah man vermeintlich das Wort Gottes umgesetzt. So heißt es im Neuen Testament in einem Brief des Apostel Paulus an die Korinther (1. Korinther 14,34), dass die Frauen in der Kirche zu schweigen haben: „mulieres in ecclesiis taceant …", wie es Hieronymus in der Vulgata latinisierte. Dieses fälschlich verabsolutierte Pauluswort hatte weitreichende Folgen.

Von den Tausenden Knaben, die in der Hoffnung auf eine lukrative Gesangskarriere einer Operation unterzogen wurden, schafften allerdings nur wenige den Sprung zu einer großen Solokarriere, wie Celletti beschreibt. Schätzungen gehen davon aus, dass allein in Italien jährlich etwa drei- bis viertausend Knaben, zumeist aus ärmeren Familien, einzig zum Zwecke der Produktion von Kastratensängern operiert wurden. Heute erscheint die Tatsache, dass man diese Operation überhaupt durchführte, nach ethischen Maßstäben unfassbar und fast unwirklich.

In manchen Teilen Italiens, besonders aber im Kirchenstaat Rom, galt das Auftrittsverbot für Frauen nicht nur in der Kirche, sondern auch auf der Opernbühne, während in einiger Entfernung zum Machtbereich der katholischen Kirche selbstverständlich Frauen auf der Bühne zugelassen waren. So gab es in der „Blütezeit" der Kastratensänger auch weibliche Vertreterinnen wie beispielsweise die von Händel häufig in Uraufführungen seiner Londoner Opern eingesetzten Sängerinnen Faustina Bordoni und Francesca Cuzzoni, welche mit berühmten Kastraten, wie Senesino, künstlerisch gleichwertig auf der Opernbühne sangen.

Den Kastratensängern wird eine *göttlich anmutende* Stimmbeherrschung und Stimmschönheit nachgesagt. Dies wirft die Frage auf, wie die Kastraten gesungen und geklungen haben könnten. Leider ist diese Frage deshalb nicht einfach zu beantworten, da wir so gut wie keine Tondokumente von Gesangskastraten besitzen. Die bislang einzigen bekannten Aufnahmen mit Alessandro Moreschi (1858–1922) stammen aus den Jahren 1902 und 1904. Moreschi war als Gesangskastrat in der Sixtinischen Kapelle angestellt und eher Chorsänger als Solist. Hinsichtlich seiner gesanglichen Stilistik war er in keiner Weise mit den wesentlichen Elementen des Barockgesangs vertraut, er war vielmehr vom Verismo geprägt. Diese Tonaufnahmen sind sowohl hinsichtlich des sängerischen Stils als auch der klanglichen Beurteilbarkeit unbefriedigend, da es die Aufnahmetechnik zur damaligen Zeit nicht ermöglichte, die Frequenzbereiche oberhalb 3000 Hz mit zu erfassen. Man ist also in der Frage, wie die Stimmen wohl geklungen haben mögen, auf andere Möglichkeiten als Tonaufnahmen angewiesen.

Stimmwissenschaftler in der Arbeitsgruppe um Ann-Christine Mecke unternahmen den Versuch, herauszufinden, ob sich die Stimmen von Kastraten am Computer akustisch nachbilden lassen. Die Wissenschaftler verwendeten die Tonaufnahme einer Knabenstimme und kombinierten sie mit den akustischen Eigenschaften des Vokaltraktes eines ausgewachsenen Mannes: ein vielversprechender gedanklicher Ansatz mit klanglich interessanten Ergebnissen. Die Resultate wurden dann von renommierten Gesangsexperten qualitativ eingeschätzt – leider zeigten sich diese jedoch mit dem Klangergebnis nicht sehr zufrieden.

Um sich dem Klang der Kastraten in der Vorstellung anzunähern, bieten historische Quellen interessante Informationen. Bei Haböck sind zahlreiche Zeugnisse von Hörern zusammengetragen, welche die Kastraten als Zeitgenossen im 18. und 19. Jahrhundert selbst gehört haben. Manche „Ohrenzeugen" standen, so Haböck, den Stimmen der Kastraten kritisch gegenüber, wie beispielsweise Charles de Brosse (1709–1777):

„An ihre Stimme muss man sich erst gewöhnen, sie hat ein Timbre wie das der Chorknaben, nur viel lauter, hat dabei etwas Hartes, Trockenes, ist aber brillant, leicht, stark und von großem Umfange."

Die Mehrzahl der historischen Quellen, die Haböck zitiert, loben die Stimmen der Kastraten jedoch überschwänglich; so findet François Raguenet (1660–1722) folgende Worte:

„Ihre Stimmen sind so süß als die der Frauen und doch viel stärker. Eine solche Kastratenstimme dringt mit ihrem hellen und lieblichen Klang durch die Begleitung, erhebt sich auch über alle Instrumente mit einer Anmut, die sich nicht beschreiben lässt: man muss sie hören. Es sind rechte Nachtigallenstimmen und -töne."

Auch Hubert Ortkemper zitiert in seiner Monografie Engel wider Willen – die Welt der Kastraten ein begeistertes Zeugnis des jungen Arthur Schopenhauer (1788–1860), der über den Kastraten Girolamo Crescentini (1762–1846) schrieb:

„Seine übernatürlich schöne Stimme kann mit keiner Frauenzimmerstimme verglichen werden: es gibt keinen vollern schönen Ton, und in dieser silbernen Reinheit hebt er ihn bald zu einer unbegreiflichen Stärcke, dass er in allen Ecken des Hauses widerklingt, und bald verliert er sich in das leiseste Pianissimo: dieses Schwellen und Sinken des Tones ist ihm besonders eigen […]"

Um sich der sprichwörtlichen gesanglichen Virtuosität der Kastraten und ihren musikalischen Stilmitteln zu nähern, kann ein Werk, das ursprünglich für einen Kastraten gedacht war, herangezogen werden: die geistliche Motette Exsultate Jubilate (KV 165), welche Mozart 1773 für den Soprankastraten Venanzio Rauzzini (1746–1810) schrieb. Dieses auch bei Nichtexperten gut bekannte Werk ist, beispielsweise durch die Aufnahmen der bezaubernden Sängerinnen Christine Schäfer und Carolyn Sampson, lebendig. Mozart war sehr sänger(innen)affin; er gestaltete die Arien genauso, wie sie der jeweilige Sänger am besten ausführen konnte. Belege für Mozarts Herangehensweise finden wir in seinen Briefen. So schrieb er 1778 an seinen Vater: „[…] denn ich liebe, daß die aria einem Sänger so accurat angemessen sey, wie ein gutgemächts kleid." Es ist also klar davon auszugehen, dass die Art und Weise der Komposition genau mit den sängerischen Fertigkeiten Rauzzinis korrespondierte. Mozart erstellte sozusagen ein „Vokalprofil", welches u.a. den Umfang (Ambitus) und den zentralen Tonbereich (Tessitura), aber auch die Koloraturfreude und Geläufigkeit eines Sängers abbildet, wie Rebecca Grotjahn im Jahr 2011 in dem Sammelband Per ben vestir la virtuosa schreibt. Mozart führt uns hier exemplarisch ein Hauptmerkmal des barocken Gesangs und damit auch des Kastratengesangs vor, nämlich die Koloraturfähigkeit (Agilità della voce). Der Begriff „Koloratur" lässt sich aus der Verzierungstechnik der Polyphonie herleiten. Hier wurden längere Notenwerte – „weiße Noten" – durch Unterteilung (Diminution) in kleinere Notenwerte – „schwarze Noten" – verwandelt. Man bezeichnete diesen Vorgang des „Schwärzens" der Noten als „colorare in nero" (s. Kap. 10).

Exsultate Jubilate war nicht das einzige Werk, welches Mozart explizit für einen Kastraten schrieb; er verfasste – vornehmlich in seinen „ernsten" italienischen Opern, also in der Gattung der „Opera seria" – große tragende Partien für diesen Sängertypus, wie beispielsweise in den auch heute – wieder – aufgeführten Werken Mitridate, re di Ponto (KV 87), Lucio Silla (KV 135), Idomeneo, Rè di Creta (KV 366) oder La clemenza di Tito (KV 621). Um die Sucht des Publikums nach Virtuosität zu befriedigen, gab es zur Zeit Farinellis eine für heutige Opernliebhaber verwirrende Tradition: die des „Pasticcios", welches neben den Arien des Hauptkomponisten, unter dessen Namen die Oper gespielt wurde, noch Arien anderer Komponisten enthielt. Für uns wäre dies heute undenkbar – man stelle sich eine Arie Verdis in einer Wagner-Oper vor – damals war es jedoch üblich. Die berühmten Sänger reisten sogar mit ihren Lieblingsarien, mit denen sie den größten Erfolg hatten, von Ort zu Ort und ließen diese dann in die neuen Opern, für die sie engagiert wurden, „einlegen". Da diese Arien in den Reisekoffern mitgeführt wurden, sprach man auch von „Arie di baule – Kofferarien".

Ein Beispiel für eine solche Kofferarie ist „Son qual nave ch'agitata" von Riccardo Broschi, dem Bruder Farinellis, die als eingelegte Arie in der Oper Artaserse von Johann Adolf Hasse 1734 in London von Farinelli gesungen wurde. Die nämliche Arie ist aber auch in Antonio Vivaldis Oper L'Oracolo in Messina (1737/42) eingelegt. Es entsteht ein sogenanntes Pasticcio – das italienische Wort „Pasticcio" bedeutet wörtlich übersetzt übrigens Mischmasch bzw. Schlamassel (sic!). Wie wunderbar diese Arie wirken kann, führt uns die 1989 geborene russische Sopranistin Julia Lezhneva vor „Ohren". Mit einer stupenden Koloraturtechnik entführt sie uns in einer 2012 erschienenen

Aufnahme dieser Vivaldi-Oper in der Rolle des Trasimede in stratosphärische Bereiche der Gesangskunst: Agilità „par excellence"!

Das zweite, neben der Koloraturfähigkeit wesentliche Merkmal des Barockgesangs der Kastraten war die Atemführung und -beherrschung. Der nicht enden wollende Atem der Kastraten und die unglaublich langen Phrasen, die sie singen konnten, mussten auf die Zuhörer „göttlich" wirken, „wie im Himmel". Einen Eindruck dieser Atemkunst kann man in dem 2002 erschienen Album ARIAS FOR FARINELLI von Vivica Genaux (* 1969) in der Arie „Quell'usignolo" aus der Oper LA MEROPE von Geminiano Giacomelli (1692–1740) erhalten, in der sie in der Reprise Phrasen von etwa 20 Sekunden Länge auf einen Atem singt!

Diese gesangliche Leistung ist umso mehr zu würdigen, als heutige Sänger nicht über die gleichen physiologischen Vorteile wie Kastraten verfügen. Dennoch gibt es Sängerinnen, die auch Gesangstechniken wie das Messa di voce, das dynamische An- und Abschwellen eines Tones, nahezu perfekt beherrschen, wie schon Cecilia Bartoli auf ihrem Vivaldi-Album aus dem Jahr 1999 unter Beweis stellte.

Auch heute besteht eine anhaltende Faszination für das Phänomen des Kastratengesangs. Hierzu hat sicherlich der Film FARINELLI – IL CASTRATO von Gérard Corbiau aus dem Jahr 1994 nachhaltig beigetragen. In diesem Film wird auf musikalischer Ebene versucht, die Kastratenstimme mithilfe einer im Tonstudio bearbeiteten Mischung zweier Stimmen, eines Countertenors (Derek Lee Ragin) und einer Sopranistin (Ewa Malas-Godlewska), nachzubilden. In der Folgezeit hat sich dieses akustische Experiment nicht durchgesetzt, vielmehr haben einzelne Sängerinnen und Sänger den Versuch unternommen, sich mit ihren genuinen stimmlichen Möglichkeiten den Fertigkeiten der Kastraten zu nähern: neben Vivica Genaux 2002 im Album ARIAS FOR FARINELLI auch der Countertenor Andreas Scholl 2005 mit ARIAS FOR SENESINO (Vivica Genaux hat im Jahr 2013 in quasi „ausgleichender Gerechtigkeit" ein Album zu Ehren der wichtigsten Gesangspartnerin von Senesino in den Opern Händels herausgebracht: A TRIBUTE TO FAUSTINA BORDONI), Cecilia Bartoli 2009 in dem Konzeptalbum SACRIFICIUM, der Countertenor Philippe Jaroussky gleich mehrfach, 2008 mit CARESTINI – THE STORY OF A CASTRATO, 2010 mit CALDARA IN VIENNA – FORGOTTEN CASTRATO ARIAS und 2013 mit FARINELLI –

PORPORAS ARIAS, der Countertenor Franco Fagioli 2013 mit ARIAS
FOR CAFFARELLI, der Countertenor David Hansen 2014 mit RIVALS
– ARIAS FOR FARINELLI & CO; die Liste wird sicherlich mit weiteren
Neuerscheinungen eine Fortsetzung finden.
Wir haben viele Eindrücke gesammelt, was den göttlichen Gesang
der Kastraten ausmachte. Wie sie aber tatsächlich geklungen
haben, wird – ganz wie es Göttern ziemt – ein Rätsel bleiben.

Callas, Elvis & Co

Kehren wir zurück zu weiteren Sängerinnen und Sängern
der jüngeren Vergangenheit, denen der Zusatz „göttlich"
sozusagen als Orden an die Brust geheftet wurde.

Hier eine geeignete Auswahl zu treffen, ist alles andere
als trivial. Eva Rieger und Monica Steegmann listen im Jahr
2002 in ihrem lesenswerten Buch GÖTTLICHE STIMMEN –
LEBENSBERICHTE BERÜHMTER SÄNGERINNEN VON ELISABETH
MARA BIS MARIA CALLAS im Literaturverzeichnis annähernd
einhundert verschiedene (Auto-)Biografien von Primadon-
nen-Sängerinnen auf. Darüber hinaus gibt es Sammelbände,
die zusätzlich umfangreiches Material enthalten, wie Dieter
David Scholz MYTHOS PRIMADONNA aus dem Jahr 1999 oder
Helena Matheopoulos im Jahr 1992 erschienenes Buch
DIVA: GREAT SOPRANOS AND MEZZOS DISCUSS THEIR ART, deren
Fortsetzung 1998 mit DIVA: THE NEW GENERATION folgte.

Wo also beginnen? Wir müssen uns wie so oft – leider –
auf wenige exemplarische Darstellungen beschränken.

Maria Callas (1923–1977), die „Primadonna assoluta"
des 20. Jahrhunderts, wurde ob ihres Gesangs vergöttert.
Laut dem Gesangskritikerpapst Jürgen Kesting, der Callas
1990 selbst eine detailreiche Monografie widmete, nannte
der Modeschöpfer Yves Saint-Laurent (1936–2008) sie
„Diva aller Divas, Kaiserin, Königin, Göttin, Zauberin,
hart arbeitende Magierin, mit einem Wort: göttlich".

Ihre Bewunderer waren keinesfalls nur Klassikfans. So antwortete Patti Smith – mit ihrer tiefen und rauen Stimme selbst eine Legende und Diva des Punk – einmal in einer Radiosendung im Jahr 2009 auf die Frage, warum Maria Callas für sie ein so großes Idol sei:

„Ich liebe die Oper seit meiner Kindheit. Ich habe Maria Callas genau zugehört; natürlich kann ich nicht singen wie sie, aber sie hat mich sehr viel darüber gelehrt, wie man es bewerkstelligt, die innere Botschaft eines Liedes dem Publikum nahezubringen. Wenn ich ihrem Gesang zuhöre, kann ich verstehen, was sie mit ihrer emotionalen Interpretation vermitteln will, obwohl ich weder Italienisch noch irgendeine andere Sprache, in der sie singt, spreche."

Was macht also die Faszination der Callas aus?

Ist es ihr Leben als Jet-Set-Queen an der Seite von Aristoteles Onassis? Ihre körperliche Verwandlung von einer übergewichtigen und wenig ansehnlichen Sängerin hin zu einer schlanken Modeikone à la Audrey Hepburn? Sind es ihre zahlreichen, von den Medien hochgekochten Streitigkeiten mit den Direktoren der berühmtesten Opernhäuser der Welt, namentlich der MET und der Scala? Tragen ihre Skandale um vermeintlich unberechtigt abgebrochene Opernaufführungen, bei denen sie unter anderem den italienischen Staatspräsidenten brüskierte, dazu bei?

Nein, es ist eindeutig ihre Stimme.

Diese ist so unverwechselbar und geht dermaßen „unter die Haut", dass schon wenige Töne einer Arie – manchmal sogar nur ein einziger Ton – genügen, um den Zuhörer unwiderruflich in ihren Bann zu ziehen. Die Callas ist eine Klangzauberin, vor allem anderen, die direkt die „Psyche der Melodie singt" – womit wir uns hier erlauben, eine Formulierung von Richard Strauss, die er laut Christian Springer Enrico Caruso widmete, auf Maria Callas zu übertragen. Für den Status einer Operndiva waren in der öffentlichen Wahrnehmung sicherlich auch die genannten turbulenten Aspekte ihres Privatlebens bedeutsam. Für die Einordnung ihres göttlichen Gesangs waren sie allemal unbedeutend, wie wir heute wissen! Welch' breite Spanne deckte sie schon in ganz jungen Jahren ab: von einer dramatischen Sopranistin (Tosca, Turandot, Isolde, Kundry, Brünnhilde) bis zur – und das häufig nahezu parallel zum dramatischen Fach – Kunstfertigkeit des Belcanto-Gesangs einer Rosina, Lucia oder Norma. Am Anfang dieses Kapitels ist die Callas als Turandot im Jahr 1958 zu sehen. In allen gesungenen Partien war sie perfekt in Klang, Intonation und künstlerischer Interpretation, mit einem Wort: unbegreiflich!

Natürlich hört man, wenn man etwas so uneingeschränkt positiv formuliert, die zahllosen Kritiker aufschreien, die sich an ihr abgearbeitet haben: Ihre Stimme sei hässlich, die Interpretation sei fürchterlich, ihr Bühnenspiel sei hölzern etc. pp. Alle Kritik hat sich in den letzten 50 Jahren, seit ihrem letzten öffentlichen Opernauftritt als Tosca in Covent Garden, abgeschliffen, in der Sprache von Funk und Fernsehen sagt man: Es hat sich versendet. Übrig geblieben ist die einmalige Kunst der Callas, Musik so zu interpretieren, dass sie uns direkt mit ihrer Stimme ins Herz trifft. Doch man ist versucht, mit Tosca zu fragen: „Quanto? Il prezzo!" – Zu welchem Preis?

Das Leben der Callas war von Anfang an nicht von Liebe und Anerkennung geprägt, sie musste sich im Gegenteil alles hart erarbeiten. Maria Callas hat über ihre ersten 33 Lebensjahre ein Selbstzeugnis hinterlassen, abgedruckt in der oben erwähnten Sammlung von Eva Rieger und Monica Steegmann, welches zeigt, wie die Kehrseite göttlicher Verehrung aussehen kann. Hier beschreibt sie ein eher unglückliches Leben: schon als Kind ungeliebt, da nur Ersatz für den verstorbenen Bruder, dann als Wunderkind von der Mutter getriezt und um eine sorglose Kindheit betrogen, belastet durch die Trennung der Eltern, diskriminiert durch ihr deutliches Übergewicht, beneidet von Kolleginnen aller Art, der Macht gieriger Impresarien ausgesetzt, denen es nicht um die Kunst, sondern nur um ihr eigenes Ego und um eigenen Erfolg ging – etc. etc. etc. Eine Misslichkeit reiht sich an die nächste, Callas sieht sich von Feindseligkeiten umstellt: All dies ist sehr ernüchternd und traurig. Hinzu kommt noch der Umstand, dass sie, als sie dies schrieb, auf dem Höhepunkt ihrer Karriere war. Viele der Schwierigkeiten, an denen sie schließlich zerbrach – wie ihr früher Abschied von der Bühne, weil die Stimme ihr nicht mehr gehorchte, ihr sehr schwieriges Privatleben sowie die unablässigen öffentlichen Angriffe und Anfeindungen in der Presse – waren zu diesem Zeitpunkt noch gar nicht zu erahnen. Angesichts der ganzen leidvollen Erfahrungen möchte man nicht mit ihr tauschen.

Die bereits erwähnte Autorin Helena Matheopoulos hatte schon im Jahr 1986 das Buch Divo: Great Tenors, Baritones and Basses Discuss Their Roles veröffentlicht. Das bisher Gesagte kann man demnach auch auf männliche Sänger anwenden. Bevor wir uns jedoch im Universum der Tenöre verlieren – es wäre ein gefährliches Unterfangen, weil man nur schwerlich ein Ende finden würde –, greifen wir *einen* Tenor heraus, der hinsichtlich seiner stimmlichen Potenz und Lebenstragik der Callas das Wasser reichen kann: **Fritz Wunderlich** (1930–1966).

Auch Fritz Wunderlich hatte eine entbehrungsreiche Kindheit. Der Vater nahm sich das Leben, als Fritz erst fünf Jahre alt war, wie sein Biograf Werner Pfister berichtet. Er hatte große finanzielle Sorgen, die ihn bis ins Studium begleiteten. Er wollte deswegen sogar sein Studium an der Musikhochschule Freiburg abbrechen, wo er von 1950 bis 1955 zunächst Horn, später Gesang studierte. In der Kunst konnte er in seiner kurzen Karriere fast alles erreichen. Er war auf den großen Festivals und in den großen Opernhäusern ein begehrter Star und stand bei seinem tragischen Tod kurz vor seinem ersten Auftritt an der MET. Um die Umstände, die zu seinem Tod führten, wurde viel gerätselt und geschrieben. Da nichts Neues zur Klärung beigetragen werden kann, unterbleiben hier bewusst weitere Spekulationen. Sein Privatleben scheint intakt gewesen zu sein, aber er war ein rastloser Arbeiter, ein Getriebener. Hubert Giesen (1898–1980), sein Liedbegleiter in den letzten Jahren, berichtet von großem Druck und Stress, der auf Wunderlich lastete – und vom Stressabbau bei Grill-Partys, bei denen Wunderlich rauchte und trank, als ob er kein Sänger wäre.

Hier liegen Göttliches – in der Stimme – und „allzu Menschliches" – in der Person – nahe beisammen. Kann man Fritz Wunderlich trotzdem als „Divo" bezeichnen? Ja: Sein gesellschaftliches Verhalten war eher durchschnittlich, aber sein Gesang war alles andere als das: Er war göttlich!

Auch **Elvis Presley** (1935–1977), der „King of Rock 'n' Roll", wurde ob seines Gesangs von seinen Anhängern als „gottgleich" verehrt. In ganz ähnlicher Weise wie bei Callas oder Wunderlich erkennt man seine Stimme sofort nach wenigen Tönen am charakteristischen, unverwechselbaren Klang. Es ist fast einerlei, was er singt – eine Ballade wie „Love Me Tender", einen Rockabilly-Titel wie „Hound Dog" oder ein Volkslied wie „Muss i' denn zum Städtele hinaus" – man hängt ihm mit dem Ohr sinnbildlich an den Lippen.

Seine Kindheit war ebenfalls von finanziellen Schwierigkeiten und dadurch bedingten häufigen Wohnungswechseln geprägt, obwohl der Umgang mit seinen Eltern von seinem Biografen Marc Hendrickx als liebevoll beschrieben wird. In der Familie wurde viel gesungen, vornehmlich Gospel. Da Elvis auch schwarze Freunde hatte, machte er Bekanntschaft mit echt-„schwarzen" Gospelgottesdiensten. Er nahm schon als Kind und Jugendlicher an Gesangswettbewerben teil, in welchen er jeweils vordere Plätze belegte. Er lernte Gitarre spielen, aber es war sein Gesang, der ihn vor allem anderen auszeichnete. Auf eigene Initiative – und eigene Kosten – entstanden 1953/54 seine ersten Tonaufnahmen bei Sun Records. Der Studioinhaber, Sam Phillips, war von seinen Darbietungen so begeistert, dass er ihn förderte. Bei einer der Aufnahmesessions sang Elvis „That's All Right Mama" und kreierte so eine neue Spielart des Rock 'n' Roll: den Rockabilly, der eine Mischung von „schwarzem" Rhythm & Blues und „weißem" Country ist. Diese Aufnahme verbreitete sich über das Radio sehr schnell, die Zuhörer waren völlig aus dem Häuschen. Es war also bei Elvis auch zunächst die Stimme, die faszinierte. Es folgten Fernsehauftritte und Liveshows, in denen er einen neuartigen, sehr lasziven Tanzstil vorführte, der ihm wegen seiner recht eindeutigen Hüftbewegungen den Spitznamen „Elvis the Pelvis" einbrachte – und jede Menge Ärger. Nach einem skandalumwitterten Auftritt in der Milton Berle Show am 5. Juni 1956 mit „Hound dog" – bei YouTube ist die beiderseitige Erregung, aufseiten des Künstlers und des Publikums, nachzuvollziehen – durfte er im Fernsehen für längere Zeit nur oberhalb der Hüfte gefilmt werden. Den Kids war's egal, Elvis entwickelte sich auch durch seine elektrisierenden Liveperformances zu einem Publikumsmagnet. Unter Millionen anderen waren John Lennon und die übrigen Beatles große Fans von Elvis. Sie erfuhren jedoch in den Zeiten der Beatlemania am eigenen Leib, wie die „Vergötterung" durch die Fans alle Grenzen der Vernunft sprengen kann (s. Kap. 1). In ihrem Film A HARD DAY'S NIGHT kann man eine Ahnung vom Irrsinn dieser Heldenverehrung bekommen, besonders in der Szene der Ankunft am Bahnhof: Hier jagt eine „Fanhorde" die Beatles – die Szene wurde nicht mit Doubles gedreht, die „echten" Beatles rennen buchstäblich um ihr Leben.

Die weitere Karriere von Elvis kann hier nur sehr kursorisch dargestellt werden: Nach wenigen Jahren auf der Bühne wandte er sich dem Filmgeschäft zu und musste deswegen viel Spott, Kritik und Anfeindungen ertragen. Im

Anschluss an seine Karriere in Hollywood trat er in Las Vegas auf – und wurde in seinen Liveshows wiederum vom Publikum vergöttert. Elvis war ein glänzender Entertainer, der das Bad in der Menge regelrecht suchte. So begab er sich während der Show von der Bühne herab ins Publikum und küsste zahlreiche Damen – die Distanz zu seinen Fans wurde so von seiner Seite komplett aufgehoben, ein sicherlich psychologisch nicht einfach zu verarbeitender Vorgang. Elvis identifizierte sich sehr mit seinem Gesang, im wahrsten Sinne „mit Leib und Seele", so wie er es 1974 selbst, laut Adam Victor, beschrieb: „I sing from down in the gut, the shoe soles."

Elvis stand unter ungeheurem psychischen Druck, in beidem, seiner Kunst und seinem Privatleben, nahm reichlich Medikamente und starb sehr früh.

Die Verehrung der Fans hält bis heute unvermindert an: Elvis ist ein Divo über seinen Tod hinaus. Die anhaltende Faszination für seine Stimme überschreitet alle Genregrenzen. So antwortete die berühmte klassische Sopranistin Kiri Te Kanawa im Jahr 2007 in einem Interview auf die Frage, wer ihr Lieblingssänger sei: „The young Elvis Presley, without any doubt!"

Resümee

Wenn die künstlerische Performance das wesentliche Merkmal einer echten Diva, eines wahren Stars und einer göttlichen Stimme ist, dann verzeiht man die „Nebengeräusche" im Sozialverhalten und die Unzulänglichkeiten der Person. Vielmehr bewahrt man die Bewunderung für die Stimme und die künstlerische Leistung in Herz und Ohr. Dies gilt von Callas bis Elvis und weit darüber hinaus. Göttliche Stimmen leben in ihren Zuhörern weiter und erfüllen damit das ureigentlich göttliche Merkmal: Sie werden unsterblich.

4 Traumberuf Gesangsminister –
"Der Sängerkrieg der Heidehasen"

Gesangsminister – eine Option für die Zukunft?

Schaut man sich die Wortherkunft des Titels „Minister"
an, so wird deutlich, dass er sich von „Diener" (vom lateinischen ministrare = dienen) herleiten lässt. Ein Gesangsminister wäre demzufolge ein Diener des Gesangs. Ministe-
rien können abgeschafft werden, wenn sie überflüssig
geworden sind – wie wir es in der Vergangenheit beispielsweise mit dem Bundespostministerium erleben konnten.
Genauso gut können neue eingerichtet werden, wenn die
Zeit dafür reif ist. Warum, so die berechtigte Frage, sollte
man also kein Gesangsministerium schaffen? Der Grund
für die Einrichtung eines solchen Ministeriums läge auf der
Hand, da Singen, Spielen und Kreativsein – kurz: Kultur
aktiv zu leben – für unsere Zukunft und insbesondere auch
für die Zukunft und Entwicklung unserer Kinder ein le-
benswichtiger und lebensverlängernder Faktor sein wird –
wie in mehreren Kapiteln dieses Buches deutlich wird.

Um diesen Traum zum Leben zu erwecken, lohnt es
sich, ein Königreich etwas näher zu betrachten, das schon
über einen Gesangsminister verfügt. Begeben wir uns also
in das Reich der Heidehasen.

„Der Sängerkrieg der Heidehasen"

Das Stück entstand 1952 als Hörspiel des Bayerischen
Rundfunks. Der komplette Titel lautet DER SÄNGERKRIEG
DER HEIDEHASEN. EIN HÖRSPIEL FÜR GROSS UND KLEIN. Es ist
in fünf Bilder unterteilt. Konzept und Text stammen von
James Krüss (s. Exkurs Anmerkungen zu Leben und Werk

von James Krüss), die Musik steuerte Rolf Wilhelm (1927–2013) bei, ein deutscher Komponist, Arrangeur und Dirigent. Als Person war Wilhelm nicht prominent, seine Musik ist jedoch durch mehr als 50 Filme und Fernsehserien recht bekannt – die Spanne reicht von VIA MALA (1961) über HURRA, DIE SCHULE BRENNT (1969) bis zu den Loriot-Filmen ÖDIPUSSI (1988) und PAPPA ANTE PORTAS (1991).

Die Geschichte spielt hauptsächlich in Obereidorf: Angesichts der Tatsache, dass Hasen bekanntlich keine Eier legen, ist dies ein wunderbar ironischer Name für die Kapitale des Reiches von Lamprecht VII., König der Hasen und Karnickel – zu denen ja vielleicht auch die Osterhasen gehören?!

Es geht um einen Gesangswettbewerb: Der beste Sänger soll die Heidehasenprinzessin zur Frau bekommen. Natürlich fallen einem da sofort die Opern Richard Wagners ein, der sowohl in seinem TANNHÄUSER mit dem Sängerkrieg auf der Wartburg als auch in DIE MEISTERSINGER VON NÜRNBERG einen solchen Sängerwettstreit vertont hat: Schon bei Wagner war der Preis für den besten Sänger jeweils die Liebe einer schönen Frau. Ebenso erinnert der Name des Titelhelden, Lodengrün, sowohl an die Farbe und den Wollstoff bayerischer Trachten als auch an ein weiteres Werk des Meisters, dessen Titelheld Lohengrin heißt – auch hier geht es ja bekanntlich um die Liebe …

Diese Gemeinsamkeiten sind nicht zufällig, da im SÄNGERKRIEG DER HEIDEHASEN sowohl im Text als auch in der Musik einige Zitate aus Wagners Werken eingebaut sind: So hält der König vor dem Wettstreit eine kurze Ansprache, die mit einem markigen „Fangt an!" endet – ein leicht abgewandeltes Zitat aus den Meistersingern. Hier heißt es – erstmals in der 3. Szene des 1. Aktes vor Walther von Stolzings erstem Gesangsvortrag vor den versammelten Meistern – ebenfalls: „Fanget an!"

Die Trompeten-Fanfare, die den Sängerkrieg eröffnet und die mehrfach vor den einzelnen Gesangsnummern erklingt, ist aus dem TANNHÄUSER entlehnt, genauer aus dem 2. Akt „Einzug der Gäste auf die Wartburg". Bei Wagner werden jedoch keine gestopften Trompeten verwendet. Zudem kann der sächsische Akzent des Gatten („Männe") von Tante Karline (zwei kleine Sprechrollen) durchaus als eine Referenz an die landsmannschaftliche Herkunft Richard Wagners interpretiert werden.

Der Plot ist denkbar einfach.

Synopsis

Der König hat keinen männlichen Nachkommen und muss einen geeigneten Ehemann für seine Tochter finden. Eine wichtige Grundvoraussetzung für den künftigen Schwiegersohn ist: Er muss singen können. Also will Lamprecht VII. den jedes Jahr veranstalteten Sängerwettstreit nutzen, um den besten Sänger ausfindig zu machen. Nicht nur Lodengrün ist sehr an der Prinzessin interessiert, sondern auch Direktor Wackelohr, der Dirigent des Heidehasenchores. Es kommt, wie es kommen muss: Der Minister für Hasengesang und Direktor Wackelohr spinnen eine Intrige und begehen eine Schurkerei; doch Bestechung, Machtversessenheit und Geldgier kommen zwar zur Anwendung, führen jedoch nicht ans Ziel. Alles wird – gerade noch rechtzeitig – aufgeklärt, das Gute triumphiert und die Prinzessin bekommt Lodengrün – den Sieger des Sängerwettstreits und ihren Wunschkandidaten – zum Manne.

Was passiert musikalisch im Einzelnen? Die Geschichte wird von Moritatensängern eingeführt, die auch vor den Bildern 2, 3 und 4 und ganz zum Schluss nochmals erläuternd eingreifen. Die Eingangssequenz ist durch eingestreute Jodler volkstümlich gehalten. Der Gesangsminister singt und summt in seinen gesprochenen Dialogen mit Direktor Wackelohr vor sich hin. Lodengrün möchte seine Stimme prüfen lassen und bringt dem Gesangsminister und

Direktor Wackelohr eine Arie aus der Oper „Der Hasenfrühling" zu Gehör. Im Wettstreit versucht sich Hyazinth Löffelstein an einer Ballade zur Gitarre, Otto Lampe legt eine „heiße" Rumba vor und Direktor Wackelohr gestaltet ein Kunstlied zum Klavier, bevor dann final und siegreich Lodengrün – der, obschon viel zu spät erschienen, doch noch singen darf – ein einfaches, aber dynamisches Lied, versetzt mit einzelnen Jodlern, zum Besten gibt. Er beschreibt zunächst die Schurkereien seiner Widersacher, um dann als moderner und jodelnder „Meistersinger" die Prinzessin zu lobpreisen – mit einem Wort: wunderbar.

Die Musik ist ein Sammelsurium, ein Stilmix:

Die *Moritatensänger* (ein Mann und eine Frau) tragen – zu einer „imitierten" Drehorgel (geprägt von Schifferklavier und E-Bass) – den Text zwar singend, aber immer etwas zu tief vor, so, wie sie es vermutlich schon tausendmal vorgetragen haben: routiniert, aber auch etwas „abgenudelt". Die ganze „Chose" wird virtuos und sehr charakteristisch dargeboten von Klaus Havenstein und Selma Urfer – mit dezenten Anklängen an die DREIGROSCHENOPER von Bertolt Brecht und Kurt Weill. Klaus Havenstein ist im Übrigen auch die deutsche Stimme des King Louie im DSCHUNGELBUCH von Walt Disney (s. Kap. 2).

Der *Gesangsminister* – inhaltsscharf und maliziös: Charles Regnier – bringt seine Sprechtexte mit charakteristischer Intonation und perfektem Timing „über die Rampe". „Wie"? Er „singt" zwischen seinen herrlich intrigantenten Sätzen häufig vor sich hin. Man meint, die Melodie von „Wenn alle Brünnlein fließen" herauszuhören.

Lodengrün – „frisch/fromm/fröhlich/frei" gegeben von Franz Muxeneder – singt die Arie „Nun ist der Schnee zerflossen" aus der fiktiven Oper „Der Hasenfrühling" von Hoppelberger sauber, intonationssicher und ohne Schnörkel, jedoch nicht mit einer ausgebildeten Opernstimme, sondern eher mit der Stimme eines Singspieldarstellers oder bestenfalls eines Operettenbuffos à la Johannes Heesters. „Herr Direktor" begleitet routiniert am Piano. Der Text der Arie ist absolut nichtssagend, von absurder – fast könnte man sagen Loriot'scher – Komik, er karikiert und „entlarvt" zusätzlich die Genres Oper und Operette als sinnentleert.

Lodengrün hat (zu) gut gesungen und seine Stimme könnte dem König gefallen („Majestät lieben solche Stimmen"), wie der Minister treffend zu „Wackelöhrchen" anmerkt. In der Folge klingen die kurzen Melodiefetzen, die der Gesangsminister zwischen seine laut geäußerten Gedanken einstreut, wie konfirmierend zu den Winkelzügen seines durchtriebenen Plans, Lodengrün von der Teilnahme am Sängerwettstreit dadurch abzuhalten, dass man seine Uhr verstellt. Die Einwürfe sind vom Charakter her eher angriffslustig: daram daram, daram daram, daram da dadada dam daram, mit Betonung auf der zweiten Silbe des ersten darām – eine entfernte Ähnlichkeit mit dem Jägerchor aus Carl Maria von Webers DER FREISCHÜTZ klingt an. Ganz am Schluss ist aus der Oper CARMEN von George Bizet die Melodie „Auf in den Kampf Toreeeero" (im franz. Original: „Toreador en garde") deutlich zu erkennen.

Die Komposition beim *Einzug der Sänger* zum Sängerwettstreit ist ein typischer Ländler aus dem Voralpenland. Sein volksmusikartiger Charakter wird durch entsprechende Instrumente (u. a. Tuba, Trompeten, Klarinetten und kleine Trommel mit Becken) und Jodler betont.

Hyazinth Löffelstein – herrlich „unterspielt" von Franz Weiss – trägt seine Ballade betont falsch zur „Klampfe" vor: Die Gitarrenakkorde sind spärlich, jedoch exakt arpeggierend angeschlagen; man kann die Assoziation zur Klampfe eines stilisierten „Wandervogels" nicht von der Hand weisen. Die Stimme des Sängers ist dünn, man könnte eher von einem „Stimmlein" sprechen. Der Gesangsvortrag ist unsicher und brüchig. In der Höhe werden die Töne nur mit Mühe erreicht, insbesondere hier ist die Intonation mangelhaft. Es wird an musikalisch unpassenden Stellen zwischengeatmet. Der Vortragende bricht vor dem Ende der zweiten Strophe ab: Es hat nicht sollen sein; im Publikum ist schon während des Vortrags Heiterkeit zu vernehmen, nach Abbruch des Gesangs überwiegt das Geräusch lauten Gähnens.

Otto Lampe – elegant und geschmackvoll dargeboten vom Operntenor Karl Kreile – legt äußerst souverän eine „heiße" Rumba „aufs Parkett". Schon der Rhythmus der Intro fährt direkt in die Beine. Der Titel ist von den Aufnahme- und Produktionsbedingungen her eine etwas sterile Studioproduktion, es sind keine Hintergrundgeräusche des Publikums zu hören, aber zwischen den Strophen „ekstatisches" Seufzen zweier weiblicher Stimmen – aber auch (verhalten) einer männlichen Stimme. Das Instrumentarium entspricht einer Tanzcombo mit Klavier, Percussion, Congas, Schlagzeug, Rhythmus-Gitarre und Bass. Nach seinem Song bekommt Otto Lampe frenetischen Beifall und Jubel vom Publikum; eigentlich wäre er der wahre Sieger, da er eindeutig am besten gesungen hat. Nicht immer kann überragende Qualität eine Jury wirklich überzeugen – leider regiert in der Beurteilung der Leistung auch hier, wie manchmal im richtigen Leben, das „Mittelmaß".

Direktor Wackelohr – wunderbar chargierend dargeboten von Otto Storr – trägt ein Kunstlied mit Klavierbegleitung im Stile einer Ballade von Carl Loewe vor. Er singt mit sonorer, klassisch ausgebildeter Bariton-Stimme, jedoch mit typischen Sänger-Unarten: leicht schleppend im Metrum, die Einsätze unpräzise, die Intonation „knapp daneben", insgesamt eher zu tief als zu hoch. Unwillkürlich kommt einem URMEL AUS DEM EIS und der Gesangsduktus des „Seele-fanten" in der Realisierung durch die Augsburger Puppenkiste in den Sinn – legendär die Stimme von Walter Schellmann im Strohbass –, auch wenn sich Wackelohr stimmlich eine „Etage" höher betätigt. In der zweiten Strophe, die anfangs wie die erste sicher vorgetragen wird, bricht der Sänger jäh mit ächzendem Entsetzen ab, da er sieht, dass sein Konkurrent Lodengrün eingetroffen ist. Es entsteht erstaunte Unruhe im Publikum und beim König.

Lodengrün bringt als seinen Wettkampfbeitrag ein melodisch einfaches Strophenlied dar – zwischen den Strophen versetzt mit einzelnen Jodlern. Die Abbildung am Anfang dieses Kapitels zeigt den Sänger beim Vortrag – mit in der farbigen Originalabbildung lodengrünem Trachtenanzug –, dahinter sind König Lamprecht VII. und seine Tochter, die Heidehasenprinzessin, unter dem Baldachin zu sehen. Links lehnt der Gesangsminister in misstrauischem Habitus, seitlich befinden sich Musikanten mit Trommel und Trompete, weiter im Hintergrund ist die Volksmenge der Heidehasen zu erkennen.

Das Vorspiel zu Lodengrüns Lied ist in der Begleitung geprägt durch einen vor jeder Strophe immer wiederkehrenden, zunächst über eine Quarte „angeschliffenen" Ton, dem absteigende vier Töne folgen (von der Tonika zur Dominante: „Humpa-Humpa-Humpa-Humpa") – typisch „blasmusikmäßig". Diese musikalische Figur verleiht dem Lied einen sehr dynamischen, vorwärtsdrängenden Duktus. Der „Off-Beat" im Rhythmus, mit Betonung der zweiten und vierten Zählzeit, verstärkt diese Wirkung. Als Instrumentarium kommen neben Klavier und Schlagzeug eine „geschrubbt" verwendete akustische Gitarre und ein gezupfter akustischer Bass zum Einsatz; Klarinetten verstärken den volkstümlichen Charakter des Stücks, besonders auch vor den Jodlern am Ende jeder Strophe.

Die Stimme ist klar und bestimmt geführt, intonationssicher und präzise im Metrum sowie sehr selbstsicher im Vortrag. Insgesamt geht es in diesem Titel jedoch weniger um die Musik als um den sehr gut artikulierten Text, der sowohl die Schurkereien seiner Widersacher beschreibt als auch die Prinzessin besingt. „Männe" irrt, als er zu Tante Karline sagt, Lodengrün habe die beste Stimme. Diese Ehre kommt eindeutig Otto Lampe zu! Lodengrün als Sieger zu krönen erscheint dennoch gerechtfertigt: Sein Lied ist das situationsangemessen Bestgeeignete. Da die königliche Familie – die bekanntlich bei den Heidehasen lediglich aus dem König und der Prinzessin besteht – das Urteil allein fällt, kommen musikfernen Faktoren wie dem Aussehen und dabei insbesondere der Abwesenheit eines dicken Bauches eine sängerkriegsentscheidende Bedeutung zu – vielleicht ein kleiner wohlgemeinter Seitenhieb auf die Weiblichkeit, der es am Ende nicht (so sehr) um den Gesang, sondern auch um ganz andere Dinge geht und die sich letztendlich durchsetzt.

Exkurs

Anmerkungen zu Leben und Werk von James Krüss

James Krüss lebte von 1926 bis 1997 auf Helgoland, in München und auf Gran Canaria. Er war Schriftsteller, Sprachforscher und Dichter mit dem Schwerpunkt auf Kinderbuchliteratur. Unter seinen Gedichten sind die ABC-Gedichte ein besonderer Genuss:

Mein Lebens-ABC
Auf der Insel Helgoland
Bei viel Wasser, Wind und Sand
Centimeterkurz (kein Held)
Drang ich ein ins Licht der Welt
Erste Verse reimte ich
Früh schon friesisch – meist für mich
Gerne fuhr ich auch kreuz und quer,
Hummer fangend, mit aufs Meer,
Insulaner war ich hier,
Jedensfalls mit viel Pläsier,
Kam jedoch aufs Festland dann,
Lernte fleißig Lehrersmann,
Musste aber mit Gewehr,

Noch ein Jahr ins Kriegesheer,
Ohne Pass – der Krieg war aus –
Pilgerte ich dann nach Haus,
Querte Deutschland wochenlang,
Radelnd auch und mit Gesang.
Später, statt als Lehrersmann,
Trat ich dann als Dichter an.
Und was ich so schreib, gefällt
Vielen Kindern auf der Welt.
Wie erfreulich und wie nett!
X,
Ypsilon,
Zett.

Unvergessen für ganze Kindergenerationen sind auch seine Bilderbücher wie HENDRIKJE MIT DEN SCHÄRPEN mit Illustrationen von Lisl Stich (1964) und das Kinderbuch HOPPLA UND HÜ – SECHS ABENTEUER DES KLEINEN MÄDCHENS UND DES BLAUEN PFERDES mit Illustrationen von Renate Schwarz (1968). Darüber hinaus stammen auch nachdenkliche Werke wie TIMM THALER ODER DAS VERKAUFTE LACHEN (1962) aus seiner Feder.

In der Vielfalt seines Schaffens und in seiner Fähigkeit, tatsächlich für „Groß und Klein" schreiben zu können, ist er ein legitimer Nachfolger von Erich Kästner, mit dem ihn eine freundschaftliche Arbeitsbeziehung mit gegenseitiger Wertschätzung verband, von der die wechselseitigen Laudationes zu „runden" Geburtstagen der beiden begnadeten Schriftsteller – wie sein Biograf Klaus Doderer belegt – beredtes Zeugnis ablegen.

Gesang ist überall

Gesang ist ein Oberbegriff für verschiedene Formen kommunikativer Lautäußerungen. So gibt es unterschiedliche Tier-Spezies, bei denen Gesänge einen festen Bestandteil des kommunikativen Alltagsrepertoires ausmachen. In unseren Breiten sind am besten die Singvögel bekannt. Hier singen fast ausschließlich die Männchen – um die Weibchen anzulocken. Eine seltene Ausnahme von dieser Regel stellen die Vogelpaare der in Afrika beheimateten Flötenwürger (*Laniarius aethiopicus*) dar, bei denen Männchen und Weibchen im Duett singen: Sie stimmen nach der erfolgreichen Behauptung ihres Reviers gemeinsam eine Art „Triumphgesang" an, wie Ulmar Grafe und Johannes Bitz beschrieben haben.

Aber auch bei gänzlich anderen Tierarten sind Gesänge bekannt. So sind Walgesänge in unterschiedlicher Ausprägung bei mehreren Walarten nachgewiesen. Die Gesänge werden vornehmlich während der Paarungszeit von Männchen „gesungen". Aber auch Gibbons, eine Primatenfamilie mit zahlreichen Unterarten aus Südostasien, singen. Bei den Gibbons kommen sowohl Solo- als auch Duettgesänge vor, die nicht nur der Paar*suche*, sondern auch der Paar*bindung* dienen.

In kultischen Stammestraditionen sind Gesänge weltweit ein integraler Bestandteil des jeweiligen Ritus. Im Kontext der Weltreligionen sind Gesänge in sehr unterschiedlichen Glaubensrichtungen verankert. So findet man spezielle Formen des liturgischen Gesangs sowohl in der islamischen Tradition der Muezzine (Gebetsruf Adhan), bei den Kantoren (hebr. Chasanim) in den jüdischen Synagogen als auch in den Mantras der buddhistischen und hinduistischen Glaubensrichtungen. In der christlichen Liturgie sind verschiedene Formen des Gesangs zu unterscheiden: die liturgisch-solistischen Gesänge des Priesters, gregorianische Gesänge, Messen und Kantaten für Soli, Chor und Orchester sowie der meist von der Orgel begleitete Gemeindegesang.

Eine besondere Form des liturgisch christlichen Gesangs unter Einbeziehung der Gemeinde ist der Gospel. Exemplarisch für die Wirkung des Gospelgesangs kann der KultFilm BLUES BROTHERS aus dem Jahr 1980 angeführt werden, in dem durch den ekstatischen Gesang von James Brown

und den ihn begleitenden Gospelchor die beiden Protagonisten des Films, John Belushi (alias „Joliet" Jake Blues)
und Dan Aykroyd (alias Elwood Blues), „erleuchtet" werden und fortan ihre Mission – 5000 Dollar für ein von der
Schließung bedrohtes Waisenhaus zu sammeln – „im Namen des Herrn" verfolgen. Über den Gospelgesang hinaus
werden in diesem Film auch weitere interessante Gesangs-
formen prominenter Sängerinnen und Sänger wie von John
Lee Hooker – Gesang auf offener Straße – und von Aretha
Franklin sowie Ray Charles – Gesang in der Alltagskultur
in Verbindung mit Tanz – präsentiert.

Frühe Zeugnisse des kulturell geformten Singens finden
sich bereits in der griechischen Kultur um 600 v. Chr. (s.
Kap. 1). Obwohl in den griechischen Tragödien viel gesungen wurde, bestanden die Partien der Schauspieler wohl
aus gesprochenen Texten. Die Grundannahme der Mitglieder der „Camerata Fiorentina" um Giovanni de' Bardi und
Iacopo Corsi, die – in dem vom Geiste der Renaissance geprägten Florenz des ausgehenden 16. Jahrhunderts – glaubten, alle Texte der griechischen Tragödien seien gesungen
und von Instrumenten begleitet worden, ist aus heutiger
Sicht irrig (s. Kap. 10). Diesem „Irrtum" verdanken wir
jedoch die Entwicklung der Oper.

Exkurs

Warum Singen „not" ist

Wie kommt es zu dieser merkwürdigen Überschrift? Sie ist eine
direkte positive Umdeutung der von Theodor W. Adorno 1956
im Zuge der Beschäftigung mit dem Phänomen des Massen-
gesangs im Dritten Reich formulierten Feststellung: „Nirgends
steht geschrieben, dass Singen not sei." Adorno wies damit darauf hin, dass das Singen als Teil einer fehlgeleiteten nationalen
Identität negativ identitätsstiftend sein kann.

In der Tat ist Gesang in der Lage, im gesellschaftlichen Kontext wichtige Funktionen zu übernehmen. Er kann unterschiedliche Gruppierungen zu einer politischen Einheit zusammenführen, wie beispielsweise die aus dem Jahre 1792 stammende „Hymne" der französischen Revolution, die Marseillaise, des Dichterkomponisten Claude Joseph Rouget de Lisle (1760–1836), deren Entstehung von Stefan Zweig (1881–1942) kongenial literarisch in „Genie einer Nacht" zu einer der Sternstunden der Menschheit veredelt wurde. Solche sinn- und gemeinschaftsstiftenden Gesänge finden sich zahlreich im Laufe der Geschichte. Ein weiteres Beispiel ist die Liedersammlung Der Zupfgeigenhansl (erstmals 1909 erschienen), in der Gesänge des Wandervogels und der Jugendbewegung des frühen 20. Jahrhundert zusammengestellt sind. Auch der Song „We shall overcome", ein Traditional der Arbeiterbewegung in den USA, welcher in seiner bekannten Fassung von Pete Seeger bearbeitet und ergänzt wurde, kann in diese Kategorie eingeordnet werden. Dieses Lied hatte sowohl maßgeblichen Einfluss auf die Ausformung der amerikanischen Bürgerrechts- und Protestbewegung als auch auf die Folkmusic. Gesang als identitäts- und nationalitätsstiftendes Gemeinschaftserleben findet sich ebenfalls in der lebendigen Chortradition in Skandinavien und im Baltikum, wie beispielsweise das estnische Sängerfest zeigt, welches alle fünf Jahre in Tallin unter reger Anteilnahme breiter Bevölkerungskreise stattfindet. Die estnischen, lettischen und litauischen Sänger- und Tanzfeste wurden von der UNESCO als immaterielles Kulturerbe anerkannt und im Jahr 2008 in die Liste der Meisterwerke der Menschheit aufgenommen.

Natürlich war die von Adorno initiierte Diskussion über die Rolle des Singens in der „Massenhypnose" der Nazizeit berechtigt und notwendig. Adorno berücksichtigte jedoch nicht, dass sich Musik je nach Kontext für sehr unterschiedliche Aussagen verwenden lässt, wie es Charlie Chaplin in seinem Film Der grosse Diktator virtuos vorführt (s. Kap. 8). Aus heutiger Perspektive scheinen sich Ursache und Wirkung jedoch wieder in die korrekte Reihenfolge eingeordnet zu haben: Nicht das Singen führte zum Totalitarismus, sondern es wurde von ihm benutzt. Demzufolge lassen sich in Deutschland in den 1960er Jahren – im Zuge der gesellschaftlichen Umbrüche der 68er Bewegung – wieder erste Anklänge einer eigenständigen neuen deutschen Gesangskultur feststellen, die ab 1964 im Waldeck-Festival auf der gleichnamigen Burg ihre Keimzelle hatte und aus der u. a. Liedermacher wie Franz Josef Degenhardt, Reinhard May, Walter Mossmann und Hannes Wader hervorgingen. In der Folge bildete sich in den 1970er Jahren eine deutschsprachige Folkmusic-Szene heraus. Deutsche Texte waren im Zuge dieser Entwicklung auch bei Rockmusikern wie Udo Lindenberg und Herbert Grönemeyer möglich und sind heute in der Jugendkultur wieder fest verankert.

Leider führte die von Adorno initiierte Diskussion in der Schulmusik und Musikpädagogik in Deutschland zu einer bedauerlichen Fehlentwicklung. Diese drückte sich in den 1970er Jahren in Slogans aus wie: „Singen macht dumm, mehr singen macht dümmer." Die in diesem Slogan verborgene Intention, Musik als Fach aufzuwerten, indem statt ausschließlicher Praxis (Musikunterricht = Singstunde) auch musikwissenschaftliche und -theoretische Inhalte vermittelt werden sollten, war gut gemeint, aber schlecht gemacht. Das Gegenteil wurde erreicht: Musik ohne Musikpraxis verkümmerte und verlor ihre Rolle als allgemein verbindliches und verbindendes Fach in Kindergarten, Grundschule und weiterführenden Schulen. Musizieren und Singen blieben somit für viele Kinder in ihrem eigentlichen Gehalt und Reichtum, dem direkten Zugang zur Seele (s. Kap. 1), nicht erfahrbar – fatalerweise.

Der Blick über den Tellerrand: Ein Ausblick

Der oben bereits beschriebenen gesellschaftlichen Bedeutung von Musik im Allgemeinen und des Singens im Besonderen wird ganz unterschiedlich Rechnung getragen. In Deutschland gibt es zahlreiche Initiativen, wie u. a. die von Walter Pfohl initiierte Stiftung „Singen mit Kindern" in Baden-Württemberg, das von Manfred Grunenberg gegründete Projekt „Jedem Kind ein Instrument" (JeKi) in Nordrhein-Westfalen sowie der von Pamela Rosenberg, Daniel Barenboim und Linda Reisch engagiert unterstütze Musikkindergarten der Deutschen Oper Berlin, die versuchen, dem Mangel an stimmlicher und musikalischer Bildung abzuhelfen. Die neue Wertschätzung des Singens zeigt sich auch daran, dass der Deutsche Nationalpreis 2012 unter Schirmherrschaft des Bundespräsidenten und unter Ehrenvorsitz von Altbundeskanzler Helmut Schmidt an die generationsübergreifende Initiative „Canto elementar" verliehen wurde. Trotz alarmierender Befunde, die auf eine abnehmende Singefähigkeit bei Kindern hinweisen, ist aus medizinischer Sicht anatomisch und strukturell nichts unwiderruflich beschädigt. Wir müssen jedoch dringend unser Verhalten umstellen, wenn wir die bereits bestehenden funktionellen Schäden wieder beheben wollen (s. Kap. 7).

Andere Länder sind in diesem Punkt schon weiter; so wurde in der Schweiz in einem Volksentscheid aus dem Jahr 2012 mit der überwältigenden Mehrheit von 72,7 Prozent der abgegebenen Stimmen die Förderung der musikalischen Bildung in Artikel 67a der Verfassung aufgenommen. Damit ist die Musik, neben dem Sport, in der Schweiz das einzige Schulfach mit eigenem Verfassungsartikel.

Dies war früher in Deutschland in der Lehrerausbildung schon einmal ähnlich: So musste Erich Kästner, der aus ärmlichen Verhältnissen kommend im Brotberuf Lehrer werden sollte und schlussendlich auch beinahe geworden wäre, für die Zulassung zur Lehrerausbildung eine musikalische Vorbildung und praktische Kompetenz nachweisen, wie es Franz Josef Görtz und Hans Sarkowicz in ihrer Kästner-Biografie ausführlich beschreiben. In seinen Lebenserinnerungen ALS ICH EIN KLEINER JUNGE WAR aus dem Jahr 1957 berichtet Kästner selbst darüber, wie viel Geld hierfür aufgewendet werden musste. Es wäre doch unbestrittenermaßen an der Zeit, wieder an diese lange vor dem Dritten Reich bestehende Tradition der stimmlichen und musikalischen Ausbildung in Elternhaus, Kindergarten und Schule anzuknüpfen und die musikalische Bildung als einen wichtigen Eckpfeiler jeder pädagogischen Ausbildung zu betrachten (s. Kap. 7).

In seinem Gedicht DER GESANG VOM SINGEN aus dem Jahr 1935 formuliert Erich Kästner im Refrain wunderbar treffend:

„Daß die Welt schön ist,
wohin man schaut!
Das kann man leise singen
doch man kann es auch laut.
Wenn man es nur spricht
dann klingt es noch nicht.
Vor allen Dingen
muß man es singen!"

Wir sollten also hoffnungsfroh in die Zukunft schauen und uns auf diese wichtigen Werte besinnen.

Resümee

Wenn wir nochmals auf den SÄNGERKRIEG DER HEIDEHASEN zurückkommen, so lässt sich ohne Übertreibung sagen, dass hier ein großer Wurf gelungen ist: Von der Handlung über die Dialoge und die wunderbare und ironisierende Musik bis zu den grandiosen Sprechern und Sängern – ein wahrer Ohrenschmaus! Und wer es noch nicht kennt, sollte es unbedingt kennenlernen!

Hinter der leicht und luftig daherkommenden Form ist der SÄNGERKRIEG aber auch Programm: Warum also – wagen wir es noch einmal auszusprechen – sollte nicht doch, vielleicht schon in naher Zukunft, ein Gesangsministerium eingerichtet werden? Traum und Realität liegen manchmal nah beieinander – hoppeln doch in Berlin in der Dämmerung und in lauen Nächten die Hasen in der Hasenheide – und wer genau aufpasst, kann sie auch singen hören …

5 Mozarts „Zauberflöte" – die Kraft der Musik

Baaam – Pause –, Babaaam – Pause –, Babaaam: Drei mächtige Akkorde in feierlichem Es-Dur stehen am Anfang der Ouvertüre der ZAUBERFLÖTE. Diese „magischen" Klänge ziehen das Publikum in ihren Bann und lassen es nicht mehr los. DIE ZAUBERFLÖTE ist seit über zweihundert Jahren weltweit die mit Abstand meistgespielte Oper. Allein in Deutschland besuchten nach Angaben des Deutschen Musikinformationszentrums (miz) in der Spielzeit 2012/2013 fast zweihundertfünfzigtausend Menschen eine der 479 Aufführungen und 40 unterschiedlichen Inszenierungen der ZAUBERFLÖTE. Dabei stellt diese Spielsaison keine Ausnahme dar: Die Statistik der Aufführungen, die in der Auflistung des miz bis 2005/2006 zurückreicht, zeigt für jede Spielzeit zwischen 453 und 756 Aufführungen der ZAUBERFLÖTE.

Laut einer Umfrage in Deutschland durch das Zentrum für Kulturforschung (Infas) und die Deutsche Orchestervereinigung (DOV) würden fünfzig Prozent Mozarts ZAUBERFLÖTE wählen, wenn sie „einem Japaner oder Afrikaner unsere Kultur erklären müssten".

Auch in anderer Hinsicht ist DIE ZAUBERFLÖTE rekordverdächtig: Sie ist die Oper mit einem der höchsten zu singenden Töne der Opernliteratur, dem dreigestrichenen f; Musikwissenschaftler bezeichnen sie als die am meisten gedeutete und am wenigsten verstandene Oper.

Entstehungsgeschichte

Wolfgang Amadeus Mozart (1756–1791) begann mit der Komposition der ZAUBERFLÖTE (KV 620) im Frühjahr 1791 – er war damals 35 Jahre alt. Bis dahin hatte er bereits 19

Opern geschrieben, darunter zusammen mit dem Librettis-
ten Lorenzo da Ponte (1749–1838) 1786 LE NOZZE DI
FIGARO (KV 492), 1787 DON GIOVANNI (KV 527) und 1790
COSÌ FAN TUTTE (KV 588).

Anekdotisch ist überliefert, dass er sich zum Zeitpunkt
des Kompositionsauftrags der ZAUBERFLÖTE durch Emanuel
Schikaneder (1751–1812) finanziell in einer desolaten Situation befunden haben soll. Wenn überhaupt, so trifft dies
nur eingeschränkt zu. Mozart war bis zu seinem Lebensende
– am 5. Dezember 1791 in Wien – durchaus nicht wirklich
arm, denn sowohl seine Einnahmen als auch seine Ausga-
ben scheinen nicht unbeträchtlich gewesen zu sein. Über die
genauen Geldströme gibt es viele Spekulationen, aber leider
keine zuverlässigen Quellenangaben. John Rosselli (1927–
2001) bemerkte diesbezüglich in seiner Biografie THE LIFE OF
MOZART mit britischem Sarkasmus: „Mozart's finances have
caused much ink to flow" („Mozarts Finanzen haben viel
Tinte fließen lassen"). Man kann jedoch versuchen, indirekt
Rückschlüsse auf Mozarts finanzielle Verhältnisse zu ziehen: So bewohnte er, nach Angaben von Felix Czeike, bis
zuletzt eine repräsentative Sechszimmerwohnung in Wien
und hielt sich, nach Angaben von Michael Lorenz, bis zwei
Monate vor seinem Tod ein Reitpferd. Mozart führte einen
aufwendigen Lebenswandel, unter anderem soll er viel Geld
verspielt haben – möglicherweise beim Billard, das er wohl
nicht so gut beherrschte wie das Fortepiano.

Zu den Mythen, die sich um die Entstehung der ZAUBER-
FLÖTE ranken, gehört ebenfalls, dass Schikaneder Mozart in
ein Gartenhäuschen eingesperrt und ihn mit gutem Essen
und netter Gesellschaft versorgt haben soll, um eine zügige
Fertigstellung der ZAUBERFLÖTE sicherzustellen. Plausibel
ist, dass Schikaneder einen Komponisten gesucht hat, der
„zügig" komponieren konnte – „Zeit" war schon damals
„Geld", und die Konkurrenz in der Person von Karl von
Marinelli (1745–1803), seines Zeichens Direktor des Leo-

poldstädter Theaters, schlief nicht, wie Eva Gesine Baur in ihrer Schikaneder-Biografie ausführt. Das unter dem Namen „Zauberflötenhäuschen" berühmt gewordene Gartenhäuschen, welches ursprünglich in Wien neben dem „Theater auf der Wieden" stand, ist seit 1950 in Salzburg im Garten der Stiftung Mozarteum zu besichtigen und wenn man heute den schlichten Raum betritt, kann man sich der Magie dieses Ortes nur schwerlich entziehen! Die Abbildung am Anfang dieses Kapitels zeigt das Zauberflötenhäuschen in Salzburg im heutigen Zustand.

Erste Partiturabschriften der ZAUBERFLÖTE für die Gesangsproben soll Mozart bereits Anfang Juli 1791 angefertigt haben, seine Arbeit an der ZAUBERFLÖTE wurde jedoch im Juli und August durch die Komposition der Opera seria LA CLEMENZA DI TITO (KV 621) und deren Uraufführung am 28. August in Prag nochmals unterbrochen. Dies allein erscheint uns heute fast wie Zauberei: Wie konnte ein Mensch in einem Jahr zwei solch bedeutende Opern, große Teile seines REQUIEMS (KV 626) und noch zahlreiche andere Kompositionen, wie beispielsweise das AVE VERUM (KV 618), erschaffen? Am 28. September 1791 beendete Mozart die Komposition der ZAUBERFLÖTE mit der endgültigen Fassung der Ouvertüre. Er hatte für die Oper insgesamt etwa vier Monate gebraucht!

Auch wenn auf dem Programmzettel der Uraufführung der Name des Librettisten prominent zu lesen war – „Zum Erstenmale: DIE ZAUBERFLÖTE Eine große Oper in 2 Akten, von Emanuel Schikaneder" – und Mozart eher am Rande – sozusagen im „Kleingedruckten" – Erwähnung fand – „Die Musik ist von Herrn Wolfgang Amade Mozart, Kapellmeister, und wirklicher K. K. Kammerkompositeur" –, so wurde und wird in erster Linie Mozarts Musik von Anfang an und durchgängig bis heute geschätzt und geliebt. Schikaneders Libretto hingegen führte in der Nachwelt verschiedentlich zu Kontroversen hinsichtlich seines künstlerischen Wertes. Jedoch wurde Schikaneder auch schon früh aus berufenem Munde geadelt, da kein Geringerer als Johann Wolfgang von Goethe (1749–1832), wie Hildesheimer in seiner Mozartbiografie zitiert, gesagt haben soll: „Es gehört mehr Bildung dazu, den Wert des Opernbuches zu erkennen, als ihn abzuleugnen." Mozarts Zusammenarbeit mit Schikaneder wurde vielfach – aus heutiger Sicht fälschlicherweise – als „Mesalliance" empfunden und die Frage gestellt, wie es zu dieser Verbindung kommen konnte. Tatsächlich waren die Familien Schikaneder und Mozart schon etwa zehn Jahre vor der Entstehung der ZAUBERFLÖTE miteinander bekannt. Auch hatte Emanuel Schikaneder mit seiner Truppe bereits 1784 Mozarts Oper DIE ENTFÜHRUNG AUS DEM SERAIL am Wiener Kärntnertortheater aufgeführt. Mozart selbst hatte Schikaneders „Theater auf der Wieden" immer wieder besucht und kannte auch mehrere Mitglieder des Schikaneder-Ensembles. All dies spricht für eine beiderseits bewusst gestaltete Zusammenarbeit an der ZAUBERFLÖTE, auf die auch Schikaneders Vorrede aus dem Jahr 1795 zu seiner Oper DER SPIEGEL VON ARKADIEN hinweist, in welcher er schreibt, dass er das Libretto der ZAUBERFLÖTE „mit dem seeligen Mozart fleissig durchdacht" habe. Nicht zuletzt waren Schikaneder und Mozart beide Freimaurer – also „Brüder".

Schikaneder war nicht nur der Librettist der ZAUBERFLÖTE, sondern auch Direktor des Wiener Freihaustheaters (Theater auf der Wieden) – dem Ort der Uraufführung der ZAUBERFLÖTE – und Darsteller des Papageno. Er unterhielt die volkstümliche Bühne seit 1789 und agierte somit als freier Unternehmer und finanzieller Auftraggeber Mozarts. Buntscheckige Texte mit märchenhaften Handlungen waren damals modern und ließen gerade für das populäre Theater Erfolg beim Publikum und damit auch finanziellen Gewinn erwarten. Hierfür war eine wichtige Voraussetzung, dass die Zuhörer der Handlung sprachlich und inhaltlich folgen konnten und der Unterhaltungswert nicht zu kurz kam. So ist es nicht verwunderlich, dass Schikaneder für seine Bühne ein Singspiel in deutscher Sprache schrieb, welches neben gesungenen Arien auch gesprochene Textpassagen enthielt. Das Libretto würfelte er aus verschiedenen Textquellen zusammen. Als Vorlage benutzte er das Märchen LULU ODER DIE ZAUBERFLÖTE, enthalten in Christoph Martin Wielands (1733–1813) MÄRCHENSAMMLUNG von 1789. Als eine weitere Quelle des Librettos gilt der 1731 erschienene Roman SETHOS von Jean Terrasson (1670–1750).

Jan Assmann hat 2005 in seiner – in der Mozartforschung der letzten Jahre viel beachteten – Schrift zur ZAUBERFLÖTE die zentrale Bedeutung des Gedankenguts der Freimaurer für den Aufbau und die Aussage der ZAUBERFLÖTE dargelegt. Das Durchlaufen der Riten in der ZAUBERFLÖTE vom Märchenhaften über die Desillusionierung und verschiedene Prüfungen – wie Schweigeprüfung, Feuer- und Wasserprobe – zur Weisheit und Erleuchtung entspricht den Mysterienlehren der Freimaurerei. Die Gesamtanlage sowie Elemente der Oper spiegeln demnach wider, was Mozart und Schikaneder als Logenbrüdern über Geheimbünde und Mysterien bekannt war. Hinsichtlich der Konzeption der ZAUBERFLÖTE stellt Assmann in seiner Wiener Vorlesung mit dem Thema DIE ZAUBERFLÖTE – EINE OPER MIT ZWEI GESICHTERN sogar einen direkten Bezug zu den Vorträgen eines Mitglieds der Freimaurerloge im April 1785 her, die Wolfgang Amadeus Mozart gehört haben muss, da sein Vater Leopold in drei Aprilsitzungen der Freimaurer-Loge „Zur wahren Eintracht" vom Lehrling (4. April) über den Gesellen (16. April) in den Meistergrad (22. April) erhoben wurde.

Uraufführung

Die Uraufführung der ZAUBERFLÖTE fand am 30. September 1791 im Theater auf der Wieden statt. Mozart selbst dirigierte vom Klavier aus, Schikaneder sang und spielte den Papageno. Überhaupt waren die Sänger der Uraufführung mit Mozart und Schikaneder sowie untereinander bestens vertraut: Mozarts Schwägerin Josepha Hofer, geborene Weber (1758–1819), die älteste Schwester seiner Ehefrau Constanze, sang die Partie der Königin der Nacht. Neben Emanuel Schikaneder selbst wirkte auch dessen älterer Bruder Urban Schikaneder mit – er übernahm den zweiten Priester; dessen Tochter Anna, Emanuels Nichte, sang den ersten der drei Knaben. Als Pamina hatte Mozart die siebzehnjährige Anna Gottlieb (1774–1856) ausgewählt, die bereits fünf Jahre vorher die Barbarina in LE NOZZE DI FIGARO gesungen hatte. Die Rolle des Tamino übernahm der Tenor Benedikt Schack (1758–1826), ein langjähriges Mitglied des Schikaneder-Ensembles, mit dem Mozart befreundet war. Dessen Ehefrau sang die Dritte Dame. Sarastro und Papagena wurden vom Bassisten Franz Xaver Gerl (1764–1827) und dessen Ehefrau Barbara, geborene Reisinger (1770–1806), gegeben.

Die Ausstattung der Inszenierung war für das Publikum eine Attraktion: Die drei Knaben schwebten in einer Montgolfière über die Bühne – eine Erfindung der Brüder Montgolfier in Frankreich, die als Fesselballon bei der Weltausstellung 1778 in Paris zur Sensation geworden war. Die Direktion Schikaneder hatte also weder Kosten noch Mühen gescheut.

Bereits bei der Uraufführung war die ZAUBERFLÖTE ein Publikumserfolg und wurde im Laufe des Oktobers 1791 über zwanzig weitere Male gespielt. Mozart schrieb an seine Frau Constanze, die sich zur Kur in Baden aufhielt, über den Erfolg der Oper. In diesem Brief vom 7. Oktober

1791, wie ihn Howard Chandler Robbins Landon in der Darstellung von Mozarts letztem Lebensjahr zitiert, klingt an, dass ihm besonders an einem „stillen" Verständnis seiner Oper gelegen war: „Eben komme ich von der Oper. Sie war ebenso voll wie allzeit. Das Duetto Mann und Weib etc. und das Glöckchen Spiel im ersten Ackt wurde wie gewöhnlich wiederhollet – auch im 2. Ackt der Knaben Terzett – was mich aber am meisten freuet ist der Stille beifall! – man sieht recht wie sehr und immer mehr diese Oper steigt."

Sechs Wochen später erkrankte Mozart akut mit hohem Fieber, Hautausschlag und Gelenkschwellungen. Die damalige Medizin stand (Infektions-)Krankheiten noch machtlos gegenüber – Mozart starb zwei Wochen später, am 5. Dezember 1791, im Alter von 35 Jahren.

Rezeptionsgeschichte

Bedeutende Komponisten haben der ZAUBERFLÖTE ihre Referenz erwiesen. Ludwig van Beethoven (1770–1827) bezeichnete sie als Mozarts größtes Werk und Richard Wagner (1813–1883) äußerte, dass erst mit der ZAUBERFLÖTE die deutsche Oper erschaffen worden sei.

Schikaneders Libretto war lange Zeit zu Unrecht verkannt. Goethe, der sich intensiv mit der ZAUBERFLÖTE beschäftigt hat, schätzte nicht nur das Libretto (s. o.), sondern hat sich selbst an einer Fortsetzung desselben versucht, welche jedoch nie vertont wurde. Schließlich sei auch noch Friedrich Hegel (1770–1831) zitiert, der bezüglich des Textes der ZAUBERFLÖTE der Meinung war, dass Schikaneder „den rechten Punkt" getroffen habe. Seit einigen Jahren ist Schikaneders Libretto endlich rehabilitiert. Hierfür haben – neben der jüngeren musikwissenschaftlichen Mozartforschung – historisch informierte Interpretationen und Aufführungen der ZAUBERFLÖTE gesorgt (s. Exkurs).

Auch nach Mozarts Tod ging der Siegeszug der ZAUBER-FLÖTE weiter: Bis Anfang Mai 1801 – also während der nächsten zehn Jahre – fanden allein im Freihaustheater Wien 233 Aufführungen statt; die Oper wurde darüber hinaus in allen kulturell bedeutenden Städten gespielt. Im Januar 1802 präsentierte Schikaneder DIE ZAUBERFLÖTE in einer Neuinszenierung am neu eröffneten Theater an der Wien. Zehn Jahre später, im September 1812, stirbt Emanuel Schikaneder im Alter von 61 Jahren, 21 Jahre nach Mozart.

Im Jahr 1816 erfolgte an der Königlichen Oper Berlin die Inszenierung mit dem aufsehenerregenden Bühnenbild von Karl Friedrich Schinkel (1781–1841) in klassizistisch-ägyptisierenden Monumentalkulissen. War es zur Zeit Mozarts noch üblich, dass auch sehr populäre Opern – wie beispielsweise UNA COSA RARA von Vicente Martín y Soler (1754–1806), zu der kein Geringerer als Lorenzo da Ponte das Libretto geschrieben hatte – nach kurzer Zeit wieder von der Bühne verschwanden und für immer „eingemottet" wurden, ist DIE ZAUBERFLÖTE, zusammen mit den weiteren Mozart/Da Ponte-Opern LE NOZZE DI FIGARO und DON GIOVANNI eine der ersten Opern, die seit ihrer Uraufführung ohne wesentliche Unterbrechung im Repertoire geblieben ist – auch das eine herausragende Besonderheit.

Im 19. Jahrhundert veränderte sich insbesondere die musikalische Auffassung der ZAUBERFLÖTE. Das Singspiel ZAUBERFLÖTE mit seiner unverzichtbaren Bezogenheit von Sprechen und Singen wurde zunehmend als reine Oper verstanden, in der die Arien im Vordergrund standen und den Bezug zu den gesprochenen Dialogen und damit zum Kontext der Oper verloren. Entsprechend veränderten sich auch das vokale Ideal der Gesangspartien und die sängerische Besetzung.

Die Salzburger Festspiele hatten DIE ZAUBERFLÖTE seit 1928 – also quasi von Beginn an – im Programm. Im Rahmen dieser Festspiele gab es immer wieder herausragende Aufführungen mit hervorragenden Interpreten. Bedeutsam ist auch die erste Filmfassung der ZAUBERFLÖTE 1975 durch Ingmar Bergman (1918–2007) in schwedischer Sprache (TROLLFLÖJTEN), die in den – aus Feuerschutzgründen – nachgebauten Kulissen des Barocktheaters Drottningholm gedreht wurde – eine auch heute noch sehenswerte Interpretation der Oper. Last but not least wird DIE ZAUBERFLÖTE in Salzburg seit 1951 im Marionettentheater am Mirabellgarten gespielt – ein absolutes Muss für Kinder und Erwachsene!

Als aktuell gültige Referenzaufnahme der ZAUBERFLÖTE kann die Einspielung durch René Jacobs 2010 mit der Akademie für Alte Musik Berlin bei *harmonia mundi* gelten. In archäologischer Arbeit hat René Jacobs DIE ZAUBERFLÖTE vom Schutt der letzten zweihundert Jahre befreit und ihr eine neue Lebendigkeit und Schönheit verliehen, die sowohl die musikalische Ästhetik als auch den Sinn der Oper in ein neues Licht rücken. Seine Überlegungen zur Auffassung und Bedeutsamkeit der Rezitative sowie zur Einfügung improvisatorischer Elemente – insbesondere der Funktion des Hammerklaviers – und perkussiver Geräusche in sein „Hörspiel Zauberflöte" sind der beiliegenden DVD „Les derniers secrets de la Flûte enchantée" und dem ausführlichen Booklet zu entnehmen.

Einen Meilenstein in der Rezeptionsgeschichte stellt auch die Aufführung der ZAUBERFLÖTE bei den Salzburger Festspielen 2012 unter der musikalischen Leitung von Nikolaus Harnoncourt und der Regie von Jens-Daniel Herzog dar. In dieser Inszenierung verbinden sich historisch informierte Aufführungspraxis und Werktreue in neuer Weise. Die Aufführung ist mittlerweile als DVD im Handel erschienen.

Alte Musik – historisch informierte Aufführungspraxis

Warum wird im Zusammenhang mit der äußerst lebendigen ZAU-
BERFLÖTE von „historisch informierter Aufführungspraxis" gesprochen? Zunächst war Musik über viele Jahrhunderte immer eine
„lebendige Gegenwartsmusik", wie Harnoncourt in seinen Ausführungen ZUR INTERPRETATION HISTORISCHER MUSIK schreibt. Musik
früherer Zeiten wurde nur als Vorstufe zur aktuellen Musik betrachtet. Wenn eine Aufführung älterer Werke stattfand, wie
beispielsweise der Werke von Händel, so wurden diese musikalisch bearbeitet, wie u. a. von Mozart. Die Aufführungen orientierten sich nicht an den Gegebenheiten der Entstehungszeit, sondern
verwendeten zeittypische Besetzungen wie exemplarisch die Wie-
deraufführung von Bachs MATTHÄUSPASSION im Jahr 1829 durch
Felix Mendelssohn Bartholdy (1809–1847) zeigt: Hier wirkten 158
(sic!) Sänger des Chores der Sing-Akademie Berlin mit. Auch der
Einsatz der jeweils neusten Instrumentenentwicklungen – wie die
Verwendung von Stahlseiten bei den Streichern – und auch die
stilistische Interpretation – u. a. mit durchgängigem Vibrato der
Streicher – prägte die Aufführungspraxis fast bis in unsere Tage.
Im 20. Jahrhundert entwickelte sich allmählich eine „Original-
klang"-Bewegung, die versuchte, die Musik in mehrfacher Hinsicht so aufzuführen, wie sie von den Komponisten intendiert war:
auf historischen (z. T. nachgebauten) Instrumenten (u. a. Blockflö-
ten), unter Verwendung des originalen Notenmaterials und in
Anlehnung an die stilistische Musizierpraxis der Entstehungszeit.
Eine „echt" historische Aufführung ist mangels historischer Tondokumente nicht möglich – die Aufnahmetechnik entwickelte
sich erst Ende des 19. Jahrhunderts (s. Kap. 8). Jedoch kann man
ältere Musik „historisch informiert" aufführen. René Jacobs und
Nikolaus Harnoncourt sind zwei Protagonisten dieser lebendigen
Praxis. Sie machen nicht nur Musik, sondern sie reden (und schreiben) auch darüber: in Essays sowie in zahlreichen in Buchform
publizierten Interviews. Neben diesen „Vordenkern" gibt es mittlerweile hochklassige Ensembles, die sich dieser Aufführungspraxis
– sozusagen mit Leib und Seele – verschrieben haben, wie beispielsweise das 1987 gegründete Freiburger Barockorchester
(FBO). Diese hervorragenden Musiker sind nicht nur im „Barock"

zuhause, sondern bewegen sich musikalisch über die Wiener Klassik (Mozart!) mit Aufnahmen von Schubert und Schumann bis weit in die Romantik hinein: unbedingt hörenswert!

Eine vermeintliche „Kinderoper"

Warum zieht DIE ZAUBERFLÖTE seit ihrer Uraufführung viele verschiedene Menschen so in ihren Bann? Diese Frage erscheint besonders deshalb interessant, da Mozarts ZAUBERFLÖTE für viele Menschen der erste oder manchmal einzige Kontakt mit Oper oder klassischer Kultur ist. Nicht wenige sehen DIE ZAUBERFLÖTE aber auch viele Male im Laufe ihres Lebens. Hierfür ist Hermann Hesse (1877–1962) ein berühmtes Beispiel, der sich immer wieder intensiv mit der Oper beschäftigt hat und in seinem 1938 geschriebenen Gedicht MIT DER EINTRITTSKARTE ZUR ZAUBERFLÖTE seine Beziehung zu diesem von ihm geliebten Werk in seinen reiferen Jahren beschrieb.

Auf die Frage nach der Anziehungskraft der ZAUBERFLÖTE gibt es nicht nur *eine* gültige, sondern *viele* verschiedene Antworten – und darin liegt wohl bereits eine Besonderheit dieser Oper: DIE ZAUBERFLÖTE lässt sich nicht aus einer Perspektive allein erfassen, sie entzieht sich einer eindimensionalen Betrachtungsweise. Schon Goethe hatte genau darin das Meisterhafte dieses Werks gesehen.

Spontane Assoziationen erwecken bei den meisten Zuschauern zuallererst die lustigen und leichten Seiten der Oper mit ihren bunten Figuren und eingängigen Melodien: Im Mittelpunkt steht die Figur des Papageno, des Naturmenschen im Vogelkleid mit seinen Späßen und schönen Arien, so wie er auf der Titelseite dieses Buches – hier in der Inszenierung von Karl Friedrich Schinkel aus dem Jahr 1816 – zu sehen ist.

In der Musikvermittlung gilt DIE ZAUBERFLÖTE heute noch wegen ihres Märchencharakters als ideale Einstiegsoper vor allem für Kinder. Die Zauberflöte ist jedoch nur vermeintlich eine „Kinderoper". Ihre Komplexität entpuppt sich schnell, wenn man versucht, den tieferen Sinn der Handlung – manchmal auch schon allein deren Ablauf – wiederzugeben. Sogar Kenner geraten dann ins Stocken. Sie ist keineswegs märchenhaft einfach und harmlos, wie fälschlicherweise gelegentlich angenommen.

Schaut man etwas genauer hin, so spielen sich in der Zauberflöte neben burlesken Szenen dramatische menschliche Konflikte ab: Im Zentrum der Handlung steht die Reifung der beiden Jugendlichen Tamino und Pamina zu Mann und Frau und zu verantwortungsvollen Mitgliedern der Gesellschaft. Dieser Weg jedoch ist gesäumt von einer Reihe menschlicher Katastrophen – Streit und kriegsähnliche Auseinandersetzung, Verrat, Diskriminierung, Menschenraub, zwei Selbstmordversuche, versuchte Vergewaltigung und Anstiftung zum Mord. Angesichts dieser Aufzählung ist man fast versucht, Die Zauberflöte unter kriminalistischen und strafrechtlichen Aspekten zu beleuchten, wie dies Ernst von Pidde in seinem Buch „Richard Wagners ‚Ring der Nibelungen' im Lichte des deutschen Strafrechts" schon für diesen Opernkomplex getan hat. Ein solcher „Blick" würde einem aber gleichzeitig unpassend und recht geschmacklos vorkommen, passt er doch gar nicht zu dem Bild, das wir von der Zauberflöte haben. Gemeinhin geraten die menschlichen existenziellen Konflikte, die hier vorgeführt werden, bei der Wahrnehmung der Oper in den Hintergrund. Sie lassen sich anhand der Handlung jedoch leicht vergegenwärtigen.

Bereits zu Beginn tritt beim ersten Auftritt der Königin der Nacht der schwere Konflikt zwischen ihr und Sarastro, dem Herrscher des Sonnenreichs, zutage. Es geht darum, wem die Herrschaft über das mächtige Sonnenreich zusteht. Sarastro hat Pamina, die Tochter der Königin der Nacht, gewaltsam in sein Reich entführt und hält sie dort gefangen. Er untersagt ihr jeglichen Kontakt mit ihrer Mutter. Im Auftrag der Königin der Nacht soll nun der junge Prinz Tamino die Prinzessin Pamina befreien und die Herrschaft für die Königin zurückerobern. Der erbitterte Kampf um Macht und Einfluss durchzieht die Oper, gleichzeitig ein Geschlechterkampf zwischen Frau und Mann, zwischen weiblichem und männlichem Prinzip.

Welcher der beiden Seiten – ihr oder Sarastro – gebührt Recht? Wem kann man eher vertrauen? Wie schwierig ist es für das junge Paar Tamino und Pamina, in einem solchen Konfliktfeld erwachsen zu werden und seinen Weg zu finden! Es geht ihnen wie Kindern, die nicht wissen, wem sie sich zuwenden sollen, wenn die Eltern sich streiten und gegenseitig Misstrauen schüren. Aber es kommt noch schlimmer. Sogar im ehrenhaften Sonnenreich Sarastros gibt es wahrhaft dunkle Seiten, und zwar im ganz wörtlichen Sinn: Es gibt den „schwarzen" Gefängniswärter (ein „Mohr"), dem Pamina ausgeliefert ist. Sein Name Monostatos ist nicht zufällig gewählt. Allerdings handelt es sich – wie Hans-Josef Irmen im Textbuch zur Aufführung der ZAUBERFLÖTE bei den Salzburger Festspielen 2012 schreibt – bereits um die durch das Wiener Kultusministerium zensierte Fassung des ursprünglich in Mozarts Autograf zu findenden Namens „Manostatos". Die Wortwahl *manos* (schlaff) und *statos* (stehend) als Anspielung auf die Potenzprobleme des „Mohren" wurde zensiert und in den weniger entehrenden Wortstamm *monos* (allein) umgewandelt. Monostatos missbraucht seine Macht als Gefangenenwärter und versucht Pamina zu vergewaltigen.

Die Konflikte zwischen Pamina, ihrer Mutter und Sarastro eskalieren, als die Königin der Nacht – in der Dialog-Szene vor der Arie „Der Hölle Rache kocht in meinem Herzen" – Pamina einen Dolch übergibt und von ihr verlangt, Sarastro zu töten. Als sich Pamina in ihrer Verzweiflung schließlich auch noch von Tamino, an dessen Liebe sie all ihre Hoffnung knüpft, verlassen glaubt, will sie den Dolch gegen sich selbst richten und Selbstmord begehen. Auch Papageno will es ihr gleich tun und sich an einem Baum erhängen, weil er kein Mädchen findet.

Angesichts dieser hier kurz skizzierten dramatischen Ereignisse und Themen in der Oper stellt sich umso mehr die Frage, wie es Mozart und Schikaneder gelungen ist, der ZAUBERFLÖTE ihre positive Grundstimmung und Leichtigkeit zu verleihen. Die Genialität des Werkes liegt u. a. genau darin, schwerste Kost so zu servieren, dass sie gut bekömmlich ist, ja sogar mundet. Um im Bild zu bleiben: Wir merken beim Zuhören nicht, welche Kröten wir gerade schlucken.

Gehen wir vom Titel der Oper aus, so halten wir in ihm den wohl wichtigsten Zugang zu diesem Geheimnis in der Hand: die Zauberflöte. Sie steht für die Musik selbst, die in allen schwierigen Situationen Orientierung gibt durch ihre kraftspendende, heilende und rettende Wirkung.

DIE ZAUBERFLÖTE ist so verstanden eine Oper über die Musik – darüber, welchen Schatz Musik für den Menschen bedeutet. Diese Kernaussage durchzieht Musik, Text und Handlung der Oper. Sie tröstet nicht nur die handelnden Personen der Oper, sondern auch die Zuhörer.

Zauberflöte und Glockenspiel – Musik als Kraftquelle

Drei Instrumente, Traversflöte, Panflöte und Glockenspiel, und drei singende Knaben – auf die zentrale Bedeutung der Zahl drei im Gedankengut der Freimaurer weist Jan Assmann hin – repräsentieren und spenden die Kraft, die notwendig ist, damit die Protagonisten Pamina und Tamino trotz vieler Anfechtungen ihren Weg in eine bessere, reifere Welt gehen können.

Schon Papagenos Auftritt zu Beginn der Oper kündigt sich mit Flötenspiel, Singen und Pfeifen an. Musizieren ist

Teil seiner Natur, er stellt sich vor als fröhlichen, einfachen Menschen mit seiner Arie „Der Vogelfänger bin ich ja, stets lustig, heissa! hopsasa!", in welche Mozart den Lockruf der Panflöte hineinkomponiert hat. Im Gegensatz zu Tamino, der eine goldene Flöte erhält und auf ihr wunderbare Töne und Melodien spielt, besitzt Papageno als Naturmensch eine Flöte aus einfachem Schilfrohr, der er nur fünf aufeinanderfolgende Töne entlocken kann. Die Panflöte deutet schon seinen Wunsch nach einem „Mädchen oder Weibchen" an – den wir in der gleichnamigen Arie später in der Oper hören –, denn sie erinnert an die verwandelte Nymphe Syrinx, die sich auf der Flucht vor dem Hirtengott Pan in ein Schilfrohr verwandelte und in dieser Form statt zur Geliebten zur Flöte des Pan wurde.

Die Zauberflöte wird Tamino von den drei Damen der Königin der Nacht übergeben und damit als wichtiges Symbol in die Oper eingeführt. Die Kraft der Musik soll ihn schützen auf seinem Weg. Diese Kraft wird hier klar benannt: Musik erzeugt positive Gefühle – Traurigkeit verwandelt sie in Freude, Stolz in Liebe – und sie macht zufrieden und glücklich. Außerdem ist sie mehr wert als Geld, da die drei Damen singen:

„Die Zauberflöte wird dich schützen, im größten Unglück unterstützen. Hiermit kannst du allmächtig handeln, der Menschen Leidenschaft verwandeln. Der Traurige wird freudig sein, den Hagestolz nimmt Liebe ein. O so eine Flöte ist mehr als Gold und Kronen wert, denn durch sie wird Menschenglück und Zufriedenheit vermehrt."

Papageno erhält von den drei Damen ein Glockenspiel, dessen Silberglöckchen er als Schutz in Gefahrensituationen erklingen lassen kann. Tamino, Papageno und die drei Damen singen:

„Silberglöckchen, Zauberflöten sind zu unserem/eurem Schutz vonnöten."

Die Zauberflöte beweist ihre Wirkung zum ersten Mal beim Eintritt Taminos in Sarastros Reich in einer Szene, die an Orpheus erinnert: „Wie stark ist nicht dein Zauberton, weil, holde Flöte, durch dein Spielen selbst wilde Tiere Freude fühlen" (s. Kap. 10). Der Klang der Zauberflöte lockt Sarastros Löwen – und in heutigen Inszenierungen allerlei sonstiges Getier – an und verwandelt deren Wildheit in Freude und Zutraulichkeit. Papageno antwortet mit seiner Panflöte auf Taminos Spiel, sodass die beiden sich gegenseitig durch den Klang der Flöten finden können.

Auch das Glockenspiel von Papageno beweist seine Zauberkraft. Es rettet Pamina und ihn vor der Gefangennahme durch Monostatos und seine Sklaven. Beim Klang der Silberglöckchen sind diese augenblicklich betört und fangen an ganz „verzaubert" zu singen und zu tanzen:

„Das klinget so herrlich, das klinget so schön! Tralla lala la Trallalala! Nie hab ich so etwas gehört und geseh'n! Trallalalala Tralla lalala."

Paminas und Papagenos Situation in dieser Szene wird in einem kurzen „Nachsatz", fast nebenbei, in einer Art „Moral", auf eine allgemeinmenschliche Ebene gehoben: Musik öffnet Herzen und verbindet Menschen, aus Freundschaft können Harmonie und Glück entstehen:

„Könnte jeder brave Mann solche Glöckchen finden, seine Feinde würden dann ohne Mühe schwinden. Und er lebte ohne sie in der besten Harmonie! Nur der Freundschaft Harmonie mildert die Beschwerden; ohne diese Sympathie ist kein Glück auf Erden."

In wenigen Zeilen werden hier zwei zentrale Aspekte von Gesundheit und Wohlbefinden benannt: Musizieren verhilft zu positiven Beziehungen und diese sind die Voraussetzung für Glück und Zufriedenheit. Heute, mehr als zweihundert Jahre später, wissen wir aus neuesten Studien zu gesundheitlichen Wirkungen des Chorsingens, dass durch Musizieren positive Gefühle durch soziale Kontakte, Sinnerfüllung und Glückserleben gefördert werden (s. Kap. 1). In den Gesundheitswissenschaften hat sich die soziale Unterstützung als wichtiger Faktor zum Erhalt von Gesundheit erwiesen. Mozart und Schikaneder wussten es damals schon.

Die psychologische Funktion der Zauberflöte in der Oper erschließt sich vor der Feuer- und Wasserprobe im zweiten Aufzug, die Pamina und Tamino gemeinsam zu bestehen haben. Pamina erinnert hier Tamino an die Macht der Flöte, die ein Vermächtnis ihres verstorbenen Vaters ist:

„Spielst du die Zauberflöte an, sie schütze uns auf unsrer Bahn.
Es schnitt in einer Zauberstunde mein Vater sie aus tiefstem Grunde der tausendjähr'gen Eiche aus bei Blitz und Donner, Sturm und Braus.
Nun komm und spiel die Flöte an, sie leite uns auf grauser Bahn."

Hier wird deutlich, dass die musikalischen Symbole – Zauberflöten und Glockenspiel – ihre positive Bedeutung jenseits der verfeindeten Welten behalten – ebenso wie die drei Knaben. Sie werden Tamino und Papageno zuerst im Auftrag der Königin der Nacht, später gleichermaßen im Reich Sarastros als schützende Begleiter übergeben. Die Zauberflöte stellt damit für Pamina auch ein symbolisches inneres Objekt dar, welches die mütterliche und väterliche Seite verbindet. Mithilfe der Zauberflöte können Pamina und Tamino deshalb gemeinsam die letzte Prüfung bestehen und ihren inneren Reifungsschritt zur Selbstständigkeit vollziehen.

Die drei Knaben – Orientierung und Zuversicht

Auch die drei Knaben bilden ein verbindendes Element zwischen dem Sonnen- und dem Nachtreich. Sie erscheinen immer dann als rettende Impulsgeber, wenn Tamino, Pamina oder Papageno vom positiven Weg abzukommen drohen. Die drei Knaben vermitteln übergeordnete menschliche Werte und sorgen dafür, dass der Handlungsfaden der Oper eine positive Richtung behält. Ihr Element ist die Luft, in der Tradition des „Deus ex machina" kommen sie vom Himmel – in der Uraufführung der ZAUBERFLÖTE erschienen sie in einer Montgolfiere. Auch sie erfüllen – wie fast alles in der ZAUBERFLÖTE – die heilige Zahl drei, die im Kontext der Oper eindeutig der Zahlensymbolik des Freimaurertums (s. o.) zuzuordnen ist.

Die drei Knaben werden Tamino und Papageno von den drei Damen der Königin der Nacht zur Seite gestellt – ebenso wie Zauberflöte und Glockenspiel von den drei Damen überreicht wurden:

„Drei Knäbchen, jung, hold, schön und weise umschweben euch auf eurer Reise, sie werden eure Führer sein, folgt ihrem Rate ganz allein."

Aber auch Sarastro schickt die drei Knaben samt Zauberflöte und Glockenspiel, damit sie Tamino und Papageno für die Prüfungen Zuversicht und Stärke geben.

Beim Eintritt in Sarastros Reich empfehlen die drei Knaben Tamino:

„Sei standhaft, duldsam, und verschwiegen. Bedenke dies:
kurz, sei ein Mann, dann Jüngling, wirst du männlich siegen."

In zwei lebensbedrohlichen Krisen treten die drei Knaben als Retter auf: als Pamina Selbstmordgedanken hegt, weil Tamino während der Schweigeprüfung nicht mehr mit ihr spricht, und als sich Papageno – in einer parallelen Szene – am Baum erhängen will, weil er kein Weibchen bekommt. Pamina gegenüber betonen die drei Knaben, was die Liebe zwischen zwei Menschen alles vermag:

„Zwei Herzen, die von Liebe brennen, kann Menschenohnmacht niemals trennen. Verloren ist der Feinde Müh'; die Götter selbst beschützen sie."

Papageno erinnern sie an die Zauberkraft seines Glockenspiels, mit dem er seine Papagena herbeiwünschen kann.

Charakterisierung der Personen durch die Musik

Bringen die musikalischen Symbole und die drei Knaben Struktur und Orientierung in die Handlung der Oper, so gibt es darüber hinaus eine Reihe anderer Stilmittel, derer sich Mozart und Schikaneder bedienen, um DIE ZAUBERFLÖTE dem Publikum mundgerecht zu machen: Es ist die Führung und insbesondere die musikalische Charakterisierung der Personen.

Auf den ersten Blick erscheinen die Personen und ihre Beziehungen in der Oper einfach in ihrer Zuordnung. Hört und schaut man jedoch genauer hin, ergeben sich Brüche und Differenzierungen in den Charakteren, welche die klar erscheinende Weltordnung unterlaufen, ja unmissverständlich infrage stellen. Es erscheint so, als ob Mozart uns sagen wollte: Letztendlich sind wir alle doch nur normale Sterbliche mit Fehlern und Schwächen.

Betrachten wir zunächst die Figur des **Sarastro**. Er ist der mächtige Herrscher über das Sonnenreich, er vertritt die hohen Werte der Ehrbarkeit und Güte und bewacht mit seinen Priestern das Heiligtum. Entspricht er diesem Bild aber durchgängig in der Oper? Als Erstes kann man sich fragen, warum Sarastro in seinen „Heil'gen Hallen" einen „Mohren" als Sklavenwärter hält, von dem er weiß, dass er es auf Pamina abgesehen hat. Wie passt das zusammen? Zwar bestraft Sarastro Monostatos im Finale des ersten Aufzugs mit „77 Sohlenstreich" – mit dem textlich und musikalisch halbherzigen Nachsatz „es ist ja meine Pflicht" –, doch darf Monostatos weiter sein Unwesen treiben und wird erst im zweiten Aufzug von Sarastro endgültig aus dem Sonnenreich verbannt. Aber nicht nur diese auffällige Schwäche Sarastros für das Dunkle, sexuell Triebhafte fällt auf. Auch aus Sarastros eigenem Munde erfahren wir bei genauem Hinhören recht menschliche und männliche Regungen. So hat Mozart im Finale des ersten Aufzugs die Passage, in der Sarastro seine Beziehung zu Pamina offenbart, mit einem musikalischen „Subtext" versehen. Auf Paminas Geständnis, sie habe aus Sarastros Reich fliehen wollen, antwortet dieser:

> „Steh auf, erheitre dich, o Liebe! Denn ohne erst in dich zu dringen, weiß ich von deinem Herzen mehr, du liebest einen andern sehr. Zur Liebe will ich dich nicht zwingen, doch geb' ich dir die Freiheit nicht."

Die Zeile „du liebest einen andern sehr" hat Mozart mit einer plötzlichen Wendung nach Moll unterlegt. Auf musikalischer Ebene gewährt er uns damit einen kurzen Blick hinter die Maske Sarastros als Priester, der offensichtlich auch als Mann empfindet und erotische Gefühle für Pamina hegt. Sarastro fährt recht eindeutig fort: „zur Liebe will ich dich nicht zwingen". Im anschließenden „doch geb' ich dir die Freiheit nicht" erfolgt musikalisch ein auffälliger Absprung zum tiefen, d. h. großen f, der anmutet, als ob Sarastro sich auf diesem tiefen Ton wieder fängt und seine Fassung als Priester zurückgewinnt. Bereits am Ende des ersten Aufzugs haben wir dadurch erfahren, dass der „hohe" Priester Sarastro und seine heilige Welt doch relativ zu sehen sind. Wie uns die finstere Erscheinung des Monostatos im hellen Sonnenreich sinnfällig vor Augen führt, lassen sich triebhafte Momente der Erotik und Sexualität auch dort nicht eliminieren. Da auch Sarastro von solchen Regungen nicht frei ist und Monostatos diese Seite für ihn auslebt, fällt es Sarastro entsprechend schwer, ihn loszuwerden.

Die berühmte Arie des Sarastro im zweiten Aufzug „In diesen heil'gen Hallen" führt musikalisch die Charakterzeichnung seiner Person fort. Es ist die Szene nach dem Auftritt der Königin der Nacht, in der diese, vor Wut und Rachedurst schäumend, von Pamina verlangt, Sarastro zu töten. Sarastro tritt gegenüber Pamina ruhig, gütig und verständnisvoll auf. Die Strophenform seiner Arie impliziert einen eher volkstümlichen Charakter – vergleichbar mit einem Kinderlied. Dagegen mutet die kantable Melodieführung mit klagenden Vorhalten mehr wie eine Liebeswerbung an. Die hörbar emotionale Bewegung der Musik steht demnach der klar gegliederten Strophenliedform gegenüber. Wir finden hier in Mozarts Kompositionsanlage die bereits skizzierten beiden Seiten Sarastros wieder: die Regelhaftigkeit und Struktur der (freimaurerischen) Gesetze, welche Sarastro als Priester vertritt, und das weiche Spiel der Gefühle, die ihn als Menschen ausmachen. Auch hier erklingt in den letzten Takten der Arie die Wendung mit Abstieg zum großen f, in der Sarastro zu seiner gesetzestreuen Haltung als Priester zurückfindet.

Sogar dem „bösen Mohren" **Monostatos** hat Mozart sympathische Züge verliehen. Neben seiner Komik gewinnt Monostatos das Herz des Publikums dadurch, dass er seiner Trauer darüber, benachteiligt und ausgeschlossen zu sein, Ausdruck verleiht. Für ihn hat Mozart die wunderbare Arie „Alles fühlt der Liebe Freuden" geschrieben, die zu Herzen geht, wenn Monostatos singt:

„Und ich sollt 'die Liebe meiden, weil ein Schwarzer häßlich ist!
Ist mir denn kein Herz gegeben?"

Und so bittet er den Mond, für ihn ein Auge zuzudrücken – den nächtlichen Lichtspender, der ihn durch sein fahles

Licht des Schutzes der Dunkelheit – denn nur dann fällt er als Schwarzer endlich nicht mehr auf – beraubt. Die klischeehafte Verwendung der schwarzen Hautfarbe als Kontrast zum Sonnenreich und die Bezeichnung „Mohr" muten heute diskriminierend an, hierbei muss jedoch der historische Kontext berücksichtigt werden. Natürlich ist die Verwendung der Begriffe hier im Kapitel keinesfalls abwertend gemeint.

Wie aber steht es mit Sarastros Gegenspielerin, der sternflammenden **Königin der Nacht**? Sie tritt auf als rachsüchtige und egoistische Mutter; tatsächlich geht es ihr zuallererst um Macht, sie fordert die Loyalität der Tochter ein und denkt dabei nicht an deren Glück. Die Königin der Nacht hat in der Oper zwei große Auftritte mit Arien von höchster Dramatik. Es handelt sich um Rache, Hass und Mord und trotzdem versetzt auch diese Figur – die nur den Titel „Königin", aber sonst keinen eigenen Namen trägt – unser Mitgefühl in Schwingungen. Mozart hat ihr in den beiden Arien eine ungeheure emotionale Intensität verliehen. In der Arie „Der Hölle Rache kocht in meinem Herzen" hat er das legendäre dreigestrichene f platziert. Die Heftigkeit der Gefühle macht spürbar, dass hinter der Wut und dem Hass tiefe Kränkung dieser stolzen und einst mächtigen Frau liegt. Unwillkürlich fragt man sich, wie die Auseinandersetzung mit Sarastro solche Ausmaße annehmen konnte. Im Dialog zwischen Pamina und ihrer Mutter im zweiten Aufzug erfahren wir mehr über den Hintergrund dieses Konfliktes. Ihr Ehemann hat nämlich testamentarisch nicht ihr die Herrschaft über den Sonnenkreis übergeben, sondern seinem Freund Sarastro. Aus dem Munde der Königin, die dies empört Pamina berichtet, vernehmen wir den Wortlaut des Vermächtnisses:

„Der alles verzehrende Sonnenkreis ist den Geweihten bestimmt. Sarastro wird ihn so männlich verwalten wie ich bisher. Und nun kein

Wort weiter; forsche nicht nach Wesen, die dem weiblichen Geist unbegreiflich sind. Deine Pflicht ist, dich und deine Tochter der Führung weiser Männer zu überlassen."

Wer würde ob solch schreienden Unrechts nicht zur Furie werden?!

Auch wenn Sarastro in der Oper als Sieger hervorgeht, im wirklichen Leben ist es heutzutage umgekehrt: Mit der Gesangspartie der Königin der Nacht allein kann eine Sängerin Weltkarriere machen und viel Geld verdienen, allein mit der des Sarastro kann dies ein männlicher Sänger nicht. So werden die Machtverhältnisse in der Oper musikalisch auf den Kopf gestellt, indem Mozart die Partie der Königin der Nacht mit emotional bezwingender Anziehungskraft und sängerisch virtuosen Superlativen ausstattet.

Ist „Die Zauberflöte" frauenfeindlich?

Angesichts der Entmachtung der Königin der Nacht durch die „patriarchalische" Erbfolge, des Siegs der männerbündlerischen Weltordnung und angesichts abwertender Bemerkungen über das weibliche Geschlecht, in denen Frauen eine untergeordnete Stellung zugewiesen wird, erscheint DIE ZAUBERFLÖTE auf den ersten Blick als frauenfeindlich. Natürlich ist zu bedenken, dass die Stellung der Frau zur Zeit Mozarts und Schikaneders mit derjenigen von heute nicht vergleichbar ist. Ganz besonders das Freimaurertum, dessen Grundsätzen die Oper in ihrer Konzeption in weiten Teilen folgt, war eine rein männliche Gesellschaft, in der Frauen nichts verloren hatten.

Oben haben wir bereits erfahren, dass der Königin der Nacht von ihrem Ehemann befohlen wurde, sich und ihre Tochter der Führung weiser Männer zu überlassen.

Sarastro ist ähnlicher Meinung, wenn er im Finale des ersten Aufzugs zu Pamina sagt:

„Ein Mann muß Eure Herzen leiten, denn ohne ihn pflegt
jedes Weib aus seinem Wirkungskreis zu schreiten."

Besonders die Priester in Sarastros Reich scheinen ein recht undifferenziertes Frauenbild zu haben:

„Ein Weib tut wenig, plaudert viel."

Vor der Schweigeprüfung warnen Sprecher und zweiter Priester Tamino und Papageno vor den Tücken der Frauen:

„Bewahret euch vor Weibertücken: Dies ist des Bundes erste Pflicht!
Manch weiser Mann ließ sich berücken, er fehlte, und versah sich's
nicht. Verlassen sah er sich am Ende, vergolten seine Treu mit Hohn!
Vergebens rang er seine Hände, Tod und Verzweiflung war sein Lohn."

Diese Passage muss allerdings auch in ihrem Bezug zum Orpheus-Mythos verstanden werden, auf den hier angespielt wird (s. Kap. 10). Tamino soll es nicht so ergehen wie Orpheus, der unter den Klagen und Vorwürfen von Eurydike sein Gelübde brach und sie damit für immer verlor.

Werden Frauen in der ZAUBERFLÖTE also wirklich diskriminiert? Nach allem, was wir bisher von der Oper verstanden haben, würde dies nicht so recht passen und es würde – so die gänzlich subjektive Auffassung der Autoren – ebenfalls nicht zu Mozart passen, bei dem zu erwarten ist, dass er sich auch in der Sichtweise des weiblichen Geschlechts und angesichts seiner großen Sympathie für Frauen – wie bei allem anderen – nicht an geltende Regeln und Konventionen halten wird.

Schauen wir also noch einmal genauer hin und lassen uns nicht von den zitierten Schmähreden blenden. Fast

könnte man nämlich sonst den entscheidenden Satz zum
Thema Geschlechterstellung übersehen:

> „Ein Weib, das Nacht und Tod nicht scheut, ist würdig
> und wird eingeweiht."

Diese Aussage wird einfach so hingestellt – als sei es immer
schon so gewesen. Mitnichten! Sie ist im höchsten Grade
revolutionär! Eine *Frau* darf die – im Freimaurertum mit To-
desnähe und Erleuchtung bezeichneten – großen Mysterien,
die nur wenigen Männern vorbehalten sind, durchschreiten!
Jan Assmann weist eindrücklich darauf hin, dass diese Veränderung des Rituals durch die Einführung von Pamina bei
der Feuer- und Wasserprobe in der ZAUBERFLÖTE *die* zentrale
Veränderung der weiblichen Stellung bedeutet. Und damit
nicht genug. Es ist Pamina – eine *Frau* –, die Tamino führt –
„ich selbsten leite dich" – und die ihn dazu befähigt, die Prüfungen zu bestehen, indem sie ihm die Zauberflöte übergibt.
Wieder begegnet uns also das Doppelbödige, das schon bei
der Charakterisierung der Personen deutlich wurde und das
uns zeigt: Die Welt ist komplexer, als es den Anschein hat.
Wir müssen nur genau hinhören und hinsehen.

Auch die sehr weibliche Figur der Papagena ist eine starke Frau, die sich nicht von einem Mann „die Butter vom
Brot nehmen" lässt, da sie selbstbewusst und gleichberechtigt
bei der Planung der Kinderschar, die sie mit Papageno
als „höchstes der Gefühle" haben möchte, jedem kleinen
Papageno energisch eine kleine Papagena an die Seite stellt.

Ausgehend von der Zahlensymbolik in der Oper argu-
mentiert der Dirigent Hartmut Haenchen in seinen sehr interessanten Ausführungen zur ZAUBERFLÖTE, dass musikalisch mit dem Beginn der Ouvertüre bereits das weibliche
Prinzip und die Stellung der Frau in der Gesellschaft als Thema der Oper angesprochen seien. So stehe am Anfang der
Ouvertüre musikalisch nicht die Zahl drei, sondern die Zahl

fünf, die sich aus den drei Akkorden und den zwei zugehörigen Sechzehntelauftakten (!) ergeben würde. Laut Haenchen verweise die Zahl fünf auf die weibliche Initiation.

Nach genauerer Betrachtung der Rolle des Weiblichen in der ZAUBERFLÖTE erscheint – auch hier – hinter der vordergründigen Frauenfeindlichkeit eine zweite Ebene. Diese weist dem weiblichen Geschlecht eine wichtige Rolle zu, in der es sogar in entscheidenden Momenten die Führung übernimmt. Durch die Einführung Paminas in die Welt der männlichen Ordnung wird nicht zuletzt ein partnerschaftliches Modell etabliert: welch moderne Aussage zu Mozarts Zeit und auch heute noch!

Gestaltungselemente der Oper

Unter den Gestaltungselementen, welche für die Leichtigkeit und Bekömmlichkeit der Oper beim Publikum sorgen, sind die Kontraste der Figuren, die Vielseitigkeit der musikalischen Sprache und die im Genre Singspiel angelegten spielerischen und improvisatorischen Elemente hervorzuheben. Auf diese hat René Jacobs nachhaltig hingewiesen. Von der Ernsthaftigkeit und Dramatik der Konflikte und Themen in der ZAUBERFLÖTE wird der Zuschauer so immer wieder abgelenkt.

Insbesondere Kontraste sind in der ZAUBERFLÖTE ständig zu erleben. Die Personenkonstellation ist mit Tamino/Pamina, Papageno/Papagena und Sarastro/Königin der Nacht paarig angelegt. Kontraste finden sich im Charakter und der musikalischen Sprache der Figuren untereinander sowie innerhalb der Paare.

Tamino und Papageno bilden ein Gegensatzpaar, das kaum unterschiedlicher sein könnte: Hier der Prinz aus Fürstengeblüt – ein nachdenklicher, sensibler, bescheidener und furchtsamer junger Mann –, dort der Naturmensch, der nicht einmal seine Eltern genau kennt – eine unbeschwerte nicht reflektierende Frohnatur –, für den die primären Bedürfnisse wie Essen, Trinken und schöne Frauen das Wichtigste sind und der gerne ein wenig angibt. Gerade diesem Naturmenschen aber fliegen die Sympathien zu. Papageno scheint in seiner Unmittelbarkeit und Einfachheit die authentischste Figur der ZAUBERFLÖTE, weil er seine Gefühle am unmittelbarsten äußert. Der einfache Mann, der das Herz am rechten Fleck trägt, hat in dieser Oper Chancen – nicht nur beim Publikum, auch bei den Frauen in der Oper. So fällt auf, dass Pamina mit Papageno das anrührende Liebesduett „Bei Männern, welche Liebe fühlen" singt und damit musikalisch auffallend innig mit Papageno – und nicht, wie der Zuordnung in der Oper eigentlich folgend, mit Tamino – verbunden ist. Im Unterschied zu Papageno aber ist Tamino seiner selbst noch nicht sicher, er wird stark von Regeln und Glaubenssätzen geleitet und muss seine Identität erst entwickeln.

Auch das erste Zusammentreffen von Monostatos und Papageno – wieder so ein Gegensatzpaar – gehört zu einer der komischsten Szenen der Oper, da beide voreinander Angst haben und sich gegenseitig für „leibhaftige" Teufel halten. Sie beruhigen sich jedoch schnell, zumal sie sich bei genauem Hinsehen in ihrer unmittelbaren Emotionalität auch ähnlich und daher gewissermaßen füreinander vertraut und kalkulierbar sind.

Einen starken Kontrast bildet ebenfalls Sarastros Arie „In diesen heil'gen Hallen" zur vorhergehenden Arie „Der Hölle Rache kocht in meinem Herzen" der Königin der Nacht. Die gegensätzlichen Positionen und der unvereinbare Streit zwischen beiden werden auch auf musikalischer Ebene unterstrichen. Auffällig sind dabei die extrem auseinanderliegenden Stimmgattungen hoher Koloratursopran und tiefer Bass – das große F bildet einen deutlichen Gegenpol zum vier Oktaven höher liegenden dreigestrichenen f der Königin der Nacht – sowie schnelles Tempo und emotionale Dramatik gegenüber getragenem, liedhaftem Duktus. Die gegensätzliche Wirkung ist dadurch gesteigert, dass die Königin und Sarastro unmittelbar nacheinander auftreten.

Der Ausgang der „Zauberflöte"

Die meisten Inszenierungen der ZAUBERFLÖTE richten den Fokus im Finale auf den Sieg Sarastros und auf das glückliche Paar Pamina und Tamino, das die Prüfungen erfolgreich bestanden hat.

Für eine andere Schwerpunktsetzung – die um einiges spannender erscheint – hat sich der Regisseur Jens-Daniel Herzog zusammen mit dem musikalischen Leiter Nikolaus Harnoncourt in der oben bereits erwähnten Produktion der ZAUBERFLÖTE bei den Salzburger Festspielen 2012 entschieden. Er zieht die Grenze nicht zwischen Sonnen- und Nachtreich, zwischen Schwarz und Weiß, sondern zwischen den Generationen. In Herzogs Inszenierung streiten sich Sarastro und die Königin der Nacht noch um das Machtsymbol der Herrschaft, den „siebenfachen Sonnenkreis", während die beiden jungen Paare Pamina/Tamino und Papagena/Papageno bereits mit der Gestaltung der Zukunft beschäftigt sind: In Kinderwagen ist die nächste Generation schon auf der Bühne präsent; Papageno und Papagena hatten es sich ja in ihrem Duett expressis verbis gewünscht. Die Paare wenden sich einander zu und verlassen frohgemut gemeinsam die Bühne – offensichtlich im intensiven Austausch über künftige Fragen der Kindererziehung. In dieser Inszenierung bilden soziale Unterschiede keine Hürde mehr; die Abgrenzung erfolgt gegenüber Streit und Unfrieden in der Elterngeneration. Am Ende dieser ZAUBERFLÖTEN-Inszenierung siegen Liebe und Mitmenschlichkeit der jungen Generation – ein interessanter und ein ressourcenorientierter Interpretationsansatz, der sicher auch Mozart gefallen hätte.

Resümee

Mozart und Schikaneder ging es in der ZAUBERFLÖTE wohl um Menschlichkeit und Toleranz, um Frieden und Freiheit. Unabhängig davon, in welcher Ordnung wir leben und welcher Philosophie oder Weltanschauung wir anhängen, macht uns das Spielerische der Musik frei, zu handeln und uns selbst zu finden. Dies betrifft alle Menschen und deshalb spricht DIE ZAUBERFLÖTE auch alle Menschen an. Nicht zufällig hatte Ingmar Bergman während der Ouvertüre der ZAUBERFLÖTE im Publikum Menschen unterschiedlichen Alters, kultureller Herkunft und Hautfarbe gefilmt.

Die zentrale Botschaft der ZAUBERFLÖTE lautet: Musik hilft dem Menschen, seine Aufgaben im Leben zu meistern, und sie hat Zauberkraft, wenn wir sie zu nutzen wissen.

Hermann Hesse hat dies – inspiriert von seiner lebenslangen Beschäftigung mit der ZAUBERFLÖTE – im folgenden Gedicht „Flötenspiel" (1940) zum Ausdruck gebracht:

Flötenspiel
Ein Haus bei Nacht durch Strauch und Baum
Ein Fenster leise schimmern ließ,
und dort im unsichtbaren Raum
ein Flötenspieler stand und blies.

Es war ein Lied so altbekannt,
es floss so gütig in die Nacht,
als wäre Heimat jedes Land
als wäre jeder Weg vollbracht.

Es war der Welt geheimer Sinn
In seinem Atem offenbart,
und willig gab das Herz sich hin,
und alle Zeit ward Gegenwart.

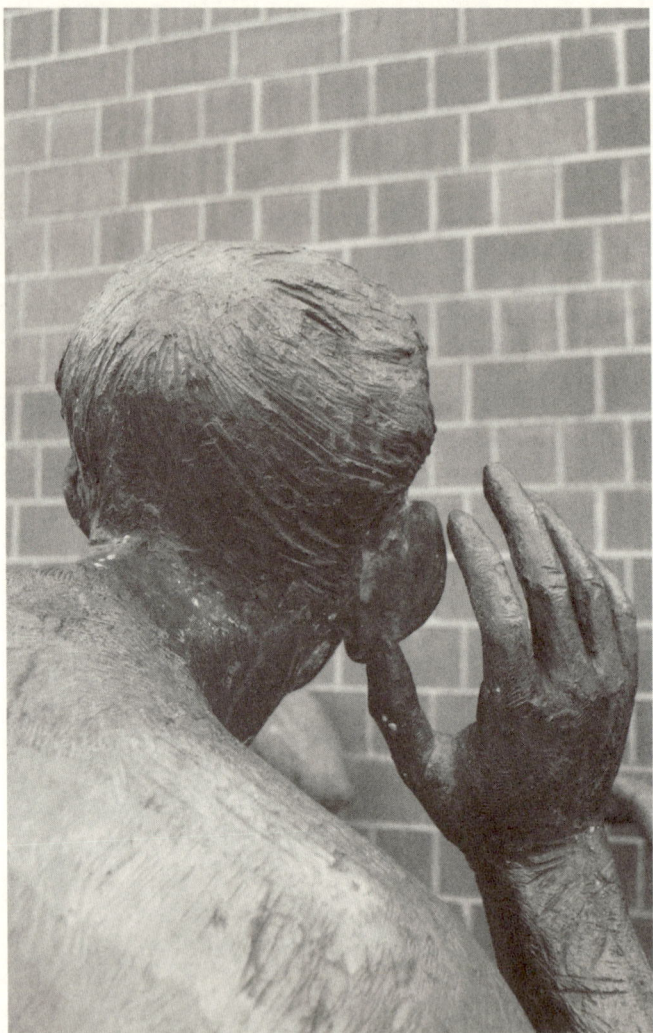

6 Das Ohr – Tor zur Seele

Wenn wir uns mit dem Ohr und seiner Verbindung zu unserem Seelenleben beschäftigen, sind vorab die folgenden drei Aspekte zu klären: *Was, warum* und *wie* arbeitet unser Ohr?

Was macht das Ohr?

Unser Ohr nimmt Schallwellen, wie beispielsweise ein Musikstück, als Luftdruckschwankungen (mechanische Energie) auf, formt sie in Nervenimpulse (elektrische Energie) um und leitet sie in dieser Form an das Gehirn weiter, wo das Gehörte wahrgenommen wird. Den Vorgang, der bei dieser Form der Schallwahrnehmung geschieht, nennt man Hören, die Sinnesqualität ist der Gehörsinn, das Organ, in welchem der Vorgang stattfindet, ist das Ohr.

Wie Jürgen Hellbrück und Wolfgang Ellermeier in ihrer Monografie HÖREN aus dem Jahr 2004 ausführen, werden durch das Ohr „aus Schallwellen Hörempfindungen, Sprache und Musik, aber auch Krach und Lärm". Damit vermittle das Ohr ästhetisch und emotional höchst gegensätzliche Eindrücke.

Warum macht dies das Ohr?

Der Prozess des Hörens beginnt bereits im Mutterleib, da der Fötus schon in den letzten Wochen der Schwangerschaft, in denen das Hörsystem bereits ausgereift ist, akustische Informationen aus seinem Umfeld wahrnehmen kann.

Das Ohr ist ein sehr sensibles „Warnorgan", ohne das wir „in Gefahr" nicht so gut überleben könnten. Diese Feststellung lässt sich dadurch begründen, dass das Gehör

Tag und Nacht aktiv ist und uns vor Gefahren aus weiter Ferne und in der Dunkelheit warnen kann. Es erschließt akustisch den Raum hinter uns und hat in diesem Sinne die Funktion eines akustischen Rückspiegels.

Das Gehör ist zudem essenziell an der sprachlichen Kommunikation und damit auch an der mündlichen Überlieferung beteiligt. Das Ohr vermittelt über den sprachlichen Ausdruck, die sog. Prosodie (Tonhöhe und -dauer, Rhythmus und Lautstärke), den emotionalen Gehalt des Gesprochenen (s. Kap. 7). Durch die Sprache und die prosodischen Parameter, die sich genauso auch in der Musik wiederfinden, ist das Ohr also *das* „Einfallstor" für Emotionen (s. Kap. 1).

Wie macht dies das Ohr?

Anatomisch zeigt das Hörorgan einen dreiteiligen Aufbau mit dem Außenohr (Ohrmuschel, äußerer Gehörgang), dem Mittelohr (Trommelfell, Gehörknöchelchen, Mittelohrmuskeln) und dem Innenohr, welches die eigentlichen Sinneszellen, die Haarzellen, in der Hörschnecke enthält. Die Haarzellen haben sowohl Nervenfasern, welche die Informationen zum Gehirn leiten, sog. Afferenzen (vom lateinischen afferre = hinbringen), als auch solche, die Informationen vom Gehirn zum Ohr leiten, sog. Efferenzen (vom lateinischen efferre = herausbringen). Letztere sind vermutlich die anatomische bzw. physiologische Grundlage, dass wir die Empfindlichkeit unseres Ohres – in gewissen Grenzen – einstellen können: Hinhören (Lauschen) bei leisen Tönen, Dämpfen bei lauten Tönen. Verschiedene Tonhöhen werden an unterschiedlichen Orten in der Hörschnecke abgebildet: die hohen Töne bis ca. 20.000 Hertz (Hz) direkt unten in der basalen Windung der Schnecke, die tiefen Töne bis hinunter zu ca. 20 Hz an der Schneckenspitze. Die Tonunterscheidungsfähigkeit ist sehr präzise, sie liegt bei

1000 Hz bei etwa 3–4 Hz. Musikalisch entspricht dieser Tonhöhenunterschied (bei gleichstufig temperierter Stimmung) etwa $\frac{1}{32}$ eines Ganztones. Das Ohr hat zudem einen großen Dynamikumfang. Es kann sehr leise Töne an der Hörschwelle ebenso wahrnehmen wie laute Töne von 120 Dezibel (dB).

Das Ohr ist durch seine physiologischen Gegebenheiten ein Spezialist für die leisen Töne und – die seelisch bedeutsamen – Zwischentöne. Wir hören ganz genau am Klang der gefährlich leisen und heiseren Stimme von Marlon Brando (dt. Synchronstimme: Gottfried Kramer) in der Rolle des Don Vito Corleone im PATEN von Francis Ford Coppola, wie und was er meint, wenn er sagt: „I'm gonna make him an offer he can't refuse" (Ich mache ihm ein Angebot, das er nicht ablehnen kann). In ähnlicher Weise sind wir in der Lage, das leise, bedrohliche Knurren eines Hundes richtig zu interpretieren. Nicht das laute Bellen ist das Warnsignal, sondern es sind dessen leise Vorboten.

Wie stark das Ohr mit dem Gehirn und der Psyche verbunden ist, zeigen die kulturübergreifenden Phänomene der sog. Ammensprache (engl. Motherese) und die Wiegenlieder. Sie führen zu einer direkten Beeinflussung des vegetativen Nervensystems, welches in unserem Körper beispielsweise die Atem- und Herzfrequenz oder den Blutdruck steuert. Bei den Wiegenliedern ist zumeist eine Herunterregulierung dieser Parameter zu beobachten. Jedoch kann durch das Hören besonders aufregender Musik genau das Gegenteil bewirkt werden. So wird beispielsweise der „Walkürenritt" aus DIE WALKÜRE von Richard Wagner von Francis Ford Coppola in einem weiteren seiner sehr berühmten Filme, APOKALYPSE NOW, perfide – in Puls und Blutdruck steigernder Weise – als Filmmusik verwendet, um kriegerische Handlungen und deren Vorbereitung in aufputschender Art zu untermalen (s. Kap. 8).

Der Gehörsinn

Der zu seiner Zeit sehr bekannte und als scharfzüngig gefürchtete New Yorker Kritiker William James Henderson (1855–1937) billigte schon vor über einhundert Jahren in der Zeitschrift „The Sun" dem analytischen Hören ein hohes Maß an Objektivität zu. Er stellte klare Richtlinien auf, welche die Beurteilung einer Stimme rein auf den Höreindruck stützte. Er formulierte:

> „[…] Ob eine Sängerin eine durchweg ausgeglichene Stimme hat, ob ihre tiefen Töne weiß oder kehlig klingen […], ob ihre Koloratur brüchig, verkrampft oder schwerfällig ist, ob ihre Melodielinie durch eine unkünstlerische Phrasierung ruiniert wird, ob sie sauber singt oder nicht, ob sie die Musik so ausführt, wie sie in den Noten steht oder wie es ihr selbst in den Sinn kommt – dies sind keine Fragen der Meinung, dies sind Tatsachen. Kurz gesagt, nichts ist offensichtlicher als das Resultat, welches in einer künstlerischen Aufführung technisch erreicht werden kann, und die einzige Frage, die überhaupt bezüglich einer Kritik gestellt werden kann, ist: ‚Hat der Kritiker richtig gehört?'"

Heute ist – bedauerlicherweise – eine Verlagerung von der sprachlichen auf die visuelle Information, vom Wort auf das Bild, vom Ohr zum Auge festzustellen. Gottfried Boehm bezeichnete diese Verschiebung als „iconic turn". Sie ist erst seit einer kurzen Zeitspanne in der Menschheitsgeschichte zu beobachten. Insbesondere einhergehend mit einer „Flut der Bilder" in den Medien kommt es bei vielen Menschen zu einer Abnahme konkreter Hörerfahrungen und damit zu einem Verlust der Sensibilität für differenzierte musikalische Höreindrücke.

Der Gehörsinn scheint trainierbar zu sein, wie wissenschaftliche Untersuchungen mehrerer Arbeitsgruppen nahelegen. Dee Nikjeh und Mitarbeiter konnten im Vergleich von Musikern und Nichtmusikern eine bessere Tonunterscheidungsfähigkeit bei den Musikern nachweisen; die Arbeitsgruppe um Gert Hofmann fand darüber hinaus, dass bei Geigern die Tondiskriminationsfähigkeit besser war als bei Bläsern und Sängern.

Der Gehörsinn, das musikalisch analytische Hören, wird durch aktives Singen jedoch nicht isoliert, sondern zusammen mit der Körperwahrnehmung, der sogenannten kinästhetischen Kontrolle, geschult, wie eine weitere wissenschaftliche Untersuchung der Arbeitsgruppe um Dirk Mürbe zeigt. Sie untersuchten Gesangsstudierende zu Beginn und am Ende des Studiums und fanden, dass sich die Intonationssicherheit im Störgeräusch im Verlauf des Studiums durch das Training verbesserte.

Über das Ohr vermittelte Wirkung von Musik

Eine Zeit lang glaubte man, dass Musikhören zu einer Steigerung der Intelligenz führen würde. Diese – mittlerweile widerlegte – Annahme ging auf eine Studie von Frances Rauscher und Mitarbeitern zu Musik, Intelligenz und Gedächtnis aus dem Jahr 1993 zurück, die im überaus renommierten Wissenschaftsjournal „Nature" veröffentlicht wurde. Unter dem reißerischen Titel: „Mozart-Effekt" – der nicht von den Autoren der wissenschaftlichen Publikation stammte – erregte sie in den Medien großes Aufsehen.

Heute geht man nach zahlreichen Folgestudien, u.a. von Frances Rauscher selbst, davon aus, dass sich nicht die Intelligenz durch Mozarts Musik dauerhaft verbessert, sondern die durch die Musik ausgelöste positivere Stimmung die Steigerung der räumlichen Intelligenz erklärt. Immerhin bleibt die – nunmehr wissenschaftlich abgesicherte – Erkenntnis, dass Musik stimmungsaufhellend wirken kann!

Ein eindrucksvolles Beispiel über die ohrvermittelte Wirkung von Musik wird im mit acht Oscars ausgezeichneten Film AMADEUS von Milos Forman aus dem Jahr 1984 beschrieben:

> Der alte Antonio Salieri, der nach einem Suizidversuch in einem Irrenhaus lebt, schildert gegenüber einem jungen Pater, der zu ihm kommt, um ihm die Beichte abzunehmen, die seelische Wirkung, die Mozarts Musik auf ihn hat. Zunächst spielt Salieri dem Pater auf einem Clavicord eigene Erfolgsmelodien vor, welche dieser alle nicht kennt; als er dann jedoch den Beginn der Mozart'schen „Kleinen Nachtmusik" (Serenade Nr. 13 für Streicher in G-Dur KV 525) anspielt, singt der Pater begeistert mit und sagt, diese Musik sei voller Anmut: Die Wirkung von Mozarts Musik kennt er also! Salieri schildert ihm dann seine erste persönliche Begegnung mit Mozart, den er zuvor immer verehrte, den er aber in der Realität des persönlichen Kontakts als absolut „degoutant" erlebte. Aber seine Musik …! Fast entrückt beschreibt er den Anfang der Gran Partita (Serenade Nr. 10 in B-Dur KV 361): Über simple pulsierende Akkorde der Fagotte und Bassetthörner – Salieri spricht von einem beinahe komischen Klang, der an eine verrostete Quetschkommode erinnert – erhebt sich plötzlich hoch darüber eine Oboe, eine kleine Melodie, die sich nicht verändert, bis sie dann von einer Klarinette aufgenommen wird und in eine Phrase unbeschreiblichen Entzückens überleitet: Salieri ist tief berührt von dieser Musik. Er ist durchflutet von einem unerfüllbaren Verlangen – es kam ihm vor, als hörte er die Stimme Gottes!

Solche Poesie kann Musik über das Ohr vermitteln. Eine andere Wirkung, die direkt über das Ohr vermittelt wird, ist der „Gänsehaut-Effekt" (Chill-Reaktion), mit dem sich die Arbeitsgruppe um Eckart Altenmüller intensiv befasst hat. Hier spielen Botenstoffe im Körper (Hormone, vor allem die Neurotransmitter Dopamin und Endorphin) eine wichtige Rolle. Als Auslöser für die Gänsehaut beim Hören von Musik konnten besonders dynamische Veränderungen, die plötzlich auftreten, festgestellt werden. Die Musik, die zu Chill-Reaktionen führen kann, ist stark vom individuellen Musikgeschmack abhängig – von Bach bis Heavy Metal ist Vieles denkbar. Als prägnantes Beispiel aus dem Bereich der klassischen Musik kann der Beginn von Joseph Haydns DIE SCHÖPFUNG (Hob. XXI:2) dienen: Nach der Beschreibung des Chaos im Vorspiel, in c-Moll gehalten, folgt nach kurzer rezitativischer Einführung von Raphael („Im Anfange schuf Gott ...") das Rezitativ des Chores – *sotto voce* gesungen (ital. wörtlich: „unter der Stimme"; Veränderung der Klangfarbe hin zu einem leisen, gedämpften Klang): „[...] und Gott sprach: es werde Licht, und es ward ...", dann im Fortissimo und in strahlendem C-Dur mit vollem Orchester das Wort: „Licht!" – dieser akustische „Lichtblitz" hat wahrlich eine Gänsehaut verdient.

Über die beschriebenen Effekte hinaus hat sich die Musikwirkungsforschung mit ganz unterschiedlichen ohrvermittelten Effekten wie dem Käuferverhalten, der Fahrsicherheit im Auto, der Milchleistung von Kühen und Anderem mehr befasst. Dem an diesen Themen interessierten Leser sei für einen aktuellen Überblick der bisher bekannten wissenschaftlichen Untersuchungen der Titel MUSIKPSYCHOLOGIE: DAS NEUE HANDBUCH von Herbert Bruhn, Reinhard Kopiez und Andreas C. Lehmann empfohlen.

Man kann also mit Fug und Recht behaupten, dass es einen engen Zusammenhang zwischen Ohr und Seele gibt. Ganz so, wie es der Hörforscher Gerald Fleischer kurz und prägnant formulierte: „Die Seele hängt am Ohr."

Exkurs

Ohr und Seele in der griechischen Mythologie

Schon in der griechischen Sagenwelt wird im Zusammenhang mit Homers ODYSSEE die emotional überaus starke Wirkung des Musikhörens beschrieben. Die Geschichte ist wohlbekannt: Die Sirenen lockten mit ihren betörenden Singstimmen und ihrem unwiderstehlichen Gesang alle vorbeifahrenden Seeleute an, um sie zu töten. Nach Homers Beschreibung durchbrach Odysseus diesen Fluch, indem er sich am Mast festbinden ließ und seiner Mannschaft befahl, sich die Ohren zu verstopfen – wie es ihm die Zauberin Kirke geraten hatte.

Der Schriftsteller Sten Nadolny greift in seinem im Jahr 1996 erschienen Roman EIN GOTT DER FRECHHEIT ebenfalls ein Thema aus der griechischen Mythologie auf, welches sich in höchst kreativer und spannender Weise des Ohres als Tor zur Seele und des Denkens annimmt. Hier ist es Hermes, der Bote zwischen den Welten der Götter und der Menschen – von Nadolny auch als Gott der Kaufleute, der Diebe und der geraubten Küsse bezeichnet –, der die erstaunliche Fähigkeit besitzt, in die Gehirne von Menschen einzudringen, indem er durch das Ohr in das Geistesorgan hineinspringt. Versucht man eine stark geraffte Synopsis dieses Werkes, so führen die Erlebnisse von Hermes, die er in den Köpfen von Schmieden, Musikern und Neurochirurgen in der modernen Welt des Jahres 1990 erfährt – in welches er nach 2187 Jahren Gefangenschaft hineingeworfen wird –, zu der Erkenntnis, dass das lebenswichtige Element der Frechheit, von dem nur Zynismus und Skrupellosigkeit überlebt zu haben scheinen, wieder in etwas Göttliches zurückverwandelt werden muss.

Lärm versus Stille

Zur Hörqualität „Krach und Lärm" hat schon Wilhelm Busch treffend gereimt: „Musik wird oft nicht schön gefunden, weil sie stets mit Geräusch verbunden."

Lärm ist ein durchaus vielschichtiger Begriff, der sehr unterschiedliche Autoren – von Seneca bis Robert Gernhardt – zu interessanten Texten angeregt hat. Er wird seit dem 19. Jahrhundert in Anlehnung an den biblischen Psalm 21 („Warum toben die Heiden") mitunter auch als „Heidenlärm" bezeichnet. Etymologisch hat er eine enge Verwandtschaft zu „Alarm". Beide Begriffe leiten sich vom französischen „alarme" = „Gefahrenmeldung, Warnzeichen" ab, das seinerseits aus einer Zusammenrückung der italienischen Wörter für „alla" = Präposition a mit Artikel la und „Waffe" = „arma" besteht.

Als Tonbeispiel für einen solch „aufgeregt-lärmigen Alarm" kann man sich IL TROVATORE von Giuseppe Verdi zu Gemüte führen und speziell die Stretta der Arie „Di quella pira" anhören. Hier ruft der Held, Manrico, mit seinem berühmt-berüchtigten „hohen C" am Schluss seine Gefährten (in der Oper den erregt mitsingenden Chor) zu den Waffen: „All'armi! all'aaaaaaaaarmi!" – dieses hohe C ist natürlich kein Lärm! Aber laut ist es schon – schaurig-schön-gänsehauterzeugend! Interessanterweise hatte Verdi an dieser Stelle gar kein c", sondern ein g' komponiert. Es soll Enrico Tamberlick, berühmter Startenor der Verdi-Zeit, gewesen sein, der es eingeführt hat. Dem Publikum gefiel es sehr gut! Seit Tamberlick sind alle Tenöre bemüht, diesen hohen Ton „einzulegen", sodass sich im Laufe der Geschichte der Eindruck verfestigte, dass das hohe C zum Stück gehöre. Wie Thomas Seedorf zu Recht anmerkt, wurde so aus „der Möglichkeit, den hohen Ton einzulegen, im Laufe der Aufführungsgeschichte ein Zwang mit vielerlei Konsequenzen: Tenöre ohne sicheres C wollten, ja durften auf den Effekt eines abschließenden Spitzentons nicht verzichten und transponierten das Stück daher um einen halben oder sogar ganzen Ton nach unten. Die Fetischisierung eines einzelnen Tons wurde so zum Anlass, das Gefüge der Verdi'schen Musik zugunsten eines vom Komponisten nicht vorgesehenen elektrisierenden Effekts vollkommen zu verändern".

Die zum Themenkomplex Lärm gehörende DIN-Norm (1320) ist interessant und keinesfalls trivial formuliert: „Lärm ist störender Schall, der die Stille oder eine gewollte Schallaufnahme stört oder der zu Belästigungen (Lärmbelästigung) oder Gesundheitsschädigungen (Lärmschädigung) führt." Störender und belästigender Lärm ist demzufolge nicht zwingend an eine große Lautstärke gebunden, er kann alles sein: ein tropfender Wasserhahn oder der Rasenmäher des Nachbarn in einiger Entfernung. Oder auch der bellende Hund, dem Kurt Tucholsky in seinem Text ZWEI LÄRME, welchen er 1925 unter dem Pseudonym Peter Panter in der Weltbühne veröffentlichte, ein Denkmal gesetzt hat: „[...] Was am dauernden Hundegebell aufreizt, ist das völlig Sinnlose. [...] das stundenlange, nicht ablassende, immer auf einen Ton gestellte Gebell – das ist bitter. Es zerhackt die Zeit. [...]" Es kann jedoch ebenfalls die Musik sein, die man nicht mag. Diese ist bei Tucholsky der „zweite" Lärm, da er weiter formuliert: „Ich möchte einmal da leben, wo es kein Hundegebell und kein Klavierspiel gibt."

Lärmschädigungen des Ohres hängen stark davon ab, „wie viel" und „wie lange" das Ohr Lärm ausgesetzt ist, wie in Claudia Spahns Buch MUSIKERGESUNDHEIT IN DER PRAXIS ausführlich beschrieben wird.

Natürlich werden unter Lärm auch laute Schallereignisse wie Straßenlärm, Industrielärm oder laute Musik subsumiert. Welche Musik dabei als Lärm empfunden wird, ist sehr subjektiv: Der eine empfindet Heavy Metal als Lärm, der andere eine Symphonie von Gustav Mahler.

Das Gegenteil von Lärm ist Ruhe und Stille. Hieran mangelt es in unserer westlichen Gesellschaft massiv. Rigo Baladur, ein unter Pseudonym schreibender Mediziner, hat über den Verlust der Stille eine lesenswerte Monografie verfasst: DER STILLE TOD. Viele Menschen suchen nachgerade die innere und äußere Ruhe und ziehen sich für eine gewisse Zeit in die Abgeschiedenheit eines Klosters zurück. Dies kann sicherlich sehr wohltuend sein!

Man sollte jedoch bedenken, dass ein permanenter Rückzug in die Stille auch Probleme mit sich bringen kann. So dokumentiert der Film DIE GROSSE STILLE von Philip Gröning aus dem Jahr 2005 das Alltagsleben der Mönche im Mutterkloster des Kartäuserordens – Le monastère de la Grande Chartreuse. Wichtige Charakteristika dieser klösterlichen Lebensgemeinschaft sind das Schweigen und die Einsamkeit.

Jeder, der die 167 (sic!) Minuten des Films gesehen hat, erfuhr es am eigenen Leib: Schweigen kann beklemmend sein! Es fällt den meisten Menschen schwer, da es Verzicht auf die zwischenmenschliche Kommunikation bedeutet.

Kurt Tucholsky irrte, als er in seinem TRAKTAT ÜBER DEN HUND, SOWIE ÜBER LERM UND GERÄUSCH am Ende folgendes Stoßgebet zum Himmel schickte: „Lieber Gott, gib mir den Himmel der Geräuschlosigkeit. Unruhe produziere ich allein. Gib mir die Ruhe, die Lautlosigkeit und die Stille. Amen."

Es scheint vielmehr sinnvoll, zu lernen, ein genügendes Maß an Stille und Ruhe im Alltag zu finden!

Wenn das Ohr nicht funktioniert

Wie stark ist unser seelisches Wohlbefinden beeinträchtigt, wenn das Ohr vorübergehend oder dauerhaft nicht richtig funktioniert? Die Antwort ist recht einfach und pauschal: sehr erheblich! Das Ausmaß der Einschränkung wird vor allem dadurch bestimmt, inwieweit die zwischenmenschliche Kommunikation betroffen ist. Deren existenzielle Bedeutung durch das Hören wurde treffend in die Worte gefasst: „Nicht Sehen trennt von den Dingen. Nicht Hören von den Menschen." Dieser Satz wird Emanuel Kant zugeschrieben.

Ein Betroffener, den fast jeder kennt, war Ludwig van Beethoven (1770–1827). Er litt etwa ab seiner Lebensmitte unter einem progredienten Hörverlust, welcher sich so verschlechterte, dass er schließlich taub wurde und nur noch schriftlich mittels seiner KONVERSATIONSHEFTE kommunizieren konnte. Es gibt von ihm ein sehr bewegendes Dokument, in welchem er 1802 vor allem die sozialen und psychischen Folgen dieser Höreinschränkung schildert: das sogenannte HEILIGENSTÄDTER TESTAMENT. Er hatte dieses Testament an seine Brüder adressiert, aber nie abgeschickt. Es fand sich in Beethovens Nachlass und wurde bei der Inventarisierung seiner Musikalien entdeckt. Wahrscheinlich war der Anlass der Niederschrift dieser sehr persönlichen Gedanken, dass er auf einer Wanderung, die er mit seinem Schüler Ferdinand Ries in der Umgebung von Heiligenstadt unternahm – wo er sich zur Kur aufhielt, um Unterleibsbeschwerden zu kurieren –, die Flöte eines Hirten nicht mehr hörte, auf die ihn Ries aufmerksam gemacht hatte. Beethoven war zu diesem Zeitpunkt erst 31 Jahre alt. Aus jeder Zeile des HEILIGENSTÄDTER TESTAMENTS sprechen seine Verzweiflung und Isolation (Auszüge nach dem Faksimile; die Orthografie und Interpunktion entsprechen derjenigen des handschriftlichen Originals):

„O ihr Menschen die ihr mich für feindselig störrisch oder/Misantropisch haltet oder erkläret, wie unrecht thut ihr mir/ihr wißt nicht die geheime urßache von dem; was euch so/scheinet, mein Herz und mein Sinn waren von Kindheit/an für das Zarte Gefühl des wohlwollens, selbst große/Handlungen Zu verrichten dazu war ich immer aufgelegt,/aber bedenket nur daß seit 6 jahren ein heilloser/Zustand mich befallen, durch unvernünftige ärzte verschlimmert/von Jahr zu Jahr in der Hoffnung gebessert zu werden,/betrogen, endlich zu dem uberblick eines dauernden/Übels [daß durchstrichen] (dessen Heilung vielleicht jahre dauern oder/gar unmöglich ist) gezwungen, mit einem feuerigen/Lebhaften Temperamente gebohren selbst empfäng-/lich für die Zerstreuungen der Gesellschaft, muste ich früh/mich absondern, einsam mein Leben zubringen, wollte/ich auch Zuweilen mich einmal über alles das hinaussetzen,/o wie hart wurde ich dur[ch] die verdoppelte trauerige/Erfahrung meines schlechten Gehör's dann Zurück-/gestoßen, und doch war's mir noch nicht möglich den/Menschen zu sagen: sprecht lauter, schrejt, den/ich bin taub, ach wie wär es möglich daß ich dann die/Schwäche eines Sinnes angeben sollte; der bej mir in/einem vollkommenern Grade als bej andern sein sollte,/einen Sinn denn ich einst in der größten Vollkommenheit/besaß, in einer Vollkommenheit, wie ihn wenige von/meinem Fache gewiß haben noch gehabt haben – o ich/kann es nicht, drum verzeiht, wenn ihr mich da zurück-/weichen sehen werdet, wo ich mich gerne unter euch mischte/doppelt wehe thut mir mein unglück, indem ich dabej verkannt/werden muß, für mich darf Erholung in Menschlicher Gesell-/schaft, feinere Unterredungen, wechselseitige Ergießun-/gen nicht statt haben, ganz allein fast nur so viel/als es die höchste Not-wendigkeit fordert, darf ich mich in gesell-/schaft, einlassen, wie ein Verbannter muß ich leben, nahe ich mich/einer Gesellschaft, so über-fällt mich eine heiße ängstlich-/keit, indem ich befürchte in Gefahr gesetzt zu werden, meinen/Zustand merken zu lassen [...]"

Welch' eindrückliche und ungeschminkte Darstellung! Sie enthält quasi wie an einer Schnur aufgereiht eine ganze Liste möglicher Schlüsselsätze und -wörter, welche die Ver-bindung zwischen dem Gehörsinn und der menschlichen Psyche zeigen. Das Ganze ist „gewürzt" mit einem gewis-sen Maß an „Ärzteschelte" – wie menschlich!

All diese Empfindungen und Empfindlichkeiten treffen leider auch heute noch auf weniger prominente Menschen zu, die unter einer Schwerhörigkeit leiden.

Wenn man „zu viel" hört …

Es ist jedoch auch möglich, dass jemand „zu viel" hört. Gemeint ist hier nicht, dass jemand neugierig an der Tür lauscht, sondern gemeint sind wirkliche Hörsensationen, die Menschen psychisch beeinträchtigen können.

Aus diesem Formenkreis sollen zwei Beispiele näher be-leuchtet werden: der Ohrwurm und die Ohrgeräusche.

Der Ohrwurm ist ein (fast) jedem bekanntes Phänomen, welches jedoch nicht leicht zu definieren ist. Jan Hemming hat eine Veröffentlichung ZUR PHÄNOMENOLOGIE DES ‚OHR-WURMS' vorgelegt. Er beschreibt unterschiedliche Blickwin-kel und Erklärungsversuche des Phänomens und kommt abschließend zu der Feststellung, dass der Ohrwurm eine unwillkürlich auftretende Erinnerung an zuvor durch An-hören memorierte Musik ist. Die Dauer der Wahrnehmung kann von Minuten bis Wochen reichen. Als Gegenstrategie bietet sich – laut Hemming – das Anhören bzw. Vorstellen anderer Musik an, gelegentlich hilft auch das Konzentrieren auf andere Tätigkeiten. Gut ist, dass Ohrwürmer in der Regel wieder genauso plötzlich verschwinden wie sie gekommen sind – Gott sei Dank!

Aber auch Ohrgeräusche, sog. Tinnitus (vom lateinischen tinnitus = das Klingeln, Geklingel) können ein lästiges „Zuvielhör"-Phänomen darstellen. Ein Tinnitus kann sehr unterschiedliche Ursachen haben und auch die wahrgenommenen Klänge sind sehr vielfältig: Sie reichen von tiefem Brummen über Rauschen bis hin zur Wahrnehmung konkreter, meist hochfrequenter Einzeltöne. Tinnitus ist in der Allgemeinbevölkerung recht weit verbreitet und kann so stark ausgeprägt sein, dass die persönliche Erlebnisfähigkeit massiv eingeschränkt ist. Er kann temporär oder auch dauerhaft vorhanden sein. Wenn ein Tinnitus anhält, kann er sich durchaus zu einem ernsten gesundheitlichen Problem entwickeln, wenn man Gesundheit so versteht, dass: „[…] ein genügendes Maß von Genuß- und Leistungsfähigkeit verblieben ist", wie es Sigmund Freud 1916/1917 in seinen VORLESUNGEN ZUR EINFÜHRUNG IN DIE PSYCHOANALYSE formulierte.

Nicht selten ist ein Tinnitus auch mit einer Einschränkung der Hörfähigkeit verbunden.

Neben Beethoven ist Bedřich Smetana (1824–1884) der zweite prominente Musiker des 19. Jahrhunderts, der dramatische Probleme mit seinem Hörvermögen hatte. Auch er ertaubte; zusätzlich litt er unter einem unangenehmen Tinnitus, der selbst nachdem er vollständig ertaubt war, für ihn weiterhin sehr störend blieb. Smetana hat diesen Tinnitus in einem musikalischen Werk, seinem Streichquartett Nr. 1 e-Moll, festgehalten. Es trägt den von Smetana gewählten Titel AUS MEINEM LEBEN. Smetana hat diesem Streichquartett ein konkretes „Programm" beigegeben, d.h. die einzelnen Sätze werden nicht nur mit den üblichen musikalischen Begriffen (Allegro etc.) bezeichnet, sondern Smetana hat zu jedem Satz Erläuterungen hinzugefügt. Der 1. Satz (Allegro vivo appassionato) wird mit Kunstliebe in der Jugend und ungestillter Sehnsucht nach dem Unaussprechlichen, der 2. Satz (Quasi Polka) mit der fröhlichen Jugendzeit und der 3. Satz (Largo sostenuto) mit der Seligkeit der ersten Liebe umschrieben. Besonders interessant ist für uns der finale 4. Satz (Vivace). Hier geht es um Nationalmusik und Erfolge, dann die Katastrophe: beginnende Taubheit, Hoffnung, Resignation. Hier stellt der Komponist auch seinen Tinnitus dar: Nach sehr bewegten – fast chaotisch anmutenden – Passagen spielt die 1. Violine abrupt ein hohes „E" im Flageolett über die Dauer mehrerer Takte, während die übrigen Instrumente in tiefer Lage tremolieren. Diese musikalische Darstellung ist ein Versuch Smetanas, dem Zuhörer seinen Tinnitus „hörbar" mitzuteilen.

Resümee

Wenn wir die verschiedenen Weisen, auf die das Hören unsere Seele erreicht, nochmals Revue passieren lassen, so wird deutlich: Höreindrücke erreichen uns ganz direkt. Evolutionsbiologisch erfüllt die Tatsache, dass wir die Hörkulisse um uns herum nicht einfach abschalten können, eine lebenswichtige Funktion. Die Erkenntnis, welche unterschiedlichen Spuren Gehörtes in unserer Seele hinterlässt, mag uns aber auch dazu ermutigen, Schönes in unser Ohr dringen zu lassen und dem Ohr und der Seele ab und zu etwas Ruhe zu gönnen. Das Ohr ist ein wesentliches Tor zu unserer eigenen Seele und zu der unserer Mitmenschen – dieses Wissen ist schon seit der Antike Gegenstand der Überlieferung. Für die Musik ist es unser „kostbarstes" Sinnesorgan und sollte von uns gehegt und gepflegt werden. Gemeinsam können wir die Ohren aufmachen und auf Empfang schalten, um Sprache, Kommunikation und Musik bewusst zu genießen.

Hoppe Hoppe Reiter

Liebe alte Kinderreime

mit Bildern
von Ingeborg Pietzsch

7 „Hoppe, hoppe Reiter" – Musik und Spracherwerb

Vom ersten Schrei bis zum letzten Wort: Das Leben jedes Menschen ist von Lautäußerungen eingerahmt, durchzogen und von Kommunikation geprägt. Ohne die Möglichkeit zu kommunizieren verkümmert der Mensch – Isolation kann als Folter verwendet werden und zu schweren psychischen Beeinträchtigungen führen.

Besonders die sprachliche Kommunikation ist für jeden Menschen essenziell. René Descartes (1596–1650), der große Mathematiker, Naturwissenschaftler und Philosoph, den Bertrand Russell (1872–1970, Nobelpreis für Literatur 1950) als „Begründer der modernen Philosophie" bezeichnete, formulierte sinngemäß, dass nur der Mensch über die Sprache verfüge und die Sprache Mensch und Tier voneinander unterscheide.

Nach heutigem Kenntnisstand kann diese Behauptung nicht mehr so apodiktisch aufrechterhalten werden, da bei unterschiedlichen Tier-Spezies wie beispielsweise den Singvögeln, Walen oder Affen (Gibbons) – um exemplarisch nur einige der bekanntesten herauszugreifen – Lautäußerungen einen festen Bestandteil des kommunikativen Alltagsrepertoires ausmachen (s. Kap. 4, Abschn. Gesang ist überall). Die Funktion dieser Laute reicht von der Abgrenzung des eigenen Reviers (Territorialverhalten) und der Demonstration der eigenen körperlichen Stärke und Gesundheit – der sogenannten reproduktiven Fitness – unter anderem zum Anlocken der Weibchen, über die Warnung vor Gefahren bis zum Hinweis auf geeignete Futterplätze. Diese Lautäußerungen werden im Sozialverband erlernt und stellen – einfache – Kommunikationssysteme dar. Beispielsweise verwenden und differenzieren Gibbons zahlreiche Variationen von „Hoo-Lauten", wie eine multinationale Forschergruppe in einer mehrere hundert Stunden umfassenden Beobachtungsstudie herausfinden konnte. Jan Osterkamp titelte bei der Präsentation der Studienergebnisse in der Zeitschrift „Spektrum der Wissenschaft" plakativ „Kleine Menschenaffen kennen 450 Vokabeln". Ob man diese Kommunikationsform wirklich als „Sprache" bezeichnen kann, hängt von der Begriffsdefinition ab (s. u.). Sprache als Grundlage abstrakten Denkens konnte bisher bei keiner der bekannten Tierarten nachgewiesen werden. Wenn wir also dem Gedanken Descartes' folgen, der dem Denken im Allgemeinen mit der sprichwörtlich gewordenen Feststellung „Cogito ergo sum – Ich denke, also bin ich" eine entscheidende Rolle zuwies, dann ist Sprache eine zutiefst menschliche Fähigkeit.

Da die Sprache für den Menschen ein konstituierendes Element seines Menschseins darstellt, ist es umso alarmierender, wenn Kinder eine Störung der Sprachentwicklung aufweisen. Im Folgenden sollen deshalb – nach einigen hinführenden Bemerkungen zum Begriff Sprache und zum Spracherwerb – die Bedeutung und der Einfluss von Musik auf die Sprache und die Wechselwirkung von Musik und Sprache skizziert werden. Dabei ist besonders die Frage von Interesse, was und wie die Musik dazu beitragen kann, eine gesunde Sprachentwicklung zu fördern.

Sprache

„Sprache" ist ein Oberbegriff, unter dem unterschiedliche Zeichen- und Kommunikationssysteme subsumiert werden. Der bedeutende Sprachwissenschaftler Ferdinand de Saussure (1857–1913) unterschied die menschliche Sprache zum einen in das biologische Vermögen des Menschen zu sprechen (*Langage*), zum anderen in das Sprechen als konkreten Sprechakt eines jeweiligen Sprechers (*Parole*).

Zusätzlich bezeichnete er Einzelsprachen, wie Deutsch, Englisch oder Finnisch, die ein abstraktes System von Regeln beinhalten, als *Langue*. De Saussure unterschied im Sprachgebrauch zusätzlich zwei Seiten eines Zeichens: eine akustische Seite und die Seite der Idee. Um dies zu präzisieren, führte er die Begriffe „*Signifié*" (Bezeichnetes) und „*Signifiant*" (Bezeichnendes) ein, die nach seiner Definition erst in Kombination ein Zeichen ergeben. Es klingt kompliziert, ist es aber nicht. Die Vorstellung (die Idee) von einer Sache, wie beispielsweise eines Nutellabrotes – mit all seinen köstlichen Implikationen –, das ein Vierjähriger gerne haben möchte (Vorstellung des Objektes = Signifié), wird durch das von ihm (Sender) ausgesprochene Wort „Nutellabrot" (Lautbild = Signifiant) von seiner Mutter (Empfänger und Interpret) wahrgenommen und in eine reale Handlung (Griff zum Nutellaglas) umgesetzt. Der Empfänger muss also das zu ihm gesendete Zeichen akustisch *und* inhaltlich richtig interpretieren, um es zu verstehen – dies lernt jedes Elternteil nach kurzer Zeit –, und das Nutellabrot wird geschmiert und anschließend mit Genuss verzehrt! Dieser simple Vorgang setzt natürlich voraus, dass man die Sprache des Senders versteht. Nur so kann man den Wert des sprachlichen Zeichens (*Valeur*) erfassen. In der praktischen Anwendung wird demzufolge die *Langue* zur *Parole*. Spannend wird es dann, wenn Sender und Empfänger unterschiedliche Sprachen sprechen, die nicht über die gleiche Begrifflichkeit verfügen. Beispielsweise kann der deutsche Begriff der „Sehnsucht" als Ausdruck des romantischen Geistes – des „Romantischen", wie Rüdiger Safranski in seiner Monografie ROMANTIK – EINE DEUTSCHE AFFÄRE formuliert –, nicht direkt ins Französische übersetzt werden, da es hierfür kein passendes Pendant gibt, „nostalgie", „ardeur" oder „désir" treffen es nicht ganz. Man muss den Begriff umschreiben; eine Möglichkeit im Falle der Sehnsucht ist der Term „L'Embarquement pour Cythère" – auf Deutsch wörtlich: „Die Einschiffung nach Kythera". Man hat sofort eine der drei Fassungen von Jean-Antoine Watteaus (1684–1721) berühmtem Gemälde „Pèlerinage à l'île de Cythère" vor dem geistigen Auge und kann das Sehnen der dargestellten Personen nach der Insel der Glückseligen (eben Kythera) gut nachempfinden – wobei offen bleibt, ob die Reisegesellschaft auf den Bildern erst dorthin gelangen will oder ob sie im Begriff ist, die Insel zu verlassen.

In unklaren Fällen muss ein Übersetzer eingeschaltet werden, der beide Sprachen sehr gut spricht und der in der Lage ist, zwischen ihnen zu vermitteln, also zu *interpretieren*. Nicht umsonst heißt ein Simultanübersetzer im Englischen „Interpreter". Wird etwas von einer anderen Sprache ins Deutsche übertragen, so ist der (veraltete) Begriff „verdeutschen" immer noch eine gute Beschreibung des Vorgangs. Natürlich muss jede Übersetzung, oder besser gesagt die Umformulierung einer Sprache in eine andere, immer so sinngemäß wie möglich erfolgen, damit das sprichwörtliche italienische „Traduttore-Traditore!" – Ein Übersetzer ist ein Verräter – nicht zu „wahr" wird.

Den vielschichtigen Begriff „Sprache" kann man aus den unterschiedlichsten Blickwinkeln zum Gegenstand der Betrachtung machen, wie aus der Sicht des Sprachwissenschaftlers (Linguist), der auf Sinn und Bedeutung sprachlicher Einheiten abzielt, des Philologen, der Schülern „tote" (Latein, Altgriechisch etc.) oder „lebende" Sprachen (Englisch, Französisch, Chinesisch etc.) beibringt, des Facharztes für kindliche Kommunikationsstörungen (Pädaudiologe), der den Spracherwerb in Abhängigkeit von der Hörfähigkeit eines Kindes abschätzt, des Musikers, der sich in der Sprache der Musik ausdrückt oder sie als Musikwissenschaftler erforscht, des Medienwissenschaftlers, der die Wirkung der Sprache der Bilder kalkuliert, des Regisseurs oder Schauspiellehrers, der auf die (nonverbale) Körpersprache (Mimik/Gestik) der Sänger und Darsteller auf der Bühne achtet, des IT-Spezialisten, der Programme in einer Computersprache verfasst usw.

Zudem können sehr unterschiedliche, mit „Sprache" assoziierte Begriffe wie Lautsprache, Schriftsprache, Gebärdensprache, Muttersprache, Fremdsprache, Fachsprache (manchmal auch von Menschen, die kein Chinesisch verstehen [s. u.], als „Fachchinesisch" bezeichnet) o. Ä. differenziert werden.

In der von de Saussure vorgeschlagenen Systematik steht aus musikalischer Perspektive vornehmlich die gesprochene Sprache, also *„La Parole"*, im Zentrum des Interesses. Dies gilt sowohl bei der Betrachtung der Sprachentwicklung im Laufe der Menschheitsentwicklung (Phylogenese) als auch beim Spracherwerb des einzelnen Individuums (Ontogenese). Bei der Entwicklung und Weitergabe der Sprache auf allen drei Ebenen, *Langage, Parole* und *Langue,* ist die Mündlichkeit (Oralität) sowohl phylogenetisch als auch ontogenetisch der vorherrschende Modus; die Schriftlichkeit (Literalität) kommt erst später, ergänzend, hinzu und stellt keine Grundbedingung für die Entwicklung und Weitergabe bzw. das Erlernen einer Sprache dar. Mündlichkeit ist in der Regel immer auch an die leibhaftige Anwesenheit eines Gegenübers, an einen persönlichen Kontakt mit einem anderen Menschen geknüpft. Die technische Entwicklung – die Erfindung des Telefons sowie der nachfolgenden modernen Kommunikationsmedien – hat hier allerdings Ausnahmen von dieser „goldenen Regel" geschaffen (s. Kap. 8).

Genuin musikalische Elemente der Sprache

„Musikalische Elemente" der Sprache werden als Prosodie (vom griechischen „prosodía" = Zugesang, Nebengesang) bezeichnet, wie Reinhart Meyer-Kalkus in seinem Buch

Stimme und Sprechkünste im 20. Jahrhundert schreibt. Sie bestehen im Wesentlichen aus den Parametern Tonhöhe, Lautstärke, Tondauer, Rhythmus, Tempo und Pause sowie Akzent. Da diese Parameter über die Segmente der Sprachen (z. B. eine Silbe) „gestülpt" werden, bezeichnet man sie auch als „suprasegmentale" Merkmale der Sprache. Sie dienen hauptsächlich dem Ausdruck von Affekten und Emotionen.

In Anlehnung an die Musikpraxis schrieb Friedrich Nietzsche (1844–1900) über die Prosodie:

„Das Verständlichste an der Sprache ist nicht das Wort selber, sondern Ton, Stärke, Modulation, Tempo, mit denen eine Reihe von Wörtern gesprochen wird, kurz, die Musik hinter den Worten, die Leidenschaft hinter dieser Musik, die Person hinter dieser Leidenschaft: Alles das also, was nicht geschrieben werden kann."

In ähnlicher Weise formuliert der Ich-Erzähler in Kurt Tucholskys Sommergeschichte Schloss Gripsholm über die tief greifende und lang anhaltende emotionale Wirkung von prosodischen Merkmalen prägnant und anschaulich:

„Es gibt Augenmenschen und es gibt Ohrenmenschen, ich kann nur hören. Eine Achtelschwingung im Ton einer Unterhaltung: das weiß ich noch nach vier Jahren. Ein Gemälde? Das ist bunt."

Es geht also in der Verbindung von Musik und Sprache wesentlich um akustisches Erkennen von Zwischentönen! Schon Charles Darwin (1809–1882) vermutete 1872 in The expression of the emotions in man and animals:

„[…] dass die Voreltern des Menschen wahrscheinlich musikalische Töne hervorbrachten, bevor sie das Vermögen der artikulierten Sprache erlangt hatten; und dass demzufolge, wenn die Stimme unter irgendeiner heftigen Erregung gebraucht wird, dieselbe vermöge des Prinzips der Assoziation einen musikalischen Charakter anzunehmen strebt."

Der Münchner Musikwissenschaftler Christian Lehmann weist in seiner in lexikalischer Verdichtung verfassten „Anthropologie des Singens" im LEXIKON DER GESANGSSTIMME darauf hin, dass die Idee eines gemeinsamen Ursprungs von Musik und Sprache wesentlich durch Jean-Jacques Rousseau geprägt wurde, nach dessen Vorstellung sich die Menschen der Urzeit in einer Einheit von „musique" und „langue" verständigten.

Der US-amerikanische Neurowissenschaftler Aniruddh Patel kommt in seinem Buch MUSIC, LANGUAGE, AND THE BRAIN schon im ersten Satz der Einleitung zu der simplen Feststellung: „Language and music define us as human" – dass also Sprache und Musik den Menschen als Mensch definieren. Gewagt, kurz, bündig und vermutlich zutreffend!

Anthropologisch konnte jedoch bisher wissenschaftlich nicht abschließend geklärt werden, ob sich zunächst die Sprache oder der Gesang ausgebildet hat. Eine Reihe von Wissenschaftlern haben sich aus unterschiedlicher Perspektive mit der Frage beschäftigt, welchen evolutionären Sinn oder Nutzen die musikalischen Elemente der Sprache und das Singen haben könnten. Da die prosodischen Elemente Lautstärke und Tonhöhe wesentlich am emotionalen Ausdruck einer menschlichen Lautäußerung beteiligt sind, ist es im sozialen Zusammenhang förderlich, wenn man frühzeitig – und aus sicherer Entfernung – erkennt, wann es „dicke Luft" in einer Gruppe gibt.

Über die Fähigkeit, den emotionalen Gehalt einer stimmlichen Äußerung anhand der intuitiven und auf Erfahrungen fußenden „Schnellanalyse" der Prosodie richtig zu deuten, verfügen Kinder schon, bevor sie den „Rest" der Sprache gelernt haben – wie der Erfurter Sprachwissenschaftler Christian Lehmann in PHONETIK UND PHONOLOGIE herausstellt. Damit ist die Prosodie eng mit der Empathie, der Fähigkeit, mit einem anderen Menschen mitzufühlen, verbunden. Für die frühkindliche psychische Entwicklung ist die emotionale Kontaktaufnahme zwischen Kind und Bezugsperson das entscheidende Agens. Wie wir – seit ihrer Entdeckung durch Giacomo Rizzolatti und Corrado Sinigaglia – wissen, spielen hierfür die Spiegelneurone eine wichtige Rolle, die uns zur Empathie befähigen.

Grundsätzlich ist davon auszugehen, dass sich entwicklungsgeschichtlich musikalische und sprachliche Fähigkeiten parallel entwickelt und gegenseitig befördert haben.

Spracherwerb

Die menschliche Sprache ist ein komplexes System, welches unterschiedliche Ebenen aufweist: Sprachmelodie und -dynamik (Prosodie); Aussprache (Artikulation), Bildung von Lauten und Einsatz von Sprachlauten im Sprachsystem (phonetisch-phonologische Ebene); Wortbedeutung, Wortschatz (semantisch-lexikalische Ebene); Wort- und Satzgrammatik (morphologisch-syntaktische Ebene) sowie den situationsangemessenen Gebrauch der Sprache in der Kommunikation (pragmatische Ebene). All diese Ebenen müssen erlernt werden: Wahrlich eine Mammutaufgabe, die Kinder jedoch in der Regel „mit links" bewältigen – sozusagen „beiläufig" neben dem Laufenlernen. Für diesen „normalen" Spracherwerb sind allerdings bestimmte Grundvoraussetzungen – unter anderem auch musikalisch benennbare – unabdingbar, die im Folgenden in ihren Grundzügen vorgestellt werden. Dem an einer detaillierten Darstellung interessierten Leser sei das Buch von Gisela Szagun Sprachentwicklung beim Kind empfohlen.

Normaler Spracherwerb

Die stimmliche und sprachliche Entwicklung während des
Kindesalters ist wissenschaftlich sehr gut untersucht. Der
erste Schrei des Säuglings ist bei der Geburt interessanterweise im Bereich des Kammertons a' angesiedelt (Frequenzbereich um 400 Hz) – dies haben durchaus seriöse Forscher
wie Robin Prescott und Harry Hollien in den 1970er Jahren tatsächlich gemessen! Der normale Spracherwerb kann
darauf zurückgreifen, dass in der Regel die Hörfähigkeit
seit Geburt (und schon davor; s. Kap. 6) vollständig entwickelt ist. Dies ermöglicht, dass Säuglinge bereits im ersten
Lebensjahr mit melodischen Konturen differenziert umgehen können, wie das Forscherpaar Mechthild und Hanuš
Papoušek herausfand. Auch ist die menschliche Stimme
schon beim Säugling funktionstüchtig und – wenn man an
Babys denkt, die stundenlang brüllen können, ohne je
heiser zu werden – äußerst leistungsfähig.

Die Sprachentwicklung verläuft in typischen Phasen,
die eng mit der motorischen Entwicklung jedes einzelnen
Kindes verknüpft sind. Die US-amerikanische Entwick-
lungspsychologin Anna Jean Ayres (1920–1988) hat für
das Zusammenspiel unterschiedlicher Sinnesqualitäten und
-systeme in der kindlichen Entwicklung den Begriff
der „sensorischen Integration" geprägt. Wie lange die Ent-
wicklungsphasen beim einzelnen Kind andauern und zu
beobachten sind, ist individuell unterschiedlich; deswegen
sind die Zeitangaben im folgenden Abschnitt keine Abso-
lutwerte, sondern Richtgrößen. Wie immer bei der Betrachtung von Statistik, die sich mit biologischen Prozessen und
insbesondere mit Menschen beschäftigt, gilt: „Häufiges ist
häufig und Seltenes ist selten" sowie „Ausnahmen bestätigen die Regel".

Zunächst probiert das Kind in den ersten Lebensmona-
ten seine stimmlichen und artikulatorischen Fähigkeiten

spielerisch aus, man spricht von der sogenannten *Lall-phase*. Etwa mit einem Jahr bildet das Kind dann erste Worte wie „Papa", „Mama", „Auto" oder „Ball". Man spricht hier auch von *Einwortsätzen*, da das Wort „Ball" je nach Kontext „Gib mir den Ball" oder „Ich möchte mit Dir Ball spielen" sowie das Wort „Mama" „Mama, komm bitte zu mir" oder „Das ist meine Mama" bedeuten kann. Im zweiten Lebensjahr treten dann *Zweiwortäußerungen* wie „Papa Auto" oder „Mama haben" hinzu, die ebenfalls je nach Kontext unterschiedliche Bedeutung besitzen; sie können Fragen, Feststellungen, Wünsche etc. ausdrücken. Fasst man die ersten 24 Monate der Sprachentwicklung zusammen, kann man grob vereinfacht sagen: Ein Kind spricht mit einem Jahr *Einwort-* und mit zwei Jahren *Zwei-wortsätze*. In der nächsten Phase entwickeln sich zuneh-mend Wortschatz und Grammatik. Spannenderweise erfin-den Kinder in der frühen Kindersprache übergangsweise eine „eigene" Grammatik, in der sie Funktionswörter – Martin Braine (1926–1996) nannte sie Pivot-Wörter (vom englischen „pivot" = Angelpunkt, fester Punkt) – mit Inhaltswörtern kombinieren. Diese Pivot-Konstruktionen führen bei Erwachsenen häufig ob ihrer ungeschminkten Direktheit zum Schmunzeln – wie beispielsweise „mehr Auto" („Ich möchte im Auto mitfahren") oder „mehr singen" („Papa, sing weiter"). Bis zum Ende des vierten Lebensjahrs ist der Erwerb der Lautsprache in den wesent-lichen Grundzügen abgeschlossen. Das heißt nicht, dass sich danach nichts mehr entwickelt oder verbessert, aber der „Rohbau" der Sprache steht. Dennoch braucht die Sprache dann noch einige Jahre, bis sie sich so gefestigt hat, dass man von einem „sicheren" Spracherwerb spre-chen kann, d. h. dass das bereits Erlernte nicht mehr durch äußere Einflüsse wie Wechsel des sprachlichen Umfeldes, in dem die erlernte Sprache nicht mehr gesprochen wird, oder dramatischer und negativer, durch Ertaubung bei

Krankheit (z. B. eine bakterielle Hirnhautentzündung) oder Unfallverletzung verloren geht. Von einem sicheren Spracherwerb kann man erst mit etwa acht Lebensjahren ausgehen.

Interessant ist, dass sich die Reaktionen der Erwachsenen an die sprachlichen Fähigkeiten eines Kindes phasengerecht anpassen, sofern die Eltern selbst nicht sozial und sprachlich völlig „daneben" sind. Auch der „coolste Typ", dem sonst (scheinbar) keine Emotionen zu entlocken sind, wird sein Verhalten schlagartig ändern und die coole Fassade fallen lassen, wenn er (s)ein wenige Tage oder Wochen altes Kind in den Arm gelegt bekommt: Er wird sich dem Gesicht des Kindes annähern, indem er seinen Oberarm so anhebt und seinen Kopf so beugt, dass der Abstand zwischen seinem Gesicht und dem des Kindes etwa 30 Zentimeter beträgt. Gleichzeitig wird er die Grundfrequenz seiner Stimme etwa um eine Oktave anheben und immer wieder mit kurzen, melodiös gedehnten Silben wie „ja" oder „da" versuchen, Kontakt mit dem Kind aufzunehmen. Wie dieses Beispiel zeigt, verwenden nicht nur Frauen prosodisch übersteigerte Elemente der sogenannten „Ammensprache" (Motherese; s. Kap. 6), sondern Männer verfügen gleichermaßen darüber und es sollte ihnen deshalb keinesfalls peinlich sein! Wie Dean Falk beschreibt, spielt die Prosodie dieser Ammensprache eine wesentliche Rolle für den Aufbau einer sicheren Bindung zwischen Kind und Bezugsperson (s. u.).

Anthony DeCasper und William Fifer fanden schon vor Jahrzehnten heraus, dass Säuglinge nicht nur die Stimme ihrer eigenen Mutter bevorzugen – was man mit gesundem Menschenverstand und der Kenntnis über die enge Bindung von Mutter und Kind vermuten konnte –, sondern dass sie auch in der Lage sind, unterschiedliche Sprachen voneinander zu unterscheiden. Dies gelingt ihnen, obwohl sie diese Sprachen selbst nicht kennen, wie Christine Moon und Mitarbeiter aus der Arbeitsgruppe von Fifer etwa ein Jahrzehnt später beschrieben.

Jeder Erwachsene ist in der Lage – und sollte auch dazu bereit sein! –, intensiv den Spracherwerb (s)eines Kindes zu fördern. Als ganz simples Beispiel kann das Erlernen des Wortes „Ball" herangezogen werden: Kind und Erwachsener sitzen gemeinsam auf dem Boden. Ein Ball wird hin- und hergerollt. Dieses Spiel wird vom Erwachsenen auf ganz intuitive Weise unablässig und sehr redundant mit Sprache begleitet: „Schau, da ist der BALL", „Gib mir den BALL", „Schau, wie schön der BALL ist" etc. Das kann sehr lange so gehen, bis das Kind schließlich nach dem x-ten Mal etwas artikuliert, was entfernt dem Wort Ball ähnelt: „al". Diese kindliche Äußerung wird sofort mit großer Freude, also starker positiver Emotion, vom Erwachsenen aufgegriffen und verstärkt: „Jaaah! Der BALL", und wieder häufig wiederholt. Was dabei passiert, ist neben der reinen Sprachförderung vor allem eine Verstärkung der Bindung zwischen Kind und Erwachsenem. Mary Ainsworth (1913–1999) und John Bowlby (1907–1990) haben hier durch die von ihnen entwickelte „Bindungstheorie" wichtige Grundlagen für das Verständnis der frühkindlichen Entwicklung geschaffen – aber dies näher zu beleuchten würde einen eigenen Artikel in diesem Buch erfordern.

Astrid Lindgren, die berühmte schwedische Kinderbuchautorin, formulierte in der Dankesrede anlässlich der Verleihung des Friedenspreises des Deutschen Buchhandels im Jahr 1978: „Auch künftige Staatsmänner und Politiker werden zu Charakteren geformt, noch bevor sie das fünfte Lebensjahr erreicht haben – das ist erschreckend, aber es ist wahr." Man kann es aber auch umgekehrt sehen: Man kann kleine Kinder formen – auch positiv!

Dabei ist nur die tatsächliche zwischenmenschliche Interaktion „echt". Sie kann durch keine CD oder keinen Film im Fernsehen oder kein Spiel am Computer nachgeahmt oder gar ersetzt werden. Die Wichtigkeit der sozialen Interaktion kann man nicht überschätzen, sie ist im wahrsten Sinn das „A und O", also der Anfang und das Ziel jeder sinnvollen kindlichen Förderung – auch der Sprachförderung. Wenn positive Beziehungserfahrungen ausbleiben, kommt es bei den Kindern zu schweren Entwicklungsstörungen, zur Deprivation und zu Hospitalismus. Gibt es gar keine Möglichkeit zur sprachlichen und zwischenmenschlichen Kommunikation, leidet auch die Sprachentwicklung massiv: Als tragisch-unrühmliches Beispiel hierfür kann der legendäre Kaspar Hauser dienen.

Das Erlernen einer Sprache ist nicht ein Lernen um des Lernens willen, sondern ein Lernen im Sozialverbund mit einem oder mehreren „Mates", mehr noch, das Lernen für ein Gegenüber, für die Anerkennung durch eine bestimmte Person – wie es in dem mit vier Oskars ausgezeichneten Filmklassiker Der Club der Toten Dichter aus dem Jahr 1989 mit Robin Williams in der Rolle des charismatischen Lehrers John Keating und Robert Sean Leonard in der Rolle des schüchternen Schülers Neil Perry dargestellt ist. Dieser Film steht in der Tradition des Kleist'schen Quells der Begeisterung für ein Gegenüber (s. Kap. 1). Wahrscheinlich – weit vor den Werten einer Idee, einer Ideologie oder des schnöden Mammons – ist die Anerkennung durch einen anderen Menschen die höchste Motivation für jedes menschliche Handeln und somit auch für das Lernen an und für sich – oder wie es Goethe schon so treffend im Gespräch mit seinem getreuen Johann Peter Eckermann formulierte: „Man lernt nur von dem, den man liebt."

Gestörter Spracherwerb

In statistischen Erhebungen aus dem Jahr 2010, die auf Diagnose-Daten der Barmer-GEK von insgesamt mehr als einer Million Kindern der Altersstufen null bis 14 Jahre in

Deutschland basieren, wiesen im fünften und sechsten Lebensjahr etwa ein Drittel aller Kinder eine Sprachentwicklungsstörung auf – Jungen waren von den Diagnosen etwas häufiger betroffen als Mädchen.

Störungen können auf allen oben beschriebenen Ebenen der Sprache beobachtet werden. Am häufigsten sind Artikulationsstörungen wie Lispeln (z.B. Fehlbildungen des S-Lautes – Sigmatismus) o.Ä. Die statistischen Angaben sind diesbezüglich allerdings nicht ganz eindeutig, da häufig als Diagnose nur eine allgemeine Entwicklungsstörung der Sprache genannt wurde, ohne eine Unterscheidung zu treffen, auf welcher Ebene die Sprache gestört ist. Am häufigsten wurde die Diagnose einer Sprachentwicklungsstörung in der Altersgruppe der Fünf- bis Sechsjährigen gestellt.

Nicht selten scheinen bei Kindern sprachliche und stimmliche Entwicklung gleichsinnig negativ verändert zu sein, worauf der Sprachwissenschaftler Lutz Christian Anders hinweist. Außerdem zeigen Untersuchungen zur stimmlichen Ausdrucksfähigkeit der Sing- und Sprechstimme bei Kindern und Jugendlichen dann negative Ergebnisse, wenn Singen und Musizieren nicht mehr praktiziert werden: So fand die Arbeitsgruppe um Michael Fuchs bei Kindern ohne chorische Erfahrung eine Einschränkung des Tonumfangs und eine unterentwickelte Fähigkeit, in hohen Tonlagen zu singen und die Kopfstimme zu gebrauchen.

Das Problem ist also keinesfalls marginal und es lohnt sich, darüber nachzudenken, wie man die Häufigkeit der Sprachentwicklungsstörungen sinnvoll senken kann. Keinesfalls sollte man den Kopf in den Sand stecken, sondern sich vielmehr aus salutogenetischer Perspektive fragen, wie man den gesunden Spracherwerb fördern kann.

Was kann man also tun? Neben persönlicher Zuwendung und Liebe ist die Musik ein geeignetes Mittel, um die Sprachentwicklung positiv zu beeinflussen, wie wir im nächsten Abschnitt sehen können.

Musik und Spracherwerb

Der Sprachmelodie kommt beim Spracherwerb – als Teil der Prosodie – eine Schlüsselfunktion zu, die Kindern den Einstieg in die Welt von Stimme und Sprache eröffnet und gleichzeitig viele Gemeinsamkeiten mit Musik hat.

Die Verarbeitung von Sprache und Musik verwendet im Gehirn ähnliche neuronale Netzwerke, wie neurowissenschaftliche Studien zeigen; einen Einblick in die Materie gibt Robert Zatorre. Wie wir bereits gesehen haben, sind Sprache und Musik in den ersten Lebensjahren in vielfältiger Weise verflochten. Deswegen liegt es nahe, zu vermuten, dass sich eine Förderung musikalischer Aspekte positiv auf den Spracherwerb auswirkt. In der Tat gibt es in jüngerer Zeit einige Studien, u. a. von Mireillem Besson und Mitarbeitern, Angela Friederici und Kai Alter, Sebastian Jentsche und Stefan Koelsch sowie Hellmuth Obrig und Mitarbeitern, die einen solchen Zusammenhang wahrscheinlich machen. So zeigt musikalische Frühförderung bei Kindern positive Effekte auf eine Klangdifferenzierung und damit auch auf den Spracherwerb, wie die Arbeitsgruppe um Cyrille Magne herausfand. Regina Pathe fasst verschiedene Untersuchungen zusammen, die musikalisch ausgebildete Kinder mit solchen verglichen, die keine musikalische Schulung erhalten hatten; sie kommen übereinstimmend zu Ergebnissen, die eine positive Wirkung der musikalischen Schulung auf sprachliche Elemente zeigen. Auch der Umkehrschluss scheint möglich zu sein: Kinder mit spezifischen sprachlichen Auffälligkeiten, wie beispielsweise in der sprachlich-syntaktischen Verarbeitung, können ebenfalls Einschränkungen der musikalisch-syntaktischen Verarbeitung aufweisen, wie die Arbeitsgruppe um Sebastian Jentschke fand. Die einzelnen Studien im Detail zu erläutern, erscheint hier nicht sinnvoll. Für einen vertiefenden Einblick in die Thematik kann das oben bereits zitierte Buch von Patel empfohlen werden. Es kommen besonders in diesem Forschungsfeld ständig neue Erkenntnisse hinzu, die man erst verstehen und interpretieren muss. Die bisher bekannten Studien scheinen die Vorstellung von einer engen Verknüpfung sprachlicher und musikalischer Verarbeitungsprozesse und deren neuronaler Grundlagen zu bestätigen.

Die Frage, ob und wie sehr Musik Kinder auch in ihrer Intelligenzentwicklung unterstützt, sollte laut einigen Wissenschaftlern, wie der Arbeitsgruppe um Heiner Gembris, differenziert betrachtet werden. Bisher bekannte Resultate hinsichtlich möglicher Transfereffekte von Musik zur Steigerung der allgemeinen Intelligenz sollten vorsichtig und zurückhaltend interpretiert werden, wie dies in dem von Heiner Gembris, Rudolf Kraemer und Georg Maas herausgegebenen Buch MACHT MUSIK WIRKLICH KLÜGER? MUSIKALISCHES LERNEN UND TRANSFEREFFEKTE oder noch kritischer bei Lutz Jäncke in MACHT MUSIK SCHLAU? NEUE ERKENNTNISSE AUS DEN NEUROWISSENSCHAFTEN UND DER KOGNITIVEN PSYCHOLOGIE nachzuvollziehen ist.

Neurowissenschaftliche Erkenntnisse können helfen, die Funktionsweise des Gehirns – insbesondere auch beim Spracherwerb und beim musikalischen Lernen – zu verstehen, jedoch ist eine gewisse „Neuro-Skepsis" durchaus angebracht, wie Felix Hasler schreibt. Eine der renommiertesten Forscherinnen im Feld, Angela Friederici, Direktorin der Abteilung Neuropsychologie am Max-Planck-Institut für Kognitions- und Neurowissenschaften in Leipzig und seit 2014 Vizepräsidentin der Max-Planck-Gesellschaft, mahnt deswegen in der Veröffentlichung von Matthias Eckoldt zu Recht: „Man muss unbedingt aufpassen, dass man sich nicht dazu hinreißen lässt, Antworten zu geben, obwohl man sie noch nicht hat" – think about it!

Reime, Verse und Lieder …

Auch wenn die Wirkung von Musik auf den Spracherwerb quantitativ nicht immer einfach zu fassen ist, kann man doch festhalten, dass sie qualitativ für die Lebensfreude großen Gewinn bringt. Jeder hat am eigenen Leib in der Kindheit erfahren, dass Singen und Spielen großen Spaß machen – hoffentlich! Dies soll keine Nostalgie und kein Schwelgen in der Vergangenheit sein, sondern wir können es in jedem Falle täglich immer wieder neu erfahren, wenn wir uns intensiv mit Kindern beschäftigen. Die Zeit dafür sollte man sich unbedingt nehmen, denn sie ist ein Quell großer Energie: Für die Kleinen und Kleinsten schiebt diese Energie die Entwicklung an, für die Eltern – und insbesondere auch für die Großeltern – wirkt sie belebend, fast wie ein Jungbrunnen. Initiativen wie die „Singepaten" – ältere Menschen die in die Kindergärten gehen, um dort mit den Kindern zu singen – der von Walter Pfohl geprägten Stiftung „Singen mit Kindern" legen hierfür ein beredtes Zeugnis ab. Es geht mit einfachsten Mitteln: mit Kniereitversen (z. B. Hoppe, hoppe Reiter), Fingerspielen (z. B. Geht 'ne Maus die Treppe rauf), Abzählreimen (z. B. Ene, Mene, Miste) oder Kinderliedern (z. B. Backe, backe Kuchen). Die Abbildung am Beginn dieses Kapitels zeigt das Buch HOPPE, HOPPE REITER aus den 1940er Jahren mit Bildern von Ingeborg Pietzsch.

Fangen wir exemplarisch mit einem *Kniereitvers* an. Dieser wird so genannt, da das (Klein-)Kind hierbei auf den Knien des Erwachsenen sitzt. Damit ist – ähnlich wie beim Säugling auf dem Arm – ein für die direkte Kommunikation idealer Abstand zwischen dem Gesicht des Kindes und dem des Erwachsenen hergestellt. Das Kind wird auf den Knien durch den Erwachsenen mit den Händen gehalten, da es zwar schon sitzen kann, aber meist nicht älter als etwa zwei Jahre ist. Nun beginnt das Spiel: Zum Singsang „Hoppe hoppe Reiter / wenn er fällt dann schreit er / fällt er in den

Graben / fressen ihn die Raben / fällt er in den Sumpf / macht der Reiter – plumps" wird das Kind auf den Kien auf und ab gewippt und auf den Gedankenstrich zwischen „Reiter" und „plumps" gibt es eine Verzögerung des vorher trabend gleichmäßigen Rhythmus, es entsteht eine Art „General-pause", bevor das Kind auf das Wort „plumps" seitlich vom Knie gekippt wird – natürlich ohne es fallen zu lassen. Das Interessanteste für das Kind ist dabei die Länge der General-pause, die jedes Mal variiert. Vor dem „plumps" gluckst das Kind in freudiger Erwartung, um dann im Fallen laut zu la-chen. Was wir hier erleben, ist Kommunikation, Emotion und Prosodie in Reinkultur! Zusammen mit der Bewegung und dem erlebten Körpergefühl, heute im Konzept des Embodiment als lebenslanges Körpergedächtnis verstanden, handelt es sich um einen „ganzheitlichen" Vorgang, bei dem sensorische Integration auf allen Ebenen stattfindet.

Ganz ähnlich ist es mit den *Fingerspielen*. Bei den *Abzählreimen* und bei den *Kinderliedern* kommt noch die Kommunikation zwischen den Kindern hinzu. Das können wirklich (fast) alle Kinder.

Zwar gibt es Menschen, die Schwierigkeiten mit dem Singen haben, etwas „unvornehm" werden diese auch als „Brummer" bezeichnet. Vertraut man den Prozentangaben in der Literatur, dann sind nur etwa 3–4 % der Kinder hier-von betroffen, in einer Klasse mit 30 Schülern fänden sich also ein oder höchstens zwei Brummer – das ist nicht viel. Die überwiegende Mehrzahl der Kinder in einer Klasse sollte in der Regel musikalisch gut erreichbar sein. Für Konzepte wie das der Gesangsklassen, in denen beispiels-weise Ralf Schnitzler die Stimme als „Schlüssel zur musika-lischen Bildung" sieht, lässt dies hoffen!

Man kann heute davon ausgehen, dass sich Singen im Kindesalter günstig auf die soziale und kognitive Entwick-lung auswirkt, da fünfjährige Kinder, die viel singen, bei der Schuleingangsuntersuchung häufiger für regelschulfähig erklärt werden als wenig singende Gleichaltrige – wie Thomas Blank und Karl Adamek in ihrem Buch Singen in der Kindheit beschreiben.

Aber – und diese Frage muss an dieser Stelle gestellt werden – soll Musik immer einen Zweck erfüllen und ihre Nützlichkeit beweisen? Ist sie nicht vielmehr Teil unseres Menschseins und bereichert sie nicht unsere Wahrnehmung?

Der geniale Komponist und Mykologe (sic!) John Cage (1912–1992) hat zu dieser Frage im Jahr 1983 treffend formuliert: „Die Nützlichkeit des Unnützen ist eine gute Nachricht für Künstler – denn Kunst dient keinem nützlichen Zweck – sie hat mit der Veränderung der Hör- und Sehgewohnheiten und des Geistes zu tun."

Dennoch darf man die Frage stellen, wie wir Musik lernen, wie sich unser Geist und unser Körper dabei schon im Säuglings- und Kleinkindalter verhalten und verändern. Hierzu haben die Wissenschaftler Edwin Gordon und Wilfried Gruhn intensiv geforscht. Ihre vielfältigen und spannenden Publikationen sind jedem Interessierten zu empfehlen (u. a. Music learning Theory for Newborns and young Children von E. Gordon und Anfänge des Musiklernens. Eine lerntheoretische und entwicklungspsychologische Einführung von W. Gruhn). In der Verknüpfung der Erkenntnisse von Neurowissenschaftlern, Bewegungswissenschaftlern und Musikpsychologen liegt ein großes Potenzial für die Zukunft, sowohl in der Forschung als auch in der praktischen Anwendung, wie Gruhn zusammen mit Frances Rauscher und Albert Gollhofer aufzeigen konnte.

Kommen wir zurück zu Cage, der uns den Königsweg im Umgang mit Musik aufzeigt. Musik muss nicht ihre Nützlichkeit beweisen, aber sie darf uns Menschen sehr wohl nützen. Gerd de Vries zitiert Cage mit den Worten: „Wir müssen unsere Kunst so gebrauchen, daß sie unser Leben ändert – unserem Leben nützt."

Der Blick über den Tellerrand: Tonsprachen

Bei einigen Sprachen sind musikalische Elemente weit über die bisher besprochenen prosodischen Elemente hinaus zu beachten, da in diesen Sprachen die Bedeutung eines Wortes von der Betonung und dem Tonhöhenverlauf einzelner Silben abhängt. Demzufolge werden sie als Tonsprachen, Tonalsprachen oder auch als tonale Sprachen bezeichnet.

Die bekannteste und am weitesten verbreitete dieser tonalen Sprachen ist das Chinesische, aber auch andere asiatische Sprachen sowie einige afrikanische und indigene amerikanische Sprachen gehören in diese Sprachkategorie. In geringerem Ausmaß zählen in Europa ebenso das gesprochene Altgriechisch und einige skandinavische Sprachen wie beispielsweise Schwedisch und Norwegisch sowie südslawische Sprachen des Balkans zu den Tonsprachen.

Pars pro toto seien einige Grundprinzipien dieser für unsere zentraleuropäischen Ohren „exotischen" Sprachen am Beispiel des Hochchinesischen – auch Mandarin bzw. Pǔtōnghuà (普通话) – erläutert.

Im Hochchinesischen, welches eine Konturtonsprache mit verschiedenen Tonhöhenverläufen ist, unterscheidet man in der Regel vier Töne, die von 1–4 durchnummeriert werden. Manchmal wird noch ein fünfter, neutraler Ton hinzugezählt, der jedoch nicht über eine eigene Nummer verfügt. Der 1. Ton wird auf einer gleichbleibenden hohen Tonhöhe gehalten, der 2. Ton bezeichnet eine aufsteigende Tonhöhe von der mittleren in die hohe Tonlage, der 3. Ton einen U-förmigen Wechsel der Tonlage hoch/mittel/hoch und der 4. Ton sinkt von der hohen in die tiefe Lage ab. In der offiziellen chinesischen Romanisierung der Schrift des Pǔtōnghuà – Hànyǔ Pīnyīn genannt – wird über dem betreffenden Laut (meist Vokal), der die Tonhöhe ändert, jeweils ein Akzent notiert. Der 1. Ton wird mit einem *Makron* versehen (ā); ein solches Makron zeigt im Lateinischen und

Altgriechischen einen langen Vokal an. Der 2. Ton wird mit einem *Akut* versehen (á); im Französischen ist dies der *accent aigu*. Der 3. Ton wird mit einem *Hatschek* versehen (ǎ), hierbei zeigt die Spitze des Häkchens nach unten, wie beispielsweise im offiziellen Namen des Landes Tschechien: Česká republika (für den mit diesem Zeichen nicht Vertrauten sieht es aus wie ein umgedrehter *Accent circonflexe* aus dem Französischen). Der 4. Ton wird mit einem *Gravis* versehen (à); im Französischen ist dies der *accent grave*.

Um diese eher abstrakte Beschreibung der Tonhöhenverläufe akustisch besser nachvollziehbar zu machen, kann man sich hilfsweise ein Notensystem vorstellen, in welches man Noten und musikalische Vortragsbezeichnungen einträgt. Da sich die Sprechstimme von Frauen etwa im Frequenzbereich 200–260 Hz bewegt, also musikalisch zwischen den Tonhöhen g und c1, und die der Männer sogar noch etwa eine Oktave tiefer liegt, müssten wir uns die musikalische Notation eigentlich im Bass-Schlüssel vorstellen. Dies ist etwas umständlich und nicht jedermann ist mit diesem Schlüssel vertraut, deswegen stellen wir uns das Beispiel im Violinschlüssel notiert vor – so, als ob wir die Melodielinie in einem Gesang- oder Liederbuch sehen würden – und gehen stillschweigend davon aus, dass die tatsächlichen Tonhöhen bei Frauenstimmen etwa eine und bei Männerstimmen zwei Oktaven tiefer erklingen. Hat man sich das alles imaginiert, dann kann man sich den 1. Ton (gleichbleibend) ausgehalten auf der Tonhöhe c2, also der Ton oberhalb der dritten Notenlinie, vorstellen, der mit gleichbleibender Lautstärke erklingt. Der 2. Ton (steigend) würde gleitend von a1 nach oben ansteigen und in etwa c2 erreichen. Der 3. Ton (fallend-steigend) würde bei g1 beginnen, dann zunächst auf e1 abfallen, um dann wieder bis a1 anzusteigen. Der 4. Ton (fallend) würde von c2 aus nach unten fallen und in etwa das f1 erreichen. Dies ist nur ein vereinfachendes Beispiel, das selbstverständlich „hinkt".

Die genauen Tonhöhen und die zwischen ihnen liegenden Intervalle sind im Chinesischen so nicht zu finden, aber als musikalisch geprägter Europäer kann man sich leichter an der eigenen Hörerfahrung orientieren als an unbekannten Tonmustern. Diese Tonhöhenänderungen sind für europäische Ohren nicht leicht zu hören, man muss das regelrecht üben. Wie wichtig die Beherrschung und das Erkennen dieser Tonhöhen sind, kann man an der chinesischen Silbe Xi exemplarisch zeigen. Wenn diese auf dem 1. Ton ausgesprochen wird, also z. B. Xī (息), bedeutet sie „ruhen", „aufhören", „rasten" – aber auch „Atem" und „Botschaft"; auf dem 2. Ton, also z. B. Xí (习), bedeutet sie „überprüfen", „trainieren" – aber auch „Gewohnheit", „Sitte"; auf dem 3. Ton, also z. B. xǐ (喜), bedeutet sie „Glück", „Freude"; auf dem 4. Ton, also Xì (戏), bedeutet sie „Oper", „Theaterstück", „Spaß treiben" bzw. Xì (细) bedeutet „dünn", „sorgfältig", „fein", „klein", „winzig", „schmal". Man kann sich leicht vorstellen, dass eine falsche Betonung – „Ich möchte gerne Spaß treiben" (4. Ton) anstelle von „ruhen" (1. Ton) – hier im sozialen Kontext zu erheblicher Verwirrung und auch Irritation oder sogar Verstimmung führen kann!

All dies ist schon sehr spannend, noch interessanter aber ist, dass bereits Säuglinge diese komplexen Sprachen lernen können – erstaunlich, aber täglich millionenfach bewiesen. Noch verblüffender ist jedoch, dass Kinder, die zwei- oder mehrsprachig aufwachsen, in der Lage sind, Sprachen unterschiedlicher Kategorien, also beispielsweise eine Tonhöhensprache wie Chinesisch und eine Sprache wie Englisch, parallel perfekt zu lernen – welch' Wunder!

Resümee

Musik ist ebenso wie die Sprache ein essenzieller Bestandteil unseres Lebens. Beide tragen viel dazu bei, dass wir

„humane" Wesen sind. Musik kann auch ohne Zweckdenken für sich bestehen, wir können die Ressource Musik – und insbesondere das eigene Singen – jedoch nutzen, um positiv auf die Entwicklung von Kindern einzuwirken. Deswegen kann man dem Slogan „Singen macht Sinn", wie sich die in der Region Ostwestfalen-Lippe angesiedelte Initiative benannt hat – als eine der zahlreiche Stiftungsaktivitäten und Initiativen, die in Deutschland versuchen, dem Mangel an stimmlicher und musikalischer Bildung abzuhelfen –, nur zustimmen.

Kinder mit Sprachentwicklungsstörungen sind – wenn sie keine sonstigen Krankheiten oder Behinderungen haben – in der Regel nicht anatomisch oder physiologisch geschädigt, sondern sie werden zumeist lediglich in ihrer Stimmentfaltungsfähigkeit und ihrer allgemeinen Entwicklung gesellschaftlich unzureichend gefördert und trainiert. Es geht also nicht um die Reparatur von etwas, was zerbrochen ist, wie ein defektes Instrument, sondern vielmehr um eine *Archäologie des Verhaltens*: Eine Kulturpraxis, wie das gemeinschaftliche und tägliche Singen, die teilweise verloren gegangen ist, muss wiederbelebt werden (s. Kap. 4). Als Musiker kann man hier ermutigt auf die Parallelen zur historisch informierten Aufführungspraxis blicken (s. Exkurs in Kap. 5). Professionelle Blockflötisten von heute spielen mindestens so gut – vermutlich sogar besser – als die „Alten".

Kollektive Änderungen im gesellschaftlichen Verhalten stellen immer ambitionierte Ziele dar, aber sie sind möglich: Die Fresswelle der Nachkriegszeit wurde von der Fitnesswelle der letzten Jahrzehnte abgelöst; Rauchen in der Öffentlichkeit gilt nicht mehr als Ausdruck von Coolness, sondern wird sanktioniert und wo es stattfindet, eher mitleidig belächelt. Im Kontrast hierzu sollte das Singen mit Kindern im gesellschaftlichen Kontext nicht belächelt, sondern mit einem zustimmenden Lachen freudig begrüßt und praktiziert werden.

8 „Hier ist Berlin" – Stimmen in den Medien

„Medien" ist ein häufig verwendeter Terminus, dessen etymologische Wurzeln (vom lateinischen „medium" = Mitte zu „medius" = in der Mitte befindlich) eine ganze „Fülle" an Wortbedeutungen ermöglichen. Schaut man in den Duden, so findet man tatsächlich unter dem Stichwort *Medium* sehr unterschiedliche Bedeutungen, die von bildungssprachlich vermittelnden Elementen der Kommunikation über die physikalisch bzw. chemisch leitenden Eigenschaften eines Stoffes bis zur Parapsychologie in sehr unterschiedliche Richtungen weisen.

Natürlich wäre es sehr verlockend, all diese Aspekte aus stimmlicher Sicht zu beleuchten, vom physikalischen Medium Luft, in dem sich akustisch der Schall ausbreitet – und welches jede Stimme physiologisch zur Stimmproduktion benötigt – bis hin zu den parapsychologischen Stimmen aus dem Jenseits, die sich uns über Klopfzeichen mitteilen sollen, so wie es Woody Allen in seinem Film Magic in the Moonlight aus dem Jahr 2014 in überzeugend „magischer" Weise vorführt. Dieses Unterfangen wäre jedoch zu ausufernd, da dann jeder der Themenkomplexe mindestens ein eigenes Kapitel in diesem Buch erfordern würde.

Stimmen in den Kommunikationsmedien

Im Folgenden wollen wir uns auf die Bedeutung der Stimme in den kommunikativen Medien konzentrieren, beginnend von den ersten Möglichkeiten der Tonaufzeichnungen bis hin zur Bedeutung der Stimme in der heutigen internetbasierten Kommunikation.

Die Entwicklung der kommunikativen Medien ist nicht plötzlich, über Nacht vonstattengegangen. Sie hat sich in den letzten ca. 150 Jahren vollzogen. Grundlage dieser Entwicklung war die Elektrizität, ein schon seit der Antike bekanntes Phänomen, dessen Gesetzmäßigkeiten, vor allem seit Beginn der Neuzeit, in vielen kleinen Einzelschritten erkannt worden waren. Die Elektrizität und die unter dem Begriff Elektrotechnik zusammenfassbaren Verfahren fanden Mitte bis Ende des 19. Jahrhunderts eine zunehmend breitere technische Anwendung. Die Entwicklung der Elektrotechnik zeigte dabei eine ungeheure Akzeleration – eine Beschleunigung, die auch unser heutiges Leben in zunehmendem Maße bestimmt. Denkt man beispielsweise an die Zeiten Mozarts zurück, so hat die Geschwindigkeit des Alltagslebens im Vergleich heutzutage rasant zugenommen. Mozarts Reisen durch ganz Europa erfolgten mit Kutschen, mit denen an einem Tag jeweils nur kleine Strecken zurückgelegt werden konnten. So blieb Muße, Land und Leute zu beobachten und über ihre Eigentümlichkeiten zu reflektieren – wie wir es in den Briefen von Mozart und seinem Vater nachlesen können. Mozart benötigte im Jahr 1777 noch zehn Tage von Mannheim nach Paris, heute schafft der französische Hochgeschwindigkeitszug TGV die Strecke in etwas mehr als drei Stunden. Auch wissenschaftliche Erkenntnisse mussten ohne die heute selbstverständlich erscheinenden Errungenschaften der Elektrotechnik gewonnen werden. Der berühmte Gesangspädagoge und Stimmphysiologe Manuel Patricio Rodríguez García (1805–1906), der als Erster im Jahr 1854 die Bewegungen seiner Stimmlippen während der Stimmproduktion mit einem kleinen Zahnarztspiegel beobachtete, hatte noch kein elektrisches Licht. Er musste mit Tageslicht und Kerzenschein arbeiten. Kerzenlicht war auch für lange Zeit in den Theatern die einzige „künstliche" Lichtquelle – Mozarts Opern wurden also nicht vor einem *verdunkelten* Zuschauerraum uraufgeführt, die Stimmen der Sänger und Schauspieler erklangen vielmehr *bei voller Beleuchtung*, allerdings durch kerzenbestückte Kronleuchter. Dies änderte sich erst bei Richard Wagner, der in seinem Festspielhaus in Bayreuth ab 1876 zunächst Gaslampen verwendete, die eine Verdunklung des Zuschauerraums ermöglichten (s. Kap. 1). Durch den zusätzlich verdeckten Orchestergraben wurde die Illusion der Bühne verstärkt – Wagner spricht davon, dass der Zuschauer beim Blick auf die Bühne in den „Zustand des Hellsehens" versetzt werde; ab 1888 wurden die Gaslampen in Bayreuth durch elektrisches Licht ersetzt.

In der heutigen Welt kann man sich nicht mehr vorstellen, ohne elektronische Medien zu leben: Radio, Fernseher, CD, Computer, Smartphone und das Internet sind unsere ständigen Begleiter. Heute hat man im Sinne der oben beschriebenen Akzeleration manchmal den Eindruck, dass die Entwicklung neuester Anwendungen und Gadgets so schnell geworden ist, dass man quasi „von hinten" von ihr überrollt wird. Ganz im Sinne des geflügelten Wortes von René Goscinny (1926–1977) aus dem Album Nr. 15 STREIT UM ASTERIX: „[...] wenn die Nachhut sich vorgesehen hätte, dann wäre die Vorhut jetzt nicht die Nachhut [...]", beschleicht einen manchmal das hilflose Gefühl, mit dieser rasanten Medienentwicklung nicht mehr mithalten zu können.

Um besser zu verstehen, wie es dazu gekommen ist, soll im Folgenden die Verwendung der Stimme in fünf Medien beleuchtet werden. Dabei wird versucht, die Stimmen sowohl unter dem Aspekt der Aussendung, d.h. wie sind die Stimmen der im jeweiligen Medium Tätigen geartet, als auch unter dem des Empfangs, d.h. wie wirken diese Stimmen auf die Zuhörer, zu beschreiben.

Erstes Medium: Schallplatte

Die Möglichkeit, Tonaufnahmen anzufertigen, „verblüffte" im Wortsinn die ersten Zuhörer. Sie wussten nicht, ob die Wiedergabe der menschlichen Stimme ein Zaubertrick – ein Bluff – oder Realität war.

Die technische Entwicklung hin zu den ersten sicher reproduzierbaren Tonaufnahmen erfolgte in mehreren Schritten und hatte unterschiedliche Protagonisten. Den an einer detailreichen Darstellung dieser Historie interessierten Lesern sei die Monografie His Master's Voice: Die Geschichte der Schallplatte von Herbert Haffner empfohlen, die 2011 erschienen ist.

Zwei der technischen Erfinder und Entwickler, welche in besonderem Maße zur allgemeinen Verbreitung der Tonaufzeichnungen beigetragen haben, waren Thomas Alva Edison (1847–1931), der als „genialische" Erfinderpersönlichkeit u. a. auch die Telegrafie und die Glühbirne maßgeblich weiterentwickelt hat, und Emile Berliner (1851–1929), der ebenfalls zuvor schon als Erfinder des ersten funktionstüchtigen Mikrofons für einen Telefonapparat der Firma von Graham Bell in Erscheinung getreten war. Berliner benannte sein Abspielgerät: „Grammophone" (vom griechischen grámma = Geschriebenes, phoné = Stimme, Laut, Ton). Einer der ersten Sänger, welcher durch das neuartige Gerät zu großem Ruhm und Reichtum gelangte, war Enrico Caruso (1873–1921), der die ersten Aufnahmen für die Firma von Berliner am 11. April 1902 in Mailand machte. Der Aufnahmeleiter war Fred Gaisberg (1873–1951), der das Unterfangen startete, obwohl ihm dies von seiner Geschäftsführung in London telegrafisch strikt untersagt worden war, da die Gagenforderung von Caruso in Höhe von 100 Pfund für 10 Arien als unakzeptabel hoch empfunden wurde – wie Christian Springer in seiner Caruso-Biografie zitiert: „Fee exorbitant, absolutely forbid you to record." Die Aufnahmen wurden ein Verkaufsschlager! Glücklicherweise gibt es immer wieder visionäre Geister, die in der Lage sind, sich über kleingeistige und rein bürokratisch festgelegte Limits hinwegzusetzen!

In der Folge verbreitete sich die Schallplatte, wie der deutschstämmige Berliner sein Produkt nannte, sehr rasch.

Zahlreiche Firmen wurden gegründet, so die „Deutsche Grammophon Gesellschaft" in Hannover, die Berliner selbst gemeinsam mit seinem Bruder Joseph leitete. Das neue Medium wurde intensiv beworben, unter anderem mit dem Bild „His Master's Voice". Das berühmte Etikett, auf dem ein weißer Hund mit dunklen Ohren abgebildet ist, der mit leicht schräg gehaltenem Kopf der Stimme seines Herrn lauscht, die aus dem Trichter zu ihm spricht, ist auf der Abbildung am Anfang dieses Kapitels zu sehen. Mit Caruso und seinen Schallplattenaufnahmen beginnt eine rasante Medienentwicklung, deren Nachwirkungen noch heute negativ zu spüren sind. Zum einen begann die Perfektionierung einer künstlerischen Darbietung immer mehr in den Fokus des Publikumsinteresses zu rücken – wer sich täglich auf Knopfdruck die Weltstars und deren perfekte Kunst anhören kann, wird unduldsamer gegenüber nicht so perfekten Liveaufführungen. Dies hat sich seit dieser Zeit zu einem zunehmenden Problem auftretender Künstler entwickelt. Zum anderen bedingte die „Tonkonserve" eine noch heute zu beobachtende „Uniformierung" der auf dem Markt befindlichen Stimmen. Der Komponist Sidney Homer – Ehemann der Sängerin Louise Homer (1871–1947) – beschrieb diese Entwicklung in seinen 1939 veröffentlichten Erinnerungen MY WIFE AND I am Beispiel Carusos: In der „Vorcaruso-Ära" habe keine Stimme Carusos auch nur entfernt geähnelt; nach der Verbreitung seiner Schallplatten seien jedoch immer mehr Stimmen aufgetaucht, die sich seiner Stimme, oft gewaltsam, anzugleichen versuchten.

Außer von Caruso existieren auch von anderen Sängern zahlreiche Tondokumente aus den „Kindertagen" der kommerziellen Tonaufnahmen, die für Liebhaber historischer Aufnahmen interessant sind, jedoch von einem breiteren Publikum heute kaum noch gehört werden, da sie technisch zumeist keine originalgetreue Wiedergabe ermöglichen – trotz digitalen Remasterings.

Immerhin war es nun für Sänger erstmals möglich, die eigene Stimme selbst in etwa so zu hören, wie dies auch dem Publikum vergönnt war. Eine eindrucksvolle Schilderung, wie diese Erfahrung auf die Sängerinnen und Sänger wirkte, wird von Marcus Felsner in seinem Buch OPERATICA über die Sängerin Adelina Patti, die erste Diva (s. Kap. 3), gegeben. Sie soll nach dem erstmaligen Hören ihrer Stimme ausgerufen haben: „Ah, finalement je comprends pourquoi je suis Patti !"

Wie die Tonwiedergaben auf die damaligen *Hörer* gewirkt haben mögen, dafür gibt uns Thomas Mann in seinem 1924 erschienenen Roman DER ZAUBERBERG eine sehr detailreiche Beschreibung. Fast am Ende des Romans lässt er in einem eigenen Kapitel, überschrieben mit „Fülle des Wohllauts", die Wirkung eines Grammophons auf die Bewohner des Berghofs, namentlich auf Hans Castorp, den traurigen „Helden" des Romans, vor den geistigen Augen und Ohren der Leser entstehen. Genießen wir Manns Beobachtungen – bedingt durch den in diesem Kapitel beschränkten Platz – in stark verkürzter Form:

„[…] Es war ein Grammophon. […] »Es ist das neueste Modell«, sagte der Hofrat, […] »Das ist kein Apparat und keine Maschine, […] das ist ein Instrument, das ist eine Stradivarius, eine Guarneri, da herrschen Resonanz- und Schwingungsverhältnisse vom ausgepichtesten Raffinemang!« […] Natürlich war es nicht so, wie wenn eine wirkliche Kapelle im Zimmer hier konzertiert hätte. Der Klangkörper, unentstellt im übrigen, erlitt eine perspektivische Minderung; es war, wenn es erlaubt ist, für den Gehörsfall ein Gleichnis aus dem Gebiet des Gesichtes einzusetzen, als ob man ein Gemälde durch ein umgekehrtes Opernglas betrachtete, so daß es entrückt und verkleinert erschien, ohne an der Schärfe seiner Zeichnung, der Leuchtkraft seiner Farben etwas einzubüßen. […] Aus der sacht kochenden Wundertruhe drangen Glockenklänge, Harfenglissandos, Trompetengeschmetter und Trommelwirbel. […] – Was gab es noch, oder eigentlich, was gab es nicht? Es gab Oper die Hülle und Fülle. […] Die Sänger und Sängerinnen, die er (Hans Castorp, *Anm. d. Verf.*)

hörte, er sah sie nicht, ihre Menschlichkeit weilte in Amerika, in Mailand, in Wien, in Sankt Petersburg, – sie mochte dort immerhin weilen, denn was er von ihnen hatte, war ihr Bestes, war ihre Stimme, und er schätzte diese Reinigung oder Abstraktion, die sinnlich genug blieb, um ihm, unter Ausschaltung aller Nachteile zu großer persönlicher Nähe, [...] eine gute menschliche Kontrolle zu gestatten. [...] ihr Stimmcharakter sagte etwas aus über des Einzelnen seelischen Wuchs, und daran, wie sie geistige Wirkungsmöglichkeiten nutzten oder versäumten, erwies sich die Stufe ihrer Intelligenz. [...] Für jetzt kommen wir auf ein fünftes und letztes Stück aus der Gruppe der engeren Favoriten, [...] Es war Schuberts »Lindenbaum«, es war nichts anderes, als dies allvertraute »Am Brunnen vor dem Tore«. Ein Tenorist trug es vor zum Klavier, ein Bursche von Takt und Geschmack, der seinen zugleich simplen und gipfelhohen Gegenstand mit vieler Klugheit, musikalischem Feingefühl und rezitatorischer Umsicht zu behandeln wußte. [...] Hans Castorps Gedanken oder ahndevolle Halbgedanken gingen hoch, während er in Nacht und Einsamkeit vor seinem gestutzten Musiksarge saß, – sie gingen höher, als sein Verstand reichte, es waren alchimistisch gesteigerte Gedanken. O, er war mächtig, der Seelenzauber! [...]"

Wenn man diese sehr differenzierte Rezeption von Stimmen und Stimmungen liest und wenn man weiß, was man selbst aus einer Stimme „psychologisch" herauszuhören vermag, ist es sehr bedauerlich, dass wir erst seit etwa 150 Jahren Tonaufnahmen besitzen: Wie wunderbar wäre es, die großen Sänger von einst zu hören (s. Kap. 3). Auch die Sprechstimmen von einigen Menschen, von denen man es sich unbedingt wünschen würde, wie beispielsweise von Sigmund Freud (1856–1939), sind nicht ausführlich in Tonaufnahmen dokumentiert. Von ihm ist nur eine etwa zweieinhalbminütige Aufnahme überliefert, die im Jahr 1938 im Exil in englischer und deutscher Sprache entstand. Sie ist nicht von sehr guter Tonqualität. Bei einem dergestalt wortgewaltigen Denker, Autor und „Sprachmagier" wie Freud, von dem man bei bestens vorhandener Technik „ohne Mühen" umfangreiche Ton-, ja sogar Tonfilmauf-

nahmen hätte machen können, ist dies bedauerlich, aber
nicht mehr zu ändern.

Zweites Medium: Radio

„Achtung, Achtung! Hier ist die Sendestelle Berlin im Voxhaus auf
Welle 400 Meter. Meine Damen und Herren, wir machen Ihnen
davon Mitteilung, dass am heutigen Tage der Unterhaltungsrund-
funkdienst mit Verbreitung von Musikvorführungen auf drahtlos-
telefonischem Wege beginnt. Die Benutzung ist genehmigungs-
pflichtig."

So lautete – nach Angaben von Deutschlandradio Kultur –
der Text der ersten öffentlichen Rundfunkübertragung in
Deutschland am 29. Oktober 1923. Die technischen Vor-
aussetzungen der für eine Radioübertragung essenziellen
Elemente der Tonaufnahme, der drahtlosen Übertragung
der elektromagnetischen Wellen sowie deren Empfang,
wurden Ende des 19. bis Anfang des 20. Jahrhunderts
Schritt für Schritt bereitgestellt. Die Liste der Entwickler
und Erfinder des Radios ist ebenso lang wie verwirrend.
Die Entdeckungen erfolgten zum Teil parallel und waren
von Patentstreitigkeiten begleitet. Namen wie Nikola
Tesla, Guglielmo Marconi, Alexander Popow oder Karl
Ferdinand Braun – und andere mehr – schwirren durch den
Äther. Marconi galt lange als „Erfinder" des Radios, eine
Ehre, die sicherlich auch Popow zustünde, der nach seinem
frühen Tod 1906 in Vergessenheit geriet. Marconi und
Braun erhielten „als Anerkennung ihrer Verdienste um die
Entwicklung der drahtlosen Telegrafie" 1909 den Nobel-
preis für Physik, ein Patengericht in den USA entschied
1943, dass Tesla der Erfinder des Radios sei – who knows.
   Die erste öffentliche Radiosendung in Europa fand am
24. Dezember 1921 statt und wurde aus dem Eiffelturm
gesendet. Dies ist deswegen historisch interessant, weil das
heutige Wahrzeichen von Paris vor seiner Errichtung für

die Weltausstellung 1889 heftigen Anfeindungen ausgesetzt war. Eine Gruppe von 47 Künstlern und Intellektuellen, unter denen sich so bekannte Namen wie Charles Gounod, Alexandre Dumas, Charles Garnier und Guy de Maupassant befanden, unterzeichneten ein ablehnendes Manifest – der Bau sollte schlicht verhindert werden, wie Ursula Muscheler in ihrem Essay DIE NUTZLOSIGKEIT DES EIFFELTURMS beschreibt. Auch der Schweizer Kulturhistoriker Jacob Burckhardt (1818–1897), der den Westturm des Freiburger Münsters richtigerweise als „schönsten Turm auf Erden" bezeichnet hatte, wetterte unverständlicherweise gegen den Eiffelturm, „welcher offenbar als Reklame für die gedankenlosesten Tagediebe von ganz Europa und Amerika etc. zu wirken bestimmt ist". Auch große Geister können irren! Alexandre Gustave Eiffel (1832–1923) wurde dennoch gestattet, „seinen" Turm weitgehend auf eigene Kosten zu errichten, er bekam die Konzession für die Vermarktung – vor allem der Einnahmen durch die Besucher – zunächst jedoch nur für 20 Jahre. Danach sollte er das Bauwerk wieder demontieren. Da sich der Eiffelturm jedoch hervorragend als Antenne eignete, zunächst nur für eine rein militärische Nutzung der Telegrafie, später auch für Funk und Fernsehen, wurde die Konzession verlängert. Man könnte also sagen, dass in diesem speziellen Fall das Pferd von hinten aufgezäumt wurde: Der Eiffelturm konnte sich nur deshalb zu *dem* Wahrzeichen von Paris entwickeln, weil er bei der Verbreitung der genannten Medien eine wichtige Funktion einnahm, die Medien also quasi als „Raison d'Être" für den Turm fungierten …

Wie haben nun aber die Stimmen in der Kinderstube des Radios geklungen und wie wurden sie von den Hörern wahrgenommen?

Die ersten Sprecher des Radios kamen aus dem Umfeld des Theaters und des Cabarets. Ihre Stimmen waren nicht für das neue Medium ausgebildet. Deswegen verwendeten sie – ähnlich wie die Schallplattenstars der ersten Jahrzehnte – ihre Stimmen eher, als ob sie auf der Bühne wären, also wie ein Schauspieler oder Conférencier. Nachzuhören ist dies in den im Internet leicht zugänglichen Tondokumenten aus der Zeit. Wenn der Ansager mehr ruft als spricht: „Hier ist Berlin", dann hat man das Gefühl, er will sich den Hörern „direkt" akustisch über eine große Distanz mitteilen, fast wie ein Jedermann-Rufer aus dem gleichnamigen SPIEL VOM STERBEN DES REICHEN MANNES von Hugo von Hofmannsthal (1874–1929), welches seit Gründung der Salzburger Festspiele im Jahr 1920 durch ihn und Max Reinhardt (1873–1943) aufgeführt wird.

Der „Rundfunk", ein von Hans Bredow geprägter Begriff, fand rasch eine große Verbreitung. Auch Intellektuelle wie Bertolt Brecht und Walter Benjamin beschäftigten sich mit dem neuen Phänomen, wie Dieter Wöhrle und Roger Behrens beschreiben. Benjamin formulierte, dass man durch das Radio die „Stimme als Gast empfangen" könne.

Ende der 1920er Jahre wurde durch technische Neuerungen, vor allem durch die Revolutionierung der Mikrofontechnik, ein stimmlicher Paradigmenwechsel induziert: Während die Aufnahmen mit Schalltrichtern oder Kohlemikrofonen nur die Speicherung der stimmlichen Darbietung und ihrer Tragfähigkeit mit klanglichen Einschränkungen erlaubten, ermöglichten Aufnahmen mit einem Kondensatormikrofon eine viel natürlichere Darstellung der Stimmen und waren zusätzlich in der Lage, Stimmen zu verstärken. In der Folge entwickelten sich im Radio – aber auch bei den Schallplattenaufnahmen und im Tonfilm – typische „Mikrofonstimmen", die durch eine leisere, intimere Stimmgebung geprägt waren. Dies ermöglichte auch Sprechern und Sängern, die insbesondere mit ihrer Singstimme keine großen Säle füllen konnten, über die neuen Medien Radio, Schallplatte und Tonfilm ein Millionenpublikum zu erreichen. Aus der Vielzahl der Akteure, auf welche diese Kategorisierung zutrifft, sei nur ein einziger exemplarisch herausgegriffen: Heinz Rühmann (1901–1992). Sein Schlager „Ich brech' die Herzen der stolzesten Frau'n", mehr gesprochen als gesungen, wäre ohne die verbesserte Technik nicht denkbar gewesen.

Der Rundfunk erlaubte die flächendeckende Verbreitung von Nachrichten in einer Geschwindigkeit, die jedem „Extrablatt" um Längen voraus war. Diese Kombination von Schnelligkeit und Erreichbarkeit ermöglichte im Dritten Reich auch den Missbrauch des Mediums zu Propagandazwecken. Um die propagandistische Wirkung noch zu verstärken, wurden eigens einfache Empfangsgeräte, sogenannte Volksempfänger, entwickelt und massenhaft verbreitet. Die Stimmen der Nazigrößen, allen voran diejenigen Joseph Goebbels' und Adolf Hitlers, konnten ihr hetzerisches Gift so direkt in die Herzen der Zuhörer versenken – aus heutiger Sicht eine grässliche Vorstellung (s. Kap. 1). Von den Nazis wurde auch der Versuch unternommen, den Empfang anderer Sender, sogenannter Feindsender, technisch und durch Strafandrohung zu unterbinden. Dieser Versuch gelang jedoch – glücklicherweise – nicht vollständig, sodass über ausländische Sender wie die BBC London Informationen nach Deutschland gelangten. Legendär sind hier die Ansprachen von Thomas Mann, die unter dem Titel DEUTSCHE HÖRER! während des Krieges von 1940 bis 1945 in der Regel monatlich ausgestrahlt wurden. Die „Grenzenlosigkeit" des Mediums zeigte sich auch in der anrührenden Geschichte des Liedes „Lili Marleen" (Text: Hans Leip; Musik: Norbert Schultze), gesungen von Lale Andersen (1905–1972), das an der Front von den Soldaten der verfeindeten Nationen gleichermaßen als *das* trostspendende Soldatenlied erlebt wurde. Wer in die unvergleichliche Atmosphäre dieses Liedes tiefer eintauchen möchte, dem sei der Film LILI MARLEEN von Rainer Werner Fassbinder (1945–1982) aus dem Jahr 1981 empfohlen.

Drittes Medium: Film

Als die Bilder laufen lernten, taten sie dies noch ohne Ton, die Filme waren stumm: „Silent Movies". Seit Beginn der Filmvorführungen erklang jedoch begleitend regelmäßig Musik (s. Kap. 2, Exkurs: Filmmusik im Allgemeinen). Dies blieb fast 30 Jahre lang so, eine ganze Generation von Kinogängern kannte nur den Stummfilm. Der allererste abendfüllende amerikanische Tonfilm war im Jahr 1927 THE JAZZ SINGER, der erste deutsche Tonfilm im Jahr 1930 DER BLAUE ENGEL. Der Übergang vom Stumm- zum Tonfilm (engl. „Talkies") erfolgte rasch, das neue Medium hatte in der Gunst des Publikums schnell die Nase vorne.

Die Schwierigkeiten, die dieser Übergang für Darsteller, Regisseure und Produzenten bedeutete, sind in zwei sehr populären Filmen ausführlich dargestellt: in SINGIN' IN THE RAIN aus dem Jahr 1952 mit Gene Kelly, Donald O'Connor, Debbie Reynolds und Jean Hagen in den Hauptrollen und – fast 60 Jahre später – in THE ARTIST aus dem Jahr 2011 – dekoriert mit fünf Oscars – mit Jean Dujardin und Bérénice Bejo als Protagonisten. Die Quintessenz beider Filme lautet: Nicht alle Stummfilmstars sind stimmlich geeignet, in einem Tonfilm mitzuwirken. Wie mit dieser „Nichteignung" in beiden Filmen umgegangen wird, ist jedoch sehr unterschiedlich. Der Plot von SINGIN' IN THE RAIN lebt davon, dass Hagen, in der Rolle des Stummfilmstars Lina Lamont, ihre stimmlichen Fähigkeiten gänzlich falsch einschätzt: Trotz intensiven Stimmtrainings (köstlich: „Rrround tones" – Schöne runde Töne) ist sie nicht in der Lage, klar artikuliert zu sprechen (herrlich: „And I cään't ständ 'em" – Doch ichkanihnnichliebn) oder schön zu singen: Ihre Stimme bleibt quälend „quäkend". Im Gegensatz hierzu wagt Dujardin in THE ARTIST in der Rolle des Stummfilmstars George Valentin gar nicht, seine Stimme auf der Leinwand zu erheben. Ob er seine Stimme schlecht oder hässlich findet, erfährt der Zuschauer nicht – vielleicht hatte er schlicht Scheu, sich stimmlich zu präsentieren.

Ein ähnlich geartetes Misstrauen gegenüber der filmischen Wirkung der eigenen Stimme hatte auch der Stummfilmstar Charlie Chaplin (1889–1977). Noch in seinem Film MODERN TIMES aus dem Jahr 1936 arbeitet er überwiegend mit der Ästhetik eines Silent Movies, die einzigen Stimmen, die man zunächst hört, sind technisch „transportiert" und gehören beispielsweise dem Chef der Fabrik am Bildschirm und Stimmen aus Lautsprechern, aus dem Radio und von Schallplatten. Seine eigene Stimme verbirgt Chaplin bis zur letzten Episode des Films. Charlie ist jetzt „Kellner mit Gesangsverpflichtung" in einem Lokal, in welchem auch seine Filmfreundin arbeitet (ein Straßenmädchen ohne eigenen Namen, gespielt von Paulette Goddard [1910–1990] – im richtigen Leben Chaplins dritte Ehefrau von 1933 bis 1941). Nach einigen „Szenen aus dem Leben eines Kellners" – äußerst spritzig-skurrile Slapstick-Nummern beim Servieren und Vorlegen diverser Speisen – naht der erste Auftritt. Charlie ist sehr aufgeregt und vergisst immer wieder seinen Text. Seine Freundin schreibt ihm einen „Spickzettel" auf die rechte Manschette. Die Musik beginnt, Charlie tritt mit dynamisch federnden Tanzschritten auf, als wolle er sich Mut machen. Die Manschette fliegt – samt Liedtext – in den ersten Sekunden der Performance, bei der dritten ausladenden Bewegung seiner Arme, in hohem Bogen ins Publikum. Die Sicherheit ist futsch, Charlie muss improvisieren. Das Mädchen ermuntert ihn, einfach drauflos zu singen. Charlie macht wunderbar expressiv „schleifende" Tanzschritte, fasst

sich schließlich ein Herz und beginnt zu singen: Zum aller-
ersten Mal vernimmt das Kino-Publikum die Stimme Charlie Chaplins. Er bringt einen Nonsens-Text auf das Lied
von Léo Daniderff (1878–1943) „Titina" („Je cherche
après Titine") zu Gehör. Zwischen den Strophen macht er
wiederum Tanzbewegungen, die man zum Teil fast als eine
Art Vorläuferbewegungen von Michael Jacksons „Moon-
walk" interpretieren könnte. Der onomatopoetische
Gesang stellt – parallel zu Charlies wunderbar gekonnten
Gesten und Bewegungen – eine gleichwertige „Klangpan-
tomime" mit der Stimme und ihren prosodischen Möglichkeiten dar – faszinierend. Wie talentiert Charlie Chaplin
über seine darstellerischen Fähigkeiten hinaus auch als
Musiker und Komponist war, „beweist" er in der aller-
letzten Szene des Films: Zu dem von Charlie komponierten Titel „Smile" laufen die Protagonisten zusammen auf
der „Straße des Lebens", in den Horizont hinein.

In seinem nächsten Film DER GROSSE DIKTATOR aus dem
Jahr 1940, einem „richtigen" Tonfilm, erweitert Chaplin in
der Doppel(gänger)rolle des Friseurs und des Diktators
Adenoid Hynkel brillant seine stimmlichen Ausdrucksmög-
lichkeiten. Die Figur des Hynkel ist eine beängstigend hell-
sichtig-vorausschauende Parodie Hitlers, das Skript zum
Film wurde schon 1937 begonnen! Chaplin spricht als
Schauspieler in beiden Rollen normalverständliche Texte
und verfällt dann als Hynkel immer wieder in ein „Pseudo-
deutsch". Eine solche Pseudosprache, die national artikula-
torische und prosodische Eigenheiten sowie einzelne Wörter einer Sprache verwendet, ohne jedoch einen Sinn zu
ergeben, bezeichnet man in der Sprachwissenschaft als
„Gibberish", ein Begriff, der seit dem 16. Jahrhundert
nachzuweisen ist und sich etymologisch vermutlich von
to gibber = kauderwelschen ableitet. Chaplin verwendet
beispielsweise die deutlich herauszuhörenden Wörter
„Sauerkraut", „Wiener Schnitzel", aber auch das Kunst-

wort „Schtonk" in der Bedeutung „wird abgeschafft, ist beendet". Dieser Begriff wurde im Jahr 1992 von Helmut Dietl (1944–2015) als Titel für seinen Film über die gefälschten Hitler-Tagebücher verwendet. In der Theatersprache bezeichnet man eine ironische Spielsprache auch als „Grammelot", die sich „makkaronischer" Elemente (auf Deutsch „Nudel-Verse") bedient. Kennzeichen einer solchen Sprache ist die Vermischung unterschiedlicher Sprachen, wie beispielsweise bei Chaplin deutscher und englischer Elemente. Die von Chaplin produzierten Laute sind hochexpressiv, der Sprachduktus ist abgehackt und herrisch-gebieterisch. Selbst die Mikrofone weichen angstvoll vor ihm zurück. Als Deutscher bekommt man vor Augen geführt, wie unsere Sprache auf nicht deutsch Sprechende wirken kann: wenig erbaulich, wenig melodiös, aber furchteinflößend!

Als Filmmusik werden im GROSSEN DIKTATOR teilweise sehr prominente Musikstücke wie der Ungarische Tanz Nr. 5 in g-Moll von Johannes Brahms und das Vorspiel zu Wagners Oper LOHENGRIN verwendet. Der Tanz von Brahms dient als Grundlage einer virtuos ausgeführten Rasier-Pantomimen-Persiflage, die köstlich ist, aber ohne tieferen Sinn bleibt und Chaplin als routinierten Komödianten und „High-Level-Performer" zeigt. Auf einem ganz anderen, intellektuell und künstlerisch viel höheren Niveau sind die beiden Szenen angesiedelt, für die Lohengrin als musikalische Grundlage fungiert: der Tanz mit der Weltkugel und die Schlussansprache des jüdischen Friseurs. Der Tanz mit dem Globus ist ein diabolisches Lehrstück über das Phänomen des Größenwahns, die Ansprache des Friseurs eine pazifistische Wunschvorstellung: zweimal genial!

Wie kann es sein, dass für so gegensätzliche Aussagen dieselbe Musik „passt"? Eine mögliche Erklärung liegt darin, dass die Musik unsere Wahrnehmung und unser

Bewusstsein öffnet (s. Kap. 6). Leider öffnet man dadurch auch dem Missbrauch von Musik Tür und Tor (s. Kap. 4, Exkurs: Warum Singen „not" ist). Die Musik selbst ist jedoch „frei von Moral", sie trifft selbst keine wertenden Aussagen, sondern berührt direkt „Herz und Sinn" und steigert unser emotionales Erleben!

Viertes Medium: Fernsehen

Die technische Entwicklung des Fernsehens folgte derjenigen des Grammophons und des Radios – mit leichtem zeitlichem Versatz – in den ersten Jahrzehnten des 20. Jahrhunderts sozusagen auf dem Fuße. 1931 führte Manfred von Ardenne (1907–1997) zur Funkausstellung in Berlin das erste vollelektronische Fernsehen vor, im gleichen Jahr wurde durch die CBS in New York erstmals regelmäßig ein Fernsehprogramm ausgestrahlt. Als Massenmedium etabliert sich das Fernsehen in den 1950er bis zum Beginn der 1960er Jahre.

Neben der Ausstrahlung von Spielfilmen entwickelten sich im Fernsehen eigene Sendeformate im Bereich der Nachrichtensendung und der Unterhaltung, für die spezielle Sprecherinnen und Sprecher benötigt wurden. Natürlich blieben die stimmlichen und artikulatorischen Fähigkeiten dieser „Fernsehschaffenden" wichtig, hinzu kamen jedoch auch optische Aspekte – die Menschen in der heilen Welt des Fernsehens sollten nicht unansehnlich sein. Diese Aspekte spielten in den ersten Jahren bei der Auswahl insbesondere der Bewerberinnen eine entscheidende Rolle. Die Frauen – damals noch als „Fernsehansagerinnen" tituliert – sollten die vorgefassten Texte anmutig ablesen und ansonsten einen guten Eindruck machen, ganz konform dem Rollenklischee der Zeit.

Frauenstimmen im Medium Fernsehen

Die Sprechstimmen der ersten Ansagerinnen waren weiblich hoch, wie wir in einer eigenen Untersuchung von Casting-Kandidatinnen aus dem Jahr 1962 nachmessen konnten. Hier lag die mittlere Sprechstimmlage (F_0) bei fünf Damen im Mittel bei 223 Hertz (Hz) (Range 209–236 Hz). Damit bewegte sie sich genau in dem Frequenzbereich, der als Normbereich für Frauen – beispielsweise von Gerhard Böhme – angegeben wird. Musikalisch entspricht der Mittelwert einem a, der Range dem Bereich der Tonhöhen g–c'. Wenn man hiermit Sprecherinnen vergleicht, die in den Folgejahren im Fernsehen tätig geworden sind, so ist zu beobachten, dass es über die Jahre zu einem Abfall von F_0 gekommen ist. Wieder haben wir fünf Sprecherinnen analysiert und fanden Mittelwerte für F_0 von 222 Hz (musikalische Tonhöhe ≈ a) bei Ellen Ehlers-Van Lyrop im Jahr 1966, von 186 Hz (musikalische Tonhöhe ≈ fis) bei Christa-Maria Klatt im Jahr 1969, von 196 Hz (musikalische Tonhöhe ≈ g) bei Dagmar Berghoff im Jahr 1974, von 166 Hz (musikalische Tonhöhe ≈ e) bei Petra Gerster im Jahr 2001 sowie von 174 Hz (musikalische Tonhöhe ≈ f) bei Caren Miosga im Jahr 2007. Natürlich ist diese Auswahl nicht repräsentativ, aber jeder Fernsehzuschauer kann sich allabendlich in den Fernsehnachrichten mit eigenen Ohren überzeugen: Die Mehrzahl der Damen – von Gundula Gause bis Susanne Daubner etc. pp. – sprechen sehr tief, der Abfall von F_0 von rund 2 bis 2½ Ganztönen ist deutlich hörbar. Diese Messungen decken sich mit der in der Literatur schon erforschten Tatsache, dass erfolgreiche Frauen wie Managerinnen, Politikerinnen etc. einen erniedrigten Wert für F_0 aufweisen, wie die Arbeitsgruppe um Walter Sendlmeier zeigen konnte. Frauen mit tieferer F_0 werden von ihren Zuhörern und Gesprächspartnern ernster genommen und strahlen eine höhere Glaubwürdigkeit aus, wie Casey Klofstad und Mitarbeiter fanden. Das ist keineswegs nur bei Menschen so: Im Tierreich entspricht eine tiefere und rauere Stimme als biologisches Signal einem höheren Rang und einer größeren Dominanz, wie Annette Denzinger und Ulrich Schnitzler analysiert haben.

Wenn wir wieder zu den oben beschriebenen Moderatorinnen zurückkommen, so stehen unsere Untersuchungen im Einklang mit dem Rollenwechsel, den Frauen in den Medien und insbesondere Frauen im Fernsehen durchgemacht haben: weg von der Ansagerin, die einen von anderen – meist männlichen – Kollegen vorformulierten Text nur als schmückendes Beiwerk ablesen durfte, hin zu moderierenden Redakteurinnen, die ihre Texte selbst schreiben und dann überzeugend präsentieren. Die Texte sind intellektuell anspruchsvoll und werden von den Moderatorinnen sehr gut artikuliert. Die rein stimmliche Qualität bleibt dabei manchmal jedoch auf der Strecke: Knarrende, raue und behauchte Stimmklänge sind heute zunehmend zu hören. Die Mikrofonierung findet so mundnah statt, dass die Sprecherinnen nicht auf eine gute stimmliche Performance angewiesen sind: Leider, leider, wie der frühere Chefsprecher des Südwestfunks und Ausbilder des Sprechernachwuchses, Elmer Bantz, nicht abließ zu bedauern! Ein weiterer stimmlich negativ wirksamer Effekt geht von den Talkshows aus: Heute kommt jeder, der vermeintlich etwas zu sagen hat, ins Fernsehen, je schriller, desto besser. Stimmqualität spielt hier keine Rolle mehr, die Mikrofone werden's schon richten – oder auch nicht …

Das Medium Fernsehen taugt demzufolge nicht als stimmliches Vorbild, schlimmer noch, durch die Passivität des Fernsehkonsums – Stichwort Couch-Potato – führt ein hoher Fernsehkonsum insbesondere bei Kindern und Jugendlichen zu einer Degeneration sprachlicher und stimmlicher Fähigkeiten (s. Kap. 7).

Fünftes Medium: Internet

Das Internet hat von allen bisher beschriebenen Medien die rasanteste Entwicklung durchlaufen. Ab etwa 1960 gab es erste Ansätze für Computer-Netzwerke, die vornehmlich militärischen und später wissenschaftlichen Zwecken dienten. Im Jahr 1990 wurde das Internet zur kommerziellen Nutzung freigegeben. Zu diesem Zeitpunkt gab es nach Schätzungen des Internet Systems Consortiums (ISC) weltweit etwa 300.000 Computer im Netz; 20 Jahre später, im Jahr 2011, betrug die geschätzte Zahl rund 850 Millionen. Heute läuft ein Großteil der elektronischen Kommunikation über das World Wide Web (www). Laut Angaben des Deutschen Network Information Centers (DENIC; zentrale Registrierungsstelle für alle .de-Domains) waren im Jahr 2014 in Deutschland fast 16 Millionen .de-Domains registriert. Statistisch ragt hier die Stadt Osnabrück mit knapp 220.400 Domains bei 155.600 Einwohnern heraus – das sind etwa 1400 pro 1000 Einwohner: Wahnsinn!

Das Netz dient als riesige Wissensdatenbank, als großes Warenhaus und nicht zuletzt als Kommunikationsplattform für E-Mails und andere Kommunikationsformen. Das Netz birgt jede Menge Fallstricke. Laut Angaben des Bundesverbandes Informationswirtschaft, Telekommunikation und neue Medien (BITKOM) waren im Jahr 2010 bereits 95 % aller verschickten Mails unerwünschte Mails, also „spam". SPAM wird heute im Wortsinn von „Abfall, Plunder" verwendet, war jedoch ursprünglich ein Markenname für Dosenfleisch. Legendär wurde der Begriff u. a. durch den Spam-Sketch aus MONTY PYTHON'S FLYING CIRCUS im Jahr 1970. Auch das Phänomen der Phishing-Mails (ein englisches Kunstwort, welches das Fischen = *fishing* von Passwörtern und Zugangscodes bezeichnet), die nicht nur lästig sind, sondern kriminell in betrügerischer Absicht verschickt werden, ist heute weit verbreitet.

Seit die noch recht „jungen" Plattformen wie Facebook, Instagram etc. hinzugekommen sind, verschärfen sich die Probleme und Missbrauchsmöglichkeiten, besonders im Bereich des Daten- und Persönlichkeitsschutzes. Dies ist auch eine Folge der heute mehr als flächendeckend verbreiteten Smartphones – viele Wohlstandskids und „-grown-ups" in westlichen Ländern besitzen mehrere davon. Formulierungen wie „das hab ich ins Netz gestellt" oder „das hab ich im Netz gefunden" charakterisieren diesen totalen Wandel in unserem Alltag. Wer hat das noch im Griff? Wie kann man die Nutzer sinnvoll „erziehen" und schützen?

Der größte Teil der Netzkommunikation ist schriftlich, die eigene Meinung spielt eine große Rolle – die eigene Stimme so gut wie keine. Von den „Usern" wird häufig der Versuch unternommen, den emotionalen Gehalt einer Kurznachricht, beispielsweise einer SMS (engl. Short Message Service = Kurznachrichtendienst) oder eines tweets (engl. Gezwitscher) bei Twitter oder eines postings (engl. Veröffentlichung, Buchung) bei Facebook, der sich bisher durch die Stimme transportierte, mittels Emoticons (englisches Kunstwort aus *Emoti*on und *Icon*) wie Smileys oder Kürzeln – z. B. lol – für „laugh(ing) out loud" – mitzutransportieren.

Wie bereits oben erwähnt, hatte sich Bertolt Brecht in den Jahren 1927 bis 1932 mehrfach publizistisch mit dem Medium Radio beschäftigt und eine Radiotheorie entwickelt, wie man in der Monografie von Dieter Wöhrle nachvollziehen kann. Wenn man bestimmte Ausschnitte aus diesen Texten liest, kommen sie einem beeindruckend visionär vor, fast hat es den Anschein, Brecht hätte über das Internet geschrieben. So formulierte er sarkastisch:

„Man hatte plötzlich die Möglichkeit, allen alles zu sagen, aber man hatte, wenn man es sich überlegte, nichts zu sagen. [...] Ein Mann, der was zu sagen hat und keine Zuhörer findet, ist schlimm daran. Noch schlimmer sind Zuhörer daran, die keinen finden, der ihnen etwas zu sagen hat."

Brecht beließ es nicht bei der Kritik, sondern unternahm den Versuch, eine Utopie des Mediums zu entwickeln, die einen größeren Nutzen für die Hörer haben würde:

„Um nun positiv zu werden: das heißt, um das Positive am Rundfunk aufzustöbern; ein Vorschlag zur Umfunktionierung des Rundfunks: Der Rundfunk ist aus einem Distributionsapparat in einen Kommunikationsapparat zu verwandeln. Der Rundfunk wäre der denkbar großartigste Kommunikationsapparat des öffentlichen Lebens, ein ungeheures Kanalsystem, das heißt, er wäre es, wenn er es verstünde, nicht nur auszusenden, sondern auch zu empfangen, also den Zuhörer nicht nur hören, sondern auch sprechen zu machen und ihn nicht zu isolieren, sondern ihn auch in Beziehung zu setzen."

Manche Forderungen von Brecht sind im Medium Internet realisiert: Es ist sehr interaktiv, es ermöglicht und beschleunigt Kommunikation. Ermöglicht diese virtuelle Welt jedoch echte menschliche Beziehungen? Sind solche ohne stimmliche Kommunikation wirklich möglich? Aus stimmlicher und psychologischer Perspektive ist die Brecht'sche Utopie in diesem Medium nicht verwirklicht. Brecht hatte dies ja auch klar formuliert, indem er nicht „schreiben und lesen" forderte, sondern „hören und sprechen". Es fehlt also, neben Anderem, die Stimme, die bei echter menschlicher Beziehung und Kommunikation fast immer eine wesentliche Rolle spielt!

Den Tendenzen der Eliminierung stimmlicher Äußerungen wirken die neuesten Entwicklungen in der internetbasierten Kommunikation jedoch wieder entgegen. Über Youtube werden Filme nicht nur als „Konserven" hochgeladen, sondern es werden von sogenannten „Youtubern" selbst produzierte Clips öffentlich zugänglich gemacht. Viele dieser Clips sind musikalische Darbietungen, wie beispielsweise der Gruppe YTITTY; die Themenvielfalt ist jedoch unlimitiert, von der Kochanleitung bis zur gerappten Mathenachhilfe ist alles dabei. Die Hauptzielgruppe der Youtuber sind Jugendliche im Alter von 13 bis 17 Jahren. Da jeder Filme leicht produzieren und hochladen kann, beteiligen sich auch viele der Jugendlichen: Sie werden vom Rezipienten zum Produzenten. Hierdurch erhält die

Stimme wieder eine neue Bedeutung im „Netz". Diese positive Entwicklung drückt sich auch darin aus, dass in der Nachrichtenübermittlung und Kommunikation vermehrt wieder die Stimme eingesetzt wird: WhatsApp und Skype sei Dank!

Resümee

Die Entwicklung der Stimmen in den Medien lässt sich in unterschiedliche Phasen einteilen. Die Schallplatte bildete so gut wie möglich die bestehende „Bühnenstimme" der Sänger und Sprecher ab. Die Interpreten mussten mit der – durch technische Unzulänglichkeiten bedingten – artifiziellen Aufnahmesituation zurechtkommen, ohne jedoch ihre Stimme selbst an das Medium anpassen zu müssen. Der Hörer nahm als Rezipient die klanglichen Einschränkungen in Kauf, da er sich dennoch die Musik und Sprache in neuer Weise – und immer dann, wenn er sie in seinen eigenen vier Wänden hören wollte – zu Gemüte führen konnte. Im Medium Radio waren die Stimmen zunächst ähnlich wie bei der Schellackplatte nicht an das Medium adaptiert, sondern wurden von ihm lediglich transportiert. Durch die technischen Neuerungen in der Tonaufnahme und -wiedergabe bildete sich jedoch eine eigene „Radio-Stimm-Ästhetik" im Sprechen und Singen heraus. Die Stimmen drangen tief in das Leben und Bewusstsein der Hörer ein. Bedingt durch die „ubiquitäre" Verbreitung des Radios konnte man sich ihnen nur noch schwer entziehen. Die Stimmen im frühen Tonfilm verwendeten analog zur „Radio-Stimm-Ästhetik" eine eigene schauspielerische Ästhetik des Sprechens und Singens im Film. Die Stimmen lösten sich von der Bühnenästhetik und vermittelten dem Zuschauer eine Intimität, die ihn direkt ins Geschehen einbezog. Diese aus stimmästhetischer Sicht bedenkliche Tendenz setzte sich im Medium Fernsehen weiter fort, sodass ein Niedergang und eine Trivialisierung stimmlichen Ausdrucks zu beobachten sind. Die Kommunikationsplattform des Internets führte durch Ausklammerung der Stimme zu einer weiteren Verschlechterung der Stimmkultur – doch es gibt in diesem Medium auch Licht am Ende des Tunnels: Die Technik ist mittlerweile in der Lage, auch Stimmen und Filme in gleicher Geschwindigkeit wie Texte zu übermitteln. Aus stimmlicher Perspektive machen Formate wie Youtube, Skype und WhatsApp Hoffnung.

9 „Toi, toi, toi! Merde! Hals- und Beinbruch!" – Auftrittsrituale

Vor dem Auftritt: Spucken über die linke Schulter – bloß nicht die rechte! – und auf keinen Fall „danke" sagen, sonst bringt es Unglück. Es gibt jede Menge solcher Rituale, die dem Künstler auf der Bühne Glück bringen sollen. Manche Ausdrücke sind Allgemeingut, auch unter Menschen, die nicht als Künstler auftreten: Sehr verbreitet ist das „toi, toi, toi", was so viel heißen soll wie „es möge gelingen". Auch „Hals- und Beinbruch" ist in der älteren Generation noch in Gebrauch.

Jede Sprache und Kultur hat ihre eigenen Formeln: Im Französischen sagt man „merde" (Scheiße), im Spanischen „mucha mierda" (also viel dergleichen). Vermutlich geht diese Wortwahl auf die Zeit zurück, in der die Besucher zu Pferd geritten kamen – oder durch den Pferdemist zu Fuß an ihr Ziel gelangten – und an ihren Schuhen beim Theaterbesuch noch Pferdeäpfel hängen hatten. Roch es „streng", bedeutete dies also viele Zuschauer – ein Glück für den Auftretenden.

Im gleichen Sinnzusammenhang – nämlich dass möglichst viele Zuschauer im Publikum seien – wird in Australien das Wort „chookas" als Glücksbringer verwendet. „Chooks" kommt von „chicken" (Hühnchen), welches nach der Vorstellung nur bei einer größeren Anzahl von Besuchern gereicht wurde.

Ähnlich wie im Deutschen ist im Englischen der Ausdruck „break a leg" (Beinbruch) geläufig, allerdings nur unter Musikern und Schauspielern, nicht unter Tänzern – das würde doch zu weit gehen. Englisch- und deutschsprachige Tänzerinnen und Tänzer bleiben für das Glückwünschen lieber beim französischen „merde". Auffällig ist beim deutschen und englischen „Hals- und Beinbruch", dass etwas Negatives gewünscht wird.

Überhaupt ist es in der Welt des Theaters und der Bühne tabu, Positives für den Auftritt auszusprechen. Die Umkehrung ins Negative, die sich in den dort gebräuchlichen Glücksformeln findet, geht auf den Aberglauben zurück, dass böse Geister bei zu viel Glück neidisch werden und den Auftritt zum Misslingen bringen könnten. Vorsichtshalber dreht man deshalb den Wunsch ins Gegenteil um.

Auch das „toi, toi, toi" stammt daher, beim Wünschen von Glück einen Gegenzauber auszusprechen, um den Wunsch zu schützen. Der Gegenzauber bestand darin, das Wort „unberufen" auszusprechen oder dreimal auszuspucken oder auf Holz zu klopfen – was lautmalerisch wie toi, toi, toi klingt. Diese archaischen Handlungen haben sich teilweise bis heute erhalten: Klopfen auf Holz bedeutet immer noch „viel Glück", ebenso das angedeutete Spucken auf Gegenstände, die Glück bringen sollen – etwa das „Spucken" auf einen Brief, der Positives bewirken möge, oder das dreimalige Spucken über die linke Schulter.

Im Italienischen wird als Glücksformel – beispielsweise unter Opernsängern – ein Ausdruck verwendet, der nichts Gutes verheißt: „in bocca al lupo" (ins Maul des Wolfes). Zum vollständigen Ritual gehört die Antwort „crepi il lupo" oder kurz „crepi", was soviel bedeutet wie „er, der Wolf, möge krepieren". Woher dieser Spruch stammt, ist nicht ganz klar, möglicherweise kommt er aus der Bergwelt des Apennin, aus einer Zeit, in der Wölfe noch eine Gefahr für die Bauern und ihr Vieh darstellten. Einen Wolf zu töten war eine Heldentat, die besonderen Mut erforderte; ein ähnliches Maß an Mut soll auch den Künstler auf die Bühne begleiten.

Was sind Rituale?

Rituale sind in Form und Ablauf festgelegte Handlungen, die kulturell verankert sind. Sie wurden ursprünglich als religiöse Sitten und Bräuche ausgeübt und prägen als solche noch heute unser Leben – denken wir an die Feste des Kirchenjahres wie Advent und Weihnachten, Ostern, Erntedankfest oder die Feiern Kommunion, Konfirmation, Firmung sowie Taufe, Trauung usw.

In einem größeren religiösen Kontext werden Rituale auch als Riten bezeichnet. Der Wortstamm ist selbstreferenziell, er wird etymologisch vom lateinischen *ritualis* hergeleitet und im lateinisch-deutschen Handwörterbuch von Karl Ernst Georges als „den religiösen Brauch betreffend" angegeben. Neben religiös geprägten Ritualen gibt es eine große Anzahl *weltlicher Bräuche*. Sie markieren oft wichtige Übergänge oder besondere Ereignisse in der Lebensspanne und begleiten menschliche Reifungsprozesse. Wir feiern Geburtstage und Jubiläen verschiedener Art – insbesondere bei „runden" Zahlen – sowie Ausbildungsabschlüsse und akademische Weihen. In der ZAUBERFLÖTE finden wir als Beispiel die Initiationsriten (s. Kap. 5).

Überhaupt ist unser Leben durch vielerlei festgelegte Abläufe und Inhalte „ritualisiert". Die psychologische Wirkung auf das Individuum liegt darin, dass Rituale durch ihre wiederkehrende Form Struktur und Orientierung bieten.

Auftrittsrituale

Rituale bei Künstlern vor einem Bühnenauftritt stellen eine Sonderform des Rituals dar. Sie haben das Ziel, dem auftretenden Künstler beim Gelingen seiner Darbietung zu helfen, und entspringen dem Bedürfnis, das Lampenfieber, welches sich vor einem Bühnenauftritt natürlicherweise einstellt, durch eine Art „Beschwörung" positiv „in den Griff zu bekommen".

Lampenfieber ist grundsätzlich hilfreich für die Darbietung auf der Bühne, da es zur Steigerung der Konzentrationsfähigkeit und der Bühnenpräsenz führt. Nimmt das Lampenfieber jedoch zu starke Ausmaße an und entwickelt spezifische Symptome – beispielsweise das Schwitzen und Zittern der Hände bei einem Geiger oder Pianisten –, so kann es beeinträchtigend wirken, wie in der Monografie Lampenfieber ausführlich beschrieben. Rituale sind ein wirksames Mittel, um dies zu verhindern.

Rituale folgen ganz bestimmten Regeln und Abläufen, die aus jahrhundertealtem Aberglauben herrühren, oder sie sind – wie bei den persönlichen Ritualen – individuell entstanden.

Manche der ungeschriebenen Bühnengesetze gehen auf historische Begebenheiten zurück: So bringt es Unglück, im Bühnenraum zu pfeifen, da dies an das Gefahr bringende Ausströmen von Gas aus einer Gaslaterne erinnert – an eine Zeit, als die Bühnenbeleuchtung noch mit diesen Leuchtmitteln erfolgte. Umstritten ist, ob das Betrachten des Publikums durch den Vorhang kurz vor Vorstellungsbeginn Unglück bringt; viele erfolgreiche Künstler haben dies getan, ohne Schaden zu nehmen.

Je nach Kunstsparte – ob Musiker, Sänger, Schauspieler oder Tänzer – gibt es zudem unterschiedliche und besondere Rituale, die festlegen, was man tun sollte, um das Schicksal günstig zu stimmen oder Unglück zu vermeiden. Unter Tänzern soll es Glück bringen, sich vorsätzlich in den Finger zu stechen. Unter Musikern gelten manche Stücke als unglücksträchtig. Manche Schauspieler sprechen beispielsweise den Namen „Macbeth" nicht aus, sondern verwenden dafür den Ausdruck „Das schottische Stück – The Scottish Play". Auch diese Umschreibung soll Unglück abwenden. Woher der Ausdruck kommt, ist nicht ganz geklärt – ein Zusammenhang mit den blutrünstigen Handlungen des titelgebenden Helden, der auch als *Scottish Lord* oder *King* bezeichnet wird, ist denkbar; möglicherweise steht er jedoch auch mit einem konkreten Anlass in Verbindung, der sich am 10. Mai 1849 in New York ereignete und als Astor Place Riot (Ausschreitung am Astor-Platz) in unrühmlicher Weise in die Geschichte einging: Zwei unterschiedliche Theatercompagnien gaben das Stück in zwei verschiedenen Theatern nahezu parallel, das Publikum war in zwei verfeindete Lager gespalten, die sich bekämpften. Das Spiel schlug in blutigen Ernst um. Es entstanden Krawalle, die mindestens 25 Tote und über 120 Verletzte forderten!

Persönliche Rituale von Musikern

Für den einzelnen Künstler sind besonders die persönlichen Rituale von Bedeutung, die sich für ihn individuell bewährt haben. Entscheidend ist, dass der Sänger, Musiker oder auch Schauspieler und Tänzer an ihre positive Wirkung glaubt.

Die Bandbreite der persönlichen Rituale ist riesig und ihre Inhalte und Ausführungen sind mindestens so kreativ wie die Künstler selbst. Ritualen haftet etwas Intimes an, da sie mit persönlichen Erlebnissen in Zusammenhang stehen. Nur wenige Künstler teilen sie zu Lebzeiten der Öffentlichkeit mit. Wenn wir trotzdem von einigen Künstlern durch Zeitzeugen posthum ihre persönlichen Rituale erfahren, so sollten wir mit diesem Wissen besonders respektvoll umgehen. Der berühmte Geiger Gidon Kremer (*1947) schreibt in seinem Buch OBERTÖNE:

„Jeder von uns hat seine Eigenheiten. Einige lassen sich besser verbergen oder treten seltener hervor, andere sind buchstäblich offensichtlich (...). Etliche Kollegen müssen eine Stunde vor Konzertbeginn im Saal sein, während andere eine Minute vor dem Auftritt dort erscheinen. Wieder andere müssen unbedingt etwas essen oder alle zwei Tage einen Geigenbauer oder Klaviermechaniker aufsuchen, weil sie glauben, ihre Probleme würden durch das

Instrument erzeugt. Bei vielen wird das ‚A‘ zum Einstimmen immer zu hoch oder zu tief angegeben, oder sie werden durch das Licht aus der Fassung gebracht. Ich könnte diese Liste weiterführen, will aber keinen Katalog menschlicher Schwächen oder Stärken erstellen. Ich möchte hier nur an etwas erinnern, das allgemein bekannt ist. Musiker sind sensible Gemüter und sollten mit Vorsicht behandelt werden.“

Der Vorhang, der sprichwörtliche „Lappen“, der Abend für Abend „hochgehen“ muss, kann als Grenze zwischen dem Künstler und seinem Publikum ebenfalls in Rituale eingebettet sein, wie der spezielle „Gruß“ des Publikums, den die großartige Diseuse Yvette Guilbert (1865–1944), charakteristischerweise mit einer Hand am Vorhang, allabendlich als Ritual zelebrierte. Diese Geste hat der geniale Maler und Zeichner Henri de Toulouse-Lautrec (1864–1901) in mehreren eindrucksvollen Bildern für die Nachwelt eingefangen – eine dieser Darstellungen, eine Lithografie, ist am Anfang dieses Kapitel zu sehen.

Persönliche Rituale entstehen nicht selten aus Zufällen. Ein Beispiel ist das Ankleiden vor einem Konzert in einer bestimmten Reihenfolge der Kleidungsstücke, die zunächst unbeabsichtigt erfolgte. War das folgende Konzert besonders gelungen, so wird eine Verbindung mit der spezifischen Art des Ankleidens hergestellt. Der Musiker glaubt nun, das nächste Konzert wieder so gut zu spielen, wenn er sich auf dieselbe Weise anzieht. Aus dem Ankleiden ist ein Ritual geworden – herrlich witzig dargestellt in dem kleinen, aber feinen Büchlein DAS ORCHESTER ZIEHT SICH AN von Karla Kuskin mit den Zeichnungen von Marc Simont.

In diesem Beispiel ist die Reihenfolge das entscheidende Merkmal des Rituals. Es kann also wichtig sein, zuerst die rechte und dann die linke Socke anzuziehen. Gleichermaßen kann sich ein Ritual jedoch auch darauf beziehen, dass jedes Mal derselbe Gegenstand einbezogen ist: also möglichst immer dasselbe Frackhemd oder dieselbe Hose anzuziehen, vor dem Auftritt dieselbe Teesorte aus derselben Tasse zu trinken, ein bestimmtes Nahrungsmittel zu sich zu nehmen – besonders beliebt sind Bananen als „Energiespender" –; denselben Schmuck – Ohrringe, Ketten oder Armbänder mit demselben Glücksanhänger – anzulegen; bestimmte Bewegungen – bei Musikern auch Körperübungen – zum Aufwärmen durchzuführen usw.

Charakteristisch ist das Gefühl, Inhalt und Ablauf des Rituals ganz genau einhalten zu müssen, damit es seine positive Wirkung entfalten kann. Der Übergang zwischen Ritual und Gewohnheit ist fließend. Bei beiden fällt auf, wie wichtig es für den betreffenden Künstler ist, an seiner jeweiligen Handlung festzuhalten.

Der Klavierstimmer Franz Mohr schreibt in seinem Buch GROSSE PIANISTEN, WIE KEINER SIE KENNT über den berühmten Pianisten Vladimir Horowitz (1903–1989), dass sich dieser für Tourneen immer eine Menge Videofilme – zur Zeit der geschilderten Begebenheit waren dies wohl „Wildwest"-Filme – besorgte und sich jeden Abend zwei davon ansah. Am Vorabend eines Konzerts im Théâtre des Champs-Elysées in Paris habe seine Frau Wanda – da es schon spät am Abend gewesen sei und Horowitz normalerweise vor Konzerttagen früh zu Bett ging – zu ihm gesagt: „Morgen hast du dein Konzert, und es ist schon spät. Meinst du nicht, dass du gleich zu Bett gehen und dich erholen solltest – statt deine beiden Videos anzuschauen?" Horowitz antwortete: „(...) Ich weiß, was ich zu tun habe; und ich werde meine beiden Videos anschauen!" Das Konzert am nächsten Abend verlief glänzend. Ähnlich ritualisiert war die Terminierung seiner Konzerte: Horowitz hielt alle Generalproben am Samstagnachmittag um vier Uhr ab, das Konzert am Sonntag.

Auftrittsrituale bei Sängern

Die Rituale von Sängern sind besonders ausgeprägt. Dies mag damit zu tun haben, dass Sänger mit ihrer Stimme ihre ganze Person auf der Bühne exponieren und deshalb ein erhöhtes Sicherheitsbedürfnis beim Auftritt besitzen.

Die Rituale des berühmten Tenors Enrico Caruso (1873–1921) vor Bühnenauftritten sind uns besonders gut bekannt, da sowohl seine Ehefrau Dorothy Caruso (1893–1955) als auch sein Impresario Emil Ledner (1856–1924) nach seinem Tod darüber berichteten.

Caruso muss unter starkem Lampenfieber gelitten haben, welches sich trotz großer Bühnenerfahrung mit fortschreitendem Alter eher noch verschlimmerte. Besonders vor dem Auftritt war das Lampenfieber sehr stark, legte sich dann aber recht schnell, sobald er auf der Bühne eine gute Beziehung zum Publikum aufgebaut hatte. Ledner berichtet 1922 in seinen ERINNERUNGEN AN CARUSO eindrücklich über dessen Zustand vor Konzerten:

„Kritische Stunden erster Ordnung brachten jene Tage, an welchen eine Vorstellung stattfand. An solchen Tagen wurde Caruso von einem entsetzlichen Lampenfieber gequält. Jeder Künstler leidet mehr oder weniger unter diesen Empfindungen, bei Caruso nahm das Lampenfieber unbeschreibliche Dimensionen an, die ihm jede Vernunft raubte, seine Nerven peitschte und seine Umgebung zur Verzweiflung brachte. An solchen Tagen war der Zigarettenkonsum für mich ein Thermometer. An der Quantität konnte ich die Fiebergrade feststellen. Er war ein starker Raucher. Zigarren rauchte er nie. An spielfreien Tagen beschränkte er sich auf den Genuß von acht bis zehn Zigaretten. Aber an Spieltagen! Und besonders an solchen, die große Anforderungen an ihn stellten: Aida, Pagliacci, Tosca. Vom frühen Morgen bis nach Schluß der Vorstellung waren Hotel- und Ankleidezimmer im Theater in Rauch gehüllt. Neben Schminken und Puderbürsten befand sich die Zigarettendose. Nach einer ‚Aida'-Vorstellung in Berlin habe ich in dem zum Abwerfen der qualmenden Zigaretten aufgestellten Wassergefäße fünfzehn Zigarettenreste vorgefunden.

Wie vieles, waren auch die nach seinem Ableben über das Rauchen im Theater in den Zeitungen erfolgten Erörterungen stark übertrieben. Einen ‚Feuerwehrmann', der ihn auch auf die Bühne mit einem Wasser enthaltenden Eimer begleitete, habe ich nie gesehen. Nur im Berliner Opernhause hielt im Vorraum des Ankleidezimmers ein solcher Wache. Man hat in allen Theatern auf diese Angewöhnung Carusos Rücksicht genommen – allerdings hatte ich den beiden Dienern weitgehendste Vorsicht und schärfste Beobachtung dringendst eingeschärft – ich selbst verlor die am Schminktische qualmende Zigarette – wenn ich nicht anderwärts in Anspruch genommen – nie aus den Augen. Alle Bitten, welche ich an Caruso richtete, das in doppelter Beziehung gefährliche Zigarettenrauchen im Theater aufzugeben, hatten keinen Erfolg. Es halfen keinerlei, noch so eindringlich betonte Einwendungen: ‚Wenn ich nicht rauchen kann, dann kann ich nicht singen. Nur so kann ich meine Nerven beruhigen', sagte er."

Während Zigarettenkonsum ein *verbreitetes* Mittel zur Beruhigung darstellte, finden sich bei Caruso eine ganze Reihe anderer, höchst persönlicher Rituale. Eine Besonderheit war „das Fläschchen", in welches eine besondere Flüssigkeit vorher eingefüllt wurde. Ledner verrät in seinen Erinnerungen das Rezept:

„Sie [die Flüssigkeit, Anm. d. Verf.] bestand aus in der Apotheke destilliertem, eine Stunde vor Anfang mäßig erwärmtem Wasser, dem fünf Tropfen Anis, einige durch ein haarfeines Sieb gewonnene Orangentropfen und eine kleine Messerspitze Kochsalz beigegeben wurden."

Von Ledner erfahren wir auch, wie Caruso mit dem Inhalt des Fläschchens auf der Bühne umging:

„An jedem Kostüm waren einige ganz unauffällige Taschen angebracht, leicht mit den Händen erreichbar – jede Tasche enthielt ein solches Fläschchen. Sowie ihn die Aufregung erfasste oder wenn er auch nur glaubte, dass seine Kehle trocken werde, wandte er dem Publikum den Rücken zu und trank den Inhalt eines Fläschchens aus, wozu er oft eine Gesangspause weniger Sekunden benutzte. An vielen Abenden musste frisch ‚aufgefüllt' werden, oft blieb der Vorrat bis zum Schluss unberührt."

Auch Carusos Ehefrau Dorothy schildert eindrücklich seine Rituale, mit denen er sich zu beruhigen suchte:

„Wenn er seine Zigarette aufgeraucht hatte, ging er zum Waschbecken und nahm einen großen Schluck Salzwasser, das er in die Lunge einatmete – oder einzuatmen schien – und dann ausspie, ehe er erstickte. Mario hielt ihm eine Dose mit schwedischem Schnupftabak hin. Davon nahm er eine Prise, um die Nüstern zu klären. Dann trank er ein Weinglas voll Whisky, danach ein Glas Sprudel, und zuletzt aß er einen vierten Apfel. In die beiden Taschen, die in jedes Kostüm genau griffbereit eingearbeitet waren, schob er zwei Fläschchen mit warmem Salzwasser für den Fall, daß er sich auf der Bühne den Rachen spülen mußte. Wenn das alles getan war, gab ihm Mario seinen Talisman: ein gewundenes Korallenhorn, Heiligenmedaillen und alte Münzen, alles miteinander an einem dicken goldenen Kettchen aufgereiht. Dann klopfte es an die Tür, und Viviani, der Hilfsregisseur, fragte: ‚Dürfen wir anfangen, Herr Caruso?' Im letzten Augenblick vorm Hinausgehen rief er seine tote Mutter um Hilfe an; der Gedanke an sie gab ihm Mut. Niemals wünschte ihm einer Glück; das, sagte er, bringe unweigerlich Unglück."

Auch heutige Sänger pflegen vergleichbare Rituale. Die Sopranistin Waltraud Meier (* 1956) outete sich vor Jahren im Münchner Magazin „Taktlos". Sie berichtete, dass sie beim Singen auf der Bühne ein Lutschbonbon der Marke Grether's Pastillen (Blackcurrant) in der Backentasche habe. Anhand ihrer Schilderung lässt sich eine psychische „Abhängigkeit" als Merkmal von Ritualen aufzeigen, die darin besteht, dass Störungen im Ablauf des Rituals oder die Tatsache, dass das Ritual nicht entsprechend durchführbar ist, höchste Beunruhigung auslösen können. Im Falle von Waltraud Meier wurden entsprechend der Operninszenierung an bestimmten Stellen auf der Bühne Pastillen bereitgelegt, um eine nahtlose Versorgung auch bei längeren Partien sicherzustellen. Manchmal sei auch ein Bonbon am Revers des Gesangspartners angeheftet worden, welches von der Sängerin bei einer vorgesehenen

Umarmung „aufgenommen" wurde. Das Ritual fand schnell Nachahmerinnen: Sopranistinnen legten sich die gleiche Pastille in die Backentasche – in der Hoffnung, es auch hinsichtlich der sängerischen Leistung dieser wunderbaren Sopranistin gleichzutun.

Von Luciano Pavarotti (1935–2007) erzählt die Sopranistin Renée Fleming in ihrem Buch Die Biografie meiner Stimme, dass er vor dem Auftritt auf der Bühne einen verbogenen Nagel als Glücksbringer finden musste, die Farbe Lila hingegen nicht ertragen konnte. Renata Tebaldi (1922–2004) führte auf der Bühne ein Foto ihrer Mutter bei sich. Der Gedanke an nahe Bezugspersonen stellt ein weiteres verbreitetes Ritual dar, das bereits bei Caruso berichtet wurde.

Gefährliche Rituale

Auch wenn Rituale grundsätzlich eine positive Möglichkeit im Umgang mit Lampenfieber darstellen, da sie effektiv sind und der Kreativität großen Raum lassen, so muss hier auch erwähnt werden, dass es leider einige Rituale gibt, die als gefährlich einzustufen sind. Zu diesen zählt vornehmlich die Einnahme von Alkohol, Medikamenten oder Drogen. Die Gefahr der Abhängigkeit liegt auf der Hand und diese gefährdet über kurz oder lang auch die musikalische oder allgemein die künstlerische Leistungsfähigkeit. Auf weitere therapeutische Aspekte soll im Rahmen diese Buches nicht näher eingegangen werden, Hinweise hierzu finden sich in der einschlägigen Literatur der Autoren, z. B. MusikerMedizin oder Lampenfieber. Im letztgenannten Buch berichtet der renommierte Bühnen- und Filmschauspieler, Regisseur, Intendant und Hochschullehrer Gerd Heinz in einem Interview auch über ein weiteres gefährliches Ritual seines Schauspielerkollegen Karl-Heinz Vietsch, der vor Premieren wie ein Berserker Auto fahren musste, d. h. mit 200 Stundenkilometern über die Autobahn raste, um seine starke Anspannung vor Auftritten abzubauen.

Rituale im Ensemble

Bisher war von Ritualen bei Einzelpersonen die Rede, im künstlerischen Bereich arbeiten jedoch Personen auf intensive Weise auch in der Gruppe zusammen. Erfahrungen mit Kammermusik-Ensembles beschreibt Sonja Simmenauer in ihrem Buch MUSS ES SEIN? LEBEN IM QUARTETT eindrucksvoll aus ihrer Sicht als Konzertagentin. Künstler im Ensemble stehen gemeinsam vor dem Auftritt. Gruppenrituale zu entwickeln liegt deshalb nahe.

Im Bereich des Mannschaftssports ist dergleichen sehr verbreitet. Einen Kreis mit Körperkontakt zwischen den Teilnehmern zu bilden, um die Gemeinschaft spürbar zu machen und den Gruppengeist zu stärken u. Ä. sind etablierte Formen, die heute vor jedem Fußballspiel zu beobachten sind.

Im Buch von Eliane Arav LEUR TRAC AU THÉÂTRE berichtet ein Schauspieler, wie es ihm gelungen ist, seine Erfahrungen mit Gruppenritualen aus dem Mannschaftssport auf die Situation vor dem Bühnenauftritt mit seinem Schauspielensemble zu übertragen. Nach anfänglichem Zögern etablierten sich unterschiedliche Rituale – bezogen auf das zu spielende Werk – innerhalb des Ensembles und waren bald nicht mehr wegzudenken. Eine Form des Rituals bestand gar im gemeinsamen Durchführen von Liegestützen.

Die meisten Beispiele für Gruppenrituale kennen wir allerdings – wie oben erwähnt – aus dem Sport. Hier sind das gegenseitige Abklatschen vor dem Auftritt z. B. im Volleyball üblich; im Rugby werden sogar rituelle Tänze wie der Haka (s. Kap. 1) aufgeführt.

Resümee

Rituale – in diesem Kapitel insbesondere von Sängern, Musikern und Schauspielern – bringen in ihrer Vielseitigkeit die kreative Energie der jeweiligen Künstler zum Ausdruck. Dem Ritual haftet per se etwas Irrationales an, da seine Wirkung nicht auf rationalen Zusammenhängen fußt, sondern vielmehr einem magischen Denken entspringt. Für den Betrachter von außen erscheinen Rituale deshalb nicht selten amüsant und gelegentlich gar exaltiert. Hinzu kommt, dass persönliche Rituale mehr oder weniger direkte Einblicke in das Innenleben des Künstlers erlauben. Um Voyeurismus vorzubeugen, muss deshalb die Intimität des Künstlers respektiert werden. Die ungeheure Anforderung und die Anspannung vor und während des Bühnenauftritts, der sich ein Künstler gegenübersieht, sollten immer mit bedacht werden.

Rituale von Künstlern sind nicht zuletzt als beeindruckende menschliche Lösungsansätze zu betrachten, die zeigen, wie mit der „Extremsituation" des Bühnenauftritts konstruktiv umgegangen werden kann.

Jean Cocteau
★ 1960

10 Blick nach vorn – Mythos Orpheus

Im Pergamonmuseum in Berlin befindet sich am Fuße des imposanten Markttors von Milet ein römisches Bodenmosaik aus dem 2. Jahrhundert n. Chr. Es zeigt in der Bildmitte die männliche Gestalt des Orpheus, der, auf einem Fels sitzend, in der linken Hand die fünfsaitige Kithara und in der rechten, erhobenen Hand das Schlagblatt hält, mit dem das Instrument gespielt wurde. Zu seiner Linken sitzt zutraulich ein Fuchs, zu seiner Rechten ein Rabe.

Dieses Mosaik, das aus dem Speisezimmer (Triclinium) eines römischen Privathauses im kleinasiatischen Milet stammen soll, ist nur eine der unüberschaubar vielen Orpheus-Darstellungen der Antike, welche ihn in der typischen Szene des Sängers zeigt, der mit seinem Gesang so viel vermochte – hier im charakteristischen Motiv der Bezähmung widerspenstiger Tiere.

Der Orpheus-Mythos in der antiken Literatur

Ursprünglich entstammt die Orpheus-Sage der griechischen Mythologie. Nach Angaben von Abandowitz und Antor findet in der griechischen Literatur die Figur des Orpheus erstmals Erwähnung im 6. und 5. Jh. v. Chr. bei den Schriftstellern Ibykos sowie nachfolgend bei Simonides von Keos, bei Pindar und bei Euripides, bei dem Eurydike erstmals als Geliebte an der Seite von Orpheus erscheint. In das 5. Jahrhundert v. Chr. wird auch die Entstehung des orphischen Kultes angesiedelt, dessen Anhänger – die Orphiker – Orpheus als zentrale Gestalt in der Weltschöpfungsgeschichte verehrten und an das eigenständige Fortleben der Seele in der Seelenwanderung glaubten.

In der römischen Antike wurde die Orpheus-Sage durch zwei Werke literarisch berühmt: die GEORGICA von Vergil (Publius Vergilius Maro, 70–19 v. Chr.), entstanden zwischen 37 und 29 v. Chr., und die METAMORPHOSEN von Ovid (Publius Ovidius Naso, 43 v. Chr. bis 17 n. Chr.), entstanden zwischen 3 und 8 n. Chr. Erstmals bei Vergil – und in der Folge bei Ovid – muss Eurydike am Ende endgültig ins Totenreich zurückkehren, während sie in früheren literarischen Versionen mit Orpheus zurück ins Leben gelangte.

Vergils GEORGICA sind Abhandlungen über verschiedene Bereiche des Landbaus, in welche mythologische Themen und poetische Passagen eingearbeitet sind. Im vierten Buch behandelt er die Bienenkunde und integriert hierin die Geschichte von Orpheus und Eurydike. Ovid widmet „Orpheus und Eurydike" eine eigene Dichtung im zehnten Buch seiner METAMORPHOSEN.

Auch unter bildungshistorischer Perspektive sind Vergil und Ovid wichtig: Vergils GEORGICA waren bereits zu seinen Lebzeiten Schullektüre und wurden im römischen Theater aufgeführt; über das Mittelalter und die Neuzeit hinweg blieb das Werk bekannt. Auch Ovids METAMORPHOSEN werden – glücklicherweise – heute noch im Lateinunterricht an humanistischen Gymnasien gelesen.

Auf diese von Vergil und Ovid verfassten Versionen der Geschichte von Orpheus und Eurydike beziehen sich größtenteils die bedeutenden Vertonungen des Orpheus-Stoffes. Sie sind deshalb für die Rezeption des Orpheus-Mythos in der Musik von besonderer Bedeutung.

Der Stoff des Orpheus-Mythos

In der Genealogie der griechischen Mythologie ist Orpheus der Sohn von Apollon und Kalliope. Apollon – einer der zehn Hauptgötter des griechischen Pantheons – ist der Gott der Künste, auch der Heilkunst, insbesondere aber der Musik und der Dichtung. Sein Instrument, die Kithara, erhielt er als Wiedergutmachung von seinem Bruder Hermes – dem Gott der Reisenden, Diebe und Hirten –, als dieser das Saiteninstrument aus dem Panzer einer Schildkröte und den Gedärmen eines Rindes – für die Darmsaiten – baute und hierfür ein Tier aus Apollons Herde tötete. Später gab Apollon die Kithara an Orpheus weiter und lehrte ihn Spiel und Gesang. Kalliope (griechisch für „die Schönstimmige") – Orpheus' Mutter – ist eine Tochter von Zeus; sie gilt als die Muse der epischen Dichtung, der Wissenschaft und der Philosophie. Interessanterweise hat Asklepios, der Vater der Medizin, ebenfalls Apollon zum leiblichen Vater (seine Mutter war Koronis, Tochter des Königs Phlegyas). Man könnte also sagen, Musik und Medizin sind Halbbrüder.

Geografisch soll Orpheus aus dem thrakischen Rhodopengebirge stammen. Durch seinen Gesang, zu dem er sich auf der Kithara – in anderen Darstellungen auch auf dem verwandten Instrument, der Lyra – begleitete, wurde er berühmt. Bald galt er als der beste Sänger überhaupt. Durch seine Musik war er in der Lage, Götter und Menschen zu rühren, wilde Tiere zu besänftigten, ja sogar Pflanzen und Steine zum Leben zu erwecken.

Auch in der Argonauten-Sage taucht Orpheus auf, da er mit seinem Gesang die Stimmen der Sirenen zu übertönen vermochte und damit die Vorbeifahrt der Argonauten an der Sirenen-Insel ermöglichte.

Orpheus heiratete Eurydike – eine Baumnymphe aus Thrakien. Als diese vor der zudringlichen Verfolgung durch ihren Schwager Aristaios – Gott der Jagd und des ländlichen Lebens – flieht, tritt sie auf eine Schlange und wird gebissen. Sie stirbt und gelangt in das Totenreich. Orpheus versucht seine Trauer zu überwinden, seine Liebe zu Eurydike ist jedoch so groß, dass ihr Verlust ihm unerträgliche Qualen bereitet. Er beschließt, Eurydike mittels der Kraft der Musik in das Reich der Lebenden zurückzuholen und die Götter der Unterwelt durch seinen Gesang zu überzeugen. Um in das Totenreich zu gelangen, muss er den Fluss Styx, der das Reich der Lebenden vom Hades trennt und vom Fährmann Charon „bewacht" wird, überqueren. Singend bittet Orpheus das in der Unterwelt herrschende Götterpaar Pluton und Persephone, seine geliebte Eurydike in das Reich der Lebenden zurückholen zu dürfen. Ovid beschreibt in den METAMORPHOSEN (Zehntes Buch, Orpheus und Eurydice, Zeilen 40–48) die Macht von Orpheus' Gesang:

„Also rief der Sänger und schlug zum Gesange die Saiten;
Blutlos horchten die Seelen und weineten. Tantalus haschte
Nicht die entschlüpfende Flut; und es stutzte das Rad des Ixion;
Geier zerhackten die Leber nicht mehr; die belischen Jungfrau'n
Rasteten neben der Urn'; und Sisyphus saß auf dem Marmor.
Damals ist, wie man sagt, den gerührten Eumeniden
Bei dem Gesange zuerst die Trän' auf die Wange geflossen.
Nicht die Königin kann, nicht kann der untere König
Weigern das Flehn; (…)"

Ovid schildert in der zitierten Passage die positiven Effekte, die der Gesang des Orpheus bei seinen Zuhörern bewirkt. Diese Kraft wird eindrücklich dadurch veranschaulicht, dass sogar die Strafen, die Zeus selbst den hier genannten Sündern verhängt hatte, für kurze Zeit aufgehoben oder gemildert werden: *Tantalus*, der zur Strafe für seinen Frevel gegen die Götter zu lebenslangen Qualen verurteilt war, ist für eine kurze Weile davon befreit, nach dem für ihn unerreichbaren Wasser haschen zu müssen. *Ixion*, der wegen des Mordes an seinem Sohn und wegen der missbrauchten Gastfreundschaft des Zeus – er machte sich im Olymp an Hera heran – an ein sich ewig drehendes Feuerrad am Himmel verbannt worden war, erlebt einen Moment der Ruhe, in dem das Rad stillsteht. *Tityos*, dessen nachwachsende

Leber als Strafe für die Vergewaltigung der Leto lebenslang von Geiern zerhackt wird, erlebt eine Pause von seinen Qualen. *Sisyphus*, der wegen seiner Skrupellosigkeit gegenüber dem Todesgott Thanatos einen Felsblock auf ewig einen Berg hinaufwälzen muss, der immer wieder ins Tal rollt, kann sich hinsetzen und ausruhen. Die *belischen Jungfrau'n* – die Danaiden –, welche dazu verurteilt waren, Wasser in Fässer mit Löchern zu füllen, weil sie ihre Ehemänner in der Brautnacht töteten, können diesem unendlichen Kreislauf für Augenblicke entkommen. Die *Eumeniden*, die als Rachegöttinnen zur Einhaltung der sittlichen Ordnung für ihre Strenge bekannt waren, zeigen Gefühle der Rührung.

In anderen Darstellungen des Mythos lässt sich sogar der Höllenhund *Kerberos* beruhigen. Auch *Proserpina* (griechisch „Persephone") und *Pluto(n)* sind so gerührt vom Gesang des Orpheus und seiner Liebe zu Eurydike, dass sie seine Bitte erfüllen. Sie stellen jedoch die Bedingung, Orpheus solle beim Aufstieg in die Oberwelt vorangehen und sich nicht nach Eurydike umwenden. Orpheus aber hält sich nicht an das Gebot und schaut in Sorge zu ihr zurück. In diesem Moment entschwindet Eurydike in das Reich des Todes und ist endgültig für Orpheus verloren.

Orpheus ist fassungslos vor Trauer und Entsetzen und kann sieben Tage lang weder singen noch etwas zu sich nehmen. Schließlich findet er seine Stimme wieder, zieht sich jedoch von den Menschen zurück und lebt in der Natur mit Tieren und Pflanzen, die seinem Gesang lauschen. Schließlich entdecken ihn die Mänaden des Dionysos und rächen sich für die Missachtung ihres Begehrens, indem sie seinen Leib in ekstatischer Raserei zerstückeln. Seine Glieder verteilen sie über das Land, seinen Kopf mit der Lyra werfen sie ins Meer. Singend strandet der Kopf des Orpheus an der Insel Lesbos, wo er im Apollontempel Orakel spricht. Die Lyra wird an das Firmament geheftet, an dem sie heute noch als Sternbild zu sehen ist.

Die Interpretation des Orpheus-Mythos

Auch wenn unterschiedliche Varianten des Orpheus-Mythos über die Jahrhunderte hinweg existieren, so steht doch durchgängig „der Sänger Orpheus" im Mittelpunkt, der durch seinen Gesang und seine Musik eine so starke, alle Grenzen überschreitende Wirkung entfalten kann. Diese besteht darin, Emotionen hervorzurufen und freizulegen, Härte in Weichheit und Rohheit in Zugänglichkeit und Mitgefühl umzuwandeln. So konnte seine Stimme selbst „einen Stein erweichen". Dieses zentrale Motiv des Orpheus-Mythos, welches die Wirkung der Musik auf die Emotionen der Zuhörer so bildlich vor Augen führt, wurde im Laufe der Kulturgeschichte – und hier insbesondere in der Musik – im Überfluss zitiert. Als Beispiel seien die Szenen von Papageno und Tamino in der ZAUBERFLÖTE angeführt, in welchen beide durch ihr Instrumentalspiel wilde Menschen und Tiere besänftigen und unangenehme Situationen positiv beeinflussen können (s. Kap. 5).

Zitate des Orpheus-Motivs finden sich aber auch – viel überraschender – in der aktuellen Jugend- und Erwachsenenliteratur wie in Joanne K. Rowlings erstem Band der siebenteiligen Harry Potter-Serie (HARRY POTTER UND DER STEIN DER WEISEN) wieder: Hier fällt der dreiköpfige Monsterhund „Fluffy", den Rubeus Hagrid in Hogwarts zur Bewachung des „Steins der Weisen" auf eine Falltür gesetzt hat, unverzüglich in Schlaf, wenn er Musik hört. Harry, Hermine und Ron besänftigen ihn im Roman mit dem Spiel auf einer Flöte (sic!) und können so die Falltür öffnen, um zu ihrem Ziel zu gelangen. In der Verfilmung des Stoffes ist das Musikinstrument, mit dem Fluffy eingelullt wird, eine Harfe (sic!).

Jan Assmann nennt in seiner wegweisenden Monografie DIE ZAUBERFLÖTE ein aktuelles Beispiel für die Wirkung der Musik, wie sie schon bei Orpheus beschrieben wurde: In den Londoner U-Bahn-Stationen, die mit Mozart beschallt wurden, sei die Kriminalitätsrate gesunken.

Speziell dem Gesang wird schon von alters her eine mystische Rolle zugeschrieben, wie im biblischen Gesang der Jünglinge im Feuerofen aus dem dritten Kapitel des „Buches Daniel" im ALTEN TESTAMENT beispielhaft deutlich wird. Hier wird berichtet, dass drei Königssöhne, die sich im babylonischen Exil geweigert hatten, das goldene Standbild des Königs Nebukadnezar anzubeten und deswegen in einem Feuerofen den Tod finden sollten, die Flammen dank ihres gläubigen Gesangs schadlos überstanden. Dieser Topos wurde von Karlheinz Stockhausen (1928–2007) aufgegriffen, der seinen GESANG DER JÜNGLINGE – ein frühes Meisterwerk der elektronischen Musik – in den Jahren 1955–1956 im Studio für elektronische Musik in Köln realisierte.

Auch der biblische David soll die Schwermut Salomos durch seinen Gesang und sein Leierspiel positiv beeinflusst haben. Ähnliches wird Jahrtausende später über den Gesang des Kastraten Farinelli berichtet, der über 22 Jahre hinweg am spanischen Hof durch seinen allabendlichen Gesang die Symptome der tiefen Depression der spanischen Monarchen Philipp V. und Ferdinand VI. linderte.

Die therapeutische Wirkung der Musik bei psychischen Leiden hat sich bis heute zu einer eigenen wirkungsvollen Therapieform, der Musiktherapie, entwickelt. Darüber hinaus belegen wissenschaftliche Untersuchungen die zahlreichen gesundheitsförderlichen Wirkungen des Singens – wie Untersuchungen der englischen Autoren Stephen Clift und Grenville Hancox aus den letzten Jahren zeigen.

Hinsichtlich der Frage allerdings, wie die Geschichte von Orpheus und Eurydike, insbesondere die Rückkehr Eurydikes ins Totenreich, zu verstehen ist, existiert eine Vielzahl an Interpretationsansätzen.

Zunächst scheint die Macht der Musik keine Grenzen zu kennen, denn Orpheus gelingt der Abstieg in den Hades und er darf mit Eurydike den Weg zurück ins Reich der Lebenden antreten. Dass Eurydike letztlich hier jedoch nicht ankommt, scheint darauf hinzuweisen, dass auch die Macht der Musik an ihre Grenzen stößt und der Tod nicht überwunden werden kann. Orpheus dreht sich zu Eurydike um, da er ihre Schritte nicht hört und sich vergewissern will, ob sie ihm folgt. – Warum aber entgleitet sie ihm, als er sie ansieht? Wird er von den Göttern für sein mangelndes Vertrauen bestraft? Hatte er Zweifel, ob Eurydike ihm wirklich folgt? Die entscheidende Frage aber ist, warum Orpheus diese Bedingung überhaupt gestellt wurde? Hierüber wurde viel spekuliert.

Einen höchst interessanten Interpretationsansatz liefert der Psychoanalytiker Sebastian Leikert, der sich zum Orpheus-Mythos in einem Aufsatz in der Zeitschrift „Psyche" im Jahr 2001 äußerte. Es soll hier der Versuch unternommen werden, seine Überlegungen in einer auch für Nicht-Psychoanalytiker verständlichen Sprache wiederzugeben.

Leikert geht davon aus, dass das psychologische Thema, um welches es im Orpheus-Mythos geht, die Schwierigkeit ist, einen Verlust zu verarbeiten und der Versuch beschrieben wird, die durch die Trennung verlorengegangene Einheit wiederzuerlangen. Die Ausgangssituation von Orpheus besteht in der Sage darin, dass er den Tod von Eurydike nicht ertragen kann. Sein Leiden und seine tiefe Verunsicherung weisen darauf hin, dass er nicht die nötige innere Unabhängigkeit besitzt, um mit einem solchen Verlust grundsätzlich fertigzuwerden. Es handelt sich demnach um einen sogenannten primären Verlust, der an die vorgeburtliche Einheit mit der Mutter erinnert. Leikert interpretiert die Hadesfahrt als den Versuch, diese Einheit wiederherzustellen und an jenen unerreichbaren Ort der Vorzeit zu gelangen, an dem die Einheit mit der Mutter noch bestand. Gemeint ist das symbolische Zurückfinden in die vorgeburtliche Situation im Mutterleib. Hier kommt nun die Bedeutung der Musik – genauer der Stimme – ins Spiel. Leikert legt dar, dass – er bezieht sich dabei auf einen Aufsatz von Hepper aus dem Jahr 1991 – Musik bekanntlich bereits vor der Geburt wahrgenommen und erlebt wird. Das Ungeborene, dessen Gehör in den letzten Schwangerschaftsmonaten vollständig entwickelt ist, hört insbesondere die Stimme der Mutter (s. Kap. 6). Natürlich ist kein Verstehen des gesprochenen Inhaltes möglich, wohl aber der Prosodie, des Rhythmus, der Lautstärke und anderer musikalischer Parameter, welche die Stimmungslage der Mutter ausdrücken. Dabei ist das Ungeborene im Mutterleib diesen akustischen Ereignissen unmittelbar ausgesetzt und unterworfen. Dieses unmittelbare Unterworfensein bezeichnet Leikert als *kinetische Resonanz*. Der Mensch erlebt sich in dieser frühen Situation in einer geborgenen Situation, ist gleichzeitig jedoch der mächtigen Stimme der Mutter ausgeliefert.

Als Sänger kann Orpheus die Stimme als vertrautes Element behalten und gleichzeitig die Verhältnisse umkehren. Er ist nicht mehr ausgeliefert, sondern wird zum Handelnden und kann selbst bestimmen; er verfügt über seine eigene Stimme und lenkt damit die Reaktionen seiner Zuhörer. Leikerts These ist, dass die Musik der Versuch einer Bewältigung der primären Erfahrung mit der mütterlichen Stimme ist. Zu musizieren oder zu singen bedeutet, die Stimme zu beherrschen, wofür Orpheus als Magier der Stimme ein herausragendes Beispiel ist.

Wie ist aber nach Leikerts Lesart die Fahrt von Orpheus in den Hades zu verstehen? Leikert interpretiert sie nicht nur als Reise *mithilfe* der Musik – also durch den Gesang des Orpheus –, sondern als Metapher *für* die Musik selbst. Die Musik sei uns ihrem Wesen nach beim Spielen und

Singen unmittelbar zugänglich, gleichzeitig führe sie jedoch in einen Bereich, der uns entgleite und reflexiv nicht dingfest gemacht werden könne (s. Kap. 1). Sigmund Freud (1856–1939) hat dies 1914 in seiner Arbeit „Der Moses des Michelangelo" folgendermaßen ausgedrückt: „... in der Musik", schreibt er, „bin ich fast genussunfähig. Eine rationalistische oder vielleicht analytische Anlage sträubt sich in mir dagegen, dass ich ergriffen sein und dabei nicht wissen solle, warum ich es bin und was mich ergreift."

Die Unmöglichkeit, die symbiotische Einheit – wie wir sie in der Musik erleben – von außen wahrnehmen zu können, erklärt, so Leikert, das Blickverbot im Orpheus-Mythos. Wenn Sehen für Distanz steht, so ist es folgerichtig, dass die primäre Einheit – wie wir sie im Mutterleib erleben – in dem Augenblick endet, in dem wir uns aus ihr lösen, um sie zu betrachten. Das Objekt der symbiotischen Einheit ist unsichtbar. Ebenso wenig können wir das Erleben von Musik reflexiv übersetzen. Hierfür dient die Szene von Orpheus und Eurydike als Metapher.

Leikerts Schlussfolgerung lautet, dass das Orpheus-Thema die Verarbeitung des Verlustes der vorgeburtlichen Einheit mit der Mutter darstellt. In der Musik sind wir in der Lage, diese Einheit für kurze Momente wieder zu erleben.

Die Geburt der Oper – „L'Orfeo" von Monteverdi

Geht man also davon aus, dass der Orpheus-Mythos ein „vorgeburtliches" Thema darstellt, so ist es äußerst passend, dass die Vertonung desselben Stoffes die Geburt der Oper markiert. Dabei verdanken wir die Entstehung dieser „schönsten" musikalischen Gattung mehr oder weniger einem „Irrtum". Im Geiste der Renaissance wollten die Mitglieder der „Camerata Fiorentina" um Giovanni de' Bardi und Iacopo Corsi im Florenz des ausgehenden 16. Jahrhunderts die antike Tradition der Tragödie aufgreifen. Unter der Annahme, alle Texte der griechischen Tragödien seien gesungen und von Musik begleitet worden, griff Claudio Monteverdi (1567–1643), Sänger und Gambist am Hof des Herzogs Vincenzo I. Gonzaga, den Gedanken auf, das Libretto von Alessandro Striggio dem Jüngeren (1573–1630) in diesem Stile zu vertonen. Aus heutiger Sicht muss die damalige Vorstellung revidiert werden: Obschon in den griechischen Tragödien viel gesungen wurde – insbesondere durch den Chor (s. Kap. 1) –, bestanden die Partien der Schauspieler aus gesprochenen Texten.

Auch wenn es Vorläufer-Werke anderer Komponisten gab, wie beispielsweise LA DAFNE FAVOLA DRAMMATICA und L'EURIDICE FAVOLA DRAMMATICA von Jacopo Peri (1561–1633), so kann L'ORFEO von Claudio Monteverdi doch als erste bedeutende Oper der Musikgeschichte gelten. Monteverdi bezeichnete sie als „Favola in Musica" – „eine in Musik gesetzte Fabel". Dichtung und Musik bilden hier erstmals eine Einheit.

Die Uraufführung von L'ORFEO fand am 24. Februar 1607 anlässlich des Geburtstages von Francesco IV. Gonzaga im herzoglichen Palast in Mantua statt und war sehr erfolgreich. Francesco Gonzaga schreibt darüber – wie in Csampai und Hollands Opernführer zu lesen ist – an seinen Bruder Ferdinando in Pisa:

„Die ‚Favola' wurde mit soviel Freude für alle, die sie hörten, aufgeführt, daß der Fürst, obwohl er sie auch bei den Proben viele Male gehört hatte, nicht zufrieden war und anordnete, daß sie noch einmal aufgeführt wird; und das wird heute in Anwesenheit aller Damen dieser Stadt geschehen; …"

Die Musik

In der neuen „seconda pratica" setzte Monteverdi – im Unterschied zur bisher üblichen „prima pratica", der polyphonen Kompositionsweise – das monodische Element des Sologesangs in der Oper ein. Nikolaus Harnoncourt hat – als einer der Protagonisten der „historisch informierten Aufführungspraxis" (s. Kap. 5) – dieser „einschneidenden Wende in der abendländischen Musik" in seinem viel beachteten Buch MUSIK ALS KLANGREDE – WEGE ZU EINEM NEUEN MUSIKVERSTÄNDNIS ein eigenes Kapitel gewidmet. Im Unterschied zu den „Fundamentinstrumenten" – Chitarrone, Laute, Harfe, Cembalo, Regal –, welche den Basso-continuo-Apparat bilden, werden die Oberstimmen von den „Ornamentinstrumenten" übernommen, zu denen Blasinstrumente und hohe Streichinstrumente zählen. Dabei sind die Instrumente – passend zu ihrer Klangfarbe und Symbolik – der Welt der Lebenden und der Unterwelt jeweils zugeordnet: Die Szenen der Hirten werden durch Blockflöte, Laute und Cembalo charakterisiert, im Hades erklingen Posaune und Regal. Gleich zu Beginn der Oper kommt im Prolog die Musik in Gestalt von „La Musica" singend zu Wort. Als Allererstes erfahren die Zuhörer mit klaren Worten, worum es in dieser Oper geht:

„Ich bin die Musik, die mit lieblichen Tönen dem verwirrten Herzen Ruhe schenkt. Bald zu edlem Zorn, bald zur Liebe vermag ich selbst eiserstarrte Sinne zu entfachen. (…) Wenn ich nun meine Lieder singe, mal heiter, mal traurig, soll der Vogel im Baum unbewegt lauschen, soll keine Welle an die Ufer schlagen und jedes Lüftchen still verweilen."

Orpheus als Thema der Oper zu wählen, bildete für Monteverdi die „Steilvorlage", die Gesangskunst in all ihren Möglichkeiten auszuloten, um die Affekte der Zuhörer zu bewegen. So gehören die Soli des Orfeo in ihrer Intensität zum Schönsten, was die Opernliteratur zu bieten hat. In „Rosa del Ciel" („Rose des Himmels") zeigt Orfeo, welche Möglichkeiten dem Menschen mit seinem Gesang gegeben sind, Liebe auszudrücken: umrahmt von Ritornellen und dem Gesang der „ninfe e pastori" (der Nymphen und Hirten) preist er sein Glück und die Liebe zu Eurydike. Die Gesangslinien werden durch kunstvolle Verzierungen – sogenannte Diminutionen (Verkleinerungen der Notenwerte) – angereichert und gestaltet. Welchen Kontrast hierzu bildet die Reaktion von Orfeo auf die Nachricht vom Tod Eurydikes, wenn er die Worte intoniert: „Tu se' morta, mia vita, ed io respiro?" („Du bist tot, mein Leben, und ich atme?")! Ein zutiefst ergreifender Moment, in dem die Welt stillzustehen scheint. Man mag sich hier der symbolischen Bedeutung des Verlusts erinnern, die uns Sebastian Leikert in seiner Interpretation nahebringt – Monteverdis Musik ist in der Lage, die Emotion dieser bodenlosen Trauer in uns wachzurufen.

Das Libretto

Alessandro Striggio der Jüngere orientierte sich für das Libretto von L'ORFEO weitgehend an Ovids METAMORPHOSEN und an Vergils GEORGICA (s. o.), bezog aber auch andere Quellen – wie Battista Guarinis IL PASTOR FIDO und Ottavio Rinuccinis Libretto für EURIDICE von Jacopo Peri – ein. In Striggios Version der Geschichte gelingt es Orpheus, den Fluss Styx zu überqueren und die Unterwelt zu betreten. Er darf Eurydike mitnehmen, verliert sie jedoch, als er sich umwendet, weil er durch Geräusche in seinem Rücken beunruhigt ist. Der Chor der Geister nennt als Grund für sein Versagen, dass er von seiner Leidenschaft besiegt worden sei: „Ewigen Ruhm verdient nur der, der sich selbst besiegt."

Der im griechischen Orpheus-Mythos geschilderte tragische Schluss von Orpheus, bei dem er von den Mänaden zerrissen wird, war für die Aufführung in Mantua nicht "publikumsgerecht". Bei Striggio und Monteverdi endet die Oper deshalb mit dem Erscheinen von Apoll, der seinen verzweifelten Sohn Orfeo rettet und ihn in den Olymp entführt.

Die Rezeption von Monteverdis „L'Orfeo"

Die Wiederentdeckung von Monteverdis Werken begann in den achtziger Jahren des 19. Jahrhunderts, allerdings herrschten lange Zeit spärliche Aufführungen in konzertanter Form vor.

Carl Orff (1895–1982) erstellte zusammen mit der Schriftstellerin und Zeichnerin Dorothee Günther 1923 eine textliche Neubearbeitung des Orfeo-Librettos. Hier wurde der ursprünglich an das Fürstenpaar der Gonzaga gerichtete Prolog der „Musica" in einen zeitlosen poetischen Gestus umgewandelt:

„Ich bin Musik –
ein tönend Gleichnis
von dem Geheimnis,
das das All bewegt.
Vom Wesen aller Dinge kann ich Kunde geben,
durch mich wird es Euch offenbar.

Was schweigend wirkt,
wird seinen Sinn erschließen;
was Ihr nur träumt,
gewinnt durch mich Gestalt.
In bin Erfüllung alles dessen,
was in euch ahnend ruht und ihr in Fernen sucht.

Ich löse euch
vom Bann der Zeiten,
und wenn ihr in mir untergeht,
bin ich in euch erwacht!
Dann seid auch ihr ein lebend Gleichnis
Und alles Wesen wirkt in euch sich aus."

Monteverdis L'ORFEO wurde in der Opernpraxis erst in den siebziger Jahren des letzten Jahrhunderts durch Nikolaus Harnoncourt wieder etabliert. Er führte von 1975 bis 1977 zusammen mit dem Regisseur Jean-Pierre Ponnelle im legendären Monteverdi-Zyklus am Opernhaus Zürich Monteverdis L'ORFEO sowie die beiden anderen Opern Monteverdis – L'INCORONAZIONE DI POPPEA und IL RITORNO D'ULISSE IN PATRIA – in historisch informierter Aufführungspraxis auf. Diese epochemachenden Aufführungen sind auf DVD heute noch zu finden. Seit diesem wegweisenden Zyklus sind die drei Opern Monteverdis, aber insbesondere sein ORFEO, wieder fester Bestandteil des Aufführungskanons der Opernhäuser.

Die Reformierung der Oper – „Orfeo ed Euridice" von Gluck

Einhundertsechzig Jahre nach Monteverdis L'ORFEO schreibt Christoph Willibald Gluck (1714–1787) im Jahre 1762 die wohl bekannteste Umsetzung des Orpheus-Stoffes nach einem Libretto von Ranieri de' Calzabigi. Auch diese Oper mit dem Titel ORFEO ED EURIDICE bedeutet – ähnlich wie Monteverdis Werk – einen wichtigen Schritt in der Entwicklung der Oper.

Anstelle der höfischen Konvention sollten in der Oper laut Calzabigi und Gluck – als Vertretern einer reformorientierten Bewegung – Einfachheit, Natürlichkeit und Aufrichtigkeit stehen. Die bis dato vorherrschenden schemenhaften, wenig mitreißenden Figuren, beispielsweise in den Libretti des Dichters Pietro Metastasio (1698–1782), sollten einer Handlungsführung mit lebendigeren Charakteren Platz machen. Dies betraf auch den Schematismus der dramaturgischen Anlage in der Tradition der Opera seria, in welcher der Handlungsfortgang in den Rezitativen stattfand und eine Abgangsarie mit meist locker assoziierten antiken Gleichnissen folgte. Demgegenüber formulierte Gluck das Verhältnis von Handlung, Musik und Text neu:

> „Schluss mit den kalten Schönheiten der Konvention, an denen die Tonsetzer festzuhalten sich verpflichtet fühlten. Die wahre Aufgabe der Musik ist, der Dichtung zu dienen, ohne ihre Aktionen zu unterbrechen oder zu hemmen!"

Zur Einheit von Gesang, Aktion und Bühnenbild gehörte auch der Tanz. Die Reform des Balletts hin zum Handlungsballett erhielt ebenfalls entscheidende Impulse durch Gluck und ging mit der Reform der Oper Hand in Hand. Neben der Ballettszene fügten Gluck und Calzabigi in ORFEO ED EURIDICE auch den Chor als Handlungsträger ein – wie in der berühmten Furienszene, in der sich die Furien dem Flehen von Orpheus mit „No!" höchst dramatisch entgegenstellen.

Von Glucks Oper gibt es eine italienische und eine französische Fassung. Die italienische Fassung – ORFEO ED EURIDICE – wurde am 5. Oktober 1762 in Wien uraufgeführt. Für die Aufführung in Paris wurde die Oper ins Französische übertragen und mit einigen Änderungen versehen. 1774 wurde sie unter dem Titel ORPHÉE ET EURYDICE im Théâtre du Palais-Royal in Paris uraufgeführt. Um dem Geschmack des Pariser Publikums zu entsprechen, komponierte Gluck ein Ballett hinzu.

Die Musik

Den eigenen Zielen der Opernreform folgend, hat Gluck die Musik so komponiert, dass sie der Dramaturgie des Textes folgt. Dies zeigt sich darin, dass die Trennung und Abfolge von Rezitativ und Arie nicht mehr streng gehandhabt werden. Rezitative sind nicht mehr „secco" – nur vom Cembalo begleitet –, sondern „accompagnato", mit Begleitfiguren des Orchesters versehen. Die Arien selbst entsprechen nicht mehr der starren Da-capo-Form – A-B-A –, sondern sind stärker durchkomponiert. Hierfür findet sich ein Beispiel in der Arie des Orfeo „Chiamo il mio ben così" im ersten Akt, in der unterschiedliche Stimmungen aufeinanderfolgen.

Die berühmteste Arie – fast als „Ohrwurm" zu bezeichnen (s. Kap. 6) – ist die Klage des Orpheus über den Verlust der Eurydike „Che farò senza Euridice" – „J'ai perdu mon Eurydice" („Ach, ich habe sie verloren").

Das Libretto

Im Sinne der Reformgedanken schuf Calzabigi aus dem Orpheus-Stoff ein Libretto, welches die Handlung von Konventionen und Nebenpersonen befreite und stattdessen die Liebe von Orpheus und Eurydike ins Zentrum stellte. Die Oper trägt deshalb „Orpheus und Eurydike" gleichermaßen im Titel und enthält als dritten Protagonisten den Gott Amor.

Calzabigi orientierte sich ebenso wie Striggio vornehmlich an Ovids METAMORPHOSEN und wandelte das tragische Ende des Sagenstoffs ins Positive ab, indem der Liebesgott Amor am Schluss als „Deus ex machina" eingreift, Eurydike wieder zum Leben erweckt und die beiden Liebenden zusammenführt.

Auch bei Gluck erhält Orpheus die Erlaubnis, Eurydike aus dem Totenreich zurückzuholen, nur unter der Bedingung, dass er sie nicht ansieht. Der Weg des Paares an die Oberwelt ist bei Calzabigi und Gluck als persönlicher Dialog zwischen Orpheus und Eurydike ausgeformt. Nicht etwas Äußerliches – ein Geräusch, wie noch bei Monteverdi –, sondern der Konflikt zwischen den beiden Liebenden führt dazu, dass Orpheus die an ihn gestellte Bedingung nicht einhalten kann. Eurydike setzt ihm wahrhaft so lange zu, bis Orpheus ihre Vorwürfe, er liebe sie nicht mehr, finde sie nicht mehr schön, missachte sie etc. nicht mehr aushalten kann und sich zu ihr umwendet.

Unter Gender-Perspektive eine interessante Passage! „Warum kann sie nicht einfach mitkommen und ihren Mund halten?" – so die männliche Perspektive. „Warum sagt er mir nicht, was er vorhat, und zwingt mich einfach mitzukommen? Steckt da nicht was anderes dahinter?" – so die weibliche Perspektive. Die komischen Züge dieser Situation hat Jacques Offenbach genial in seinem Orphée aux enfers aufgegriffen.

Die Operette – „Orphée aux Enfers" von Offenbach

Etwa einhundert Jahre nach Gluck wird der Orpheus-Stoff in einem ganz anderen Genre – der Operette – erneut umgesetzt. Auch dieses Werk ist etwas ganz Besonderes, „une nouveauté". Orphée aux enfers (Orpheus in der Unterwelt) – dem Genre „Kleinoper" oder auch Pariser „Bouffes" zuzuordnen – persifliert die griechische Mythologie und bedient sich in höchst origineller Weise der Zitate aus den beiden vorangegangenen Orpheus-Opern von Monteverdi und Gluck.

Jacques Offenbach (1819–1880) war Cellist und Komponist. Als Sohn eines jüdischen Kantors wuchs er in Köln auf, siedelte jedoch zur musikalischen Ausbildung bereits in jungen Jahren nach Paris über. Auch wenn er heute eher als Komponist bekannt ist, war er ein hervorragender Cellist und trat in Paris mit dem Cello als Solokabarettist auf. 1855 übernahm er als Theaterdirektor sein eigenes „Théâtre des Bouffes-Parisiens" und führte eigene Stücke, meist Einakter, auf. Am 21. Oktober 1858 fand dort die Uraufführung von Orphée aux enfers statt. Mit diesem Werk wurde er schlagartig in ganz Europa bekannt.

Die Musik

Das bekannteste Musikstück der Operette ist eine Tanzeinlage – der Höllen-Cancan, auch als „Galop infernal" bezeichnet. Er hat als eigenständiger „Schlager" Weltruhm erlangt. Dabei tanzen die Bacchantinnen in einer Reihe – wie in einer Revue – und schleudern die Beine so hoch, dass „Mann" ihre Spitzenunterhosen zu sehen bekommt. Das Stück erfordert durchaus Kondition und bringt auch Profitänzerinnen außer Puste. Es ist dermaßen mitreißend, dass es schwerfällt, dabei sitzen zu bleiben – das war in den Pariser Amüsier-Etablissements rund um „la butte Montmartre" wie dem legendären Moulin Rouge so und ist es immer noch bei diversen karnevalistischen Veranstaltungen unserer Tage.

Äußerst amüsant sind auch die unzähligen Anspielungen und Zitate – textlich und musikalisch –, die Offenbach in seiner Operette untergebracht hat. Häufig wird das Mittel des parodistischen Gegensatzes angewandt. So werden dramatische Stellen durch sachliche Distanz ironisiert, beispielsweise wenn Aristée, nachdem Eurydike gebissen wurde, lapidar bemerkt: „Crac! Ça y est!" („Krack! Jetzt ist es passiert!"). Dabei hatte er selbst bezweckt, sie auf diesem Weg in die Unterwelt zu entführen. Auch die berühmte Gluck-Arie „J'ai perdu mon Eurydice" wird von Offenbach zitiert.

Das Libretto

Ludovic Halévy – bekannt auch als Librettist von Bizets Oper CARMEN – und Hector Crémieux schufen das Libretto.

Die Handlung verfolgt das Ziel, zu amüsieren und gleichzeitig die Doppelmoral des zweiten Kaiserreichs unter Napoleon III. „auf die Schippe" zu nehmen. Die Zeichnung der Charaktere im Stück enthält deshalb vielfältige Anspielungen auf die Pariser Gesellschaft.

Die Ausgangssituation stellt die mythologischen Wurzeln auf den Kopf: Orpheus ist Geigenlehrer und mit Eurydike verheiratet, jedoch hat sich das Paar auseinandergelebt und Orpheus möchte seine Frau am liebsten loswerden. Beide haben außereheliche Beziehungen: Orpheus mit der Nymphe Chloé, Eurydike mit dem Schäfer Aristäus. Dieser ist in Wirklichkeit jedoch Pluto, was Eurydike nicht weiß. Pluto will seine Geliebte in die Unterwelt entführen. Nach einem heftigen Streit zwischen den Eheleuten Orpheus und Eurydike gelingt ihm dies, da Eurydike nun bereit ist, in einer Mischung aus Liebe – zu ihm – und Furcht – vor ihrem „gehörnten" Ehemann, der ihr Verhältnis zu Aristäus aufgedeckt hat – zu sterben. Sie wird von einer Schlange gebissen, Aristäus verwandelt sich vor Eurydike in seine wahre Gestalt – Pluto – und Eurydike sinkt nach Absingen eines Couplets leblos zu Boden. Orpheus freut sich, dass er seine Frau endgültig losgeworden ist. Da zwingt ihn „L'Opinion Publique" („Die öffentliche Meinung") dazu, dass er seine Ehefrau Eurydike bei Jupiter zurückverlangt. Jupiter nimmt – aus eigenem Interesse an Eurydike – die Sache in die Hand und besucht Pluto in der Unterwelt. Dieser versteckt Eurydike, Jupiter verwandelt sich jedoch in eine Fliege und kann sie in dieser Gestalt finden. Als ein großes Fest in der Unterwelt gefeiert wird, erscheint Orpheus mit der „Öffentlichen Meinung" und verlangt erneut seine Frau zurück. Jupiter gewährt ihm – hier der Rückgriff auf den Mythos – die „Gnade", mit Eurydike an die Oberwelt zu gehen, er dürfe sich jedoch nicht nach ihr umdrehen. Als beide das Tor erreichen, schleudert Jupiter einen Blitz. Erschrocken wendet sich Orpheus um und verliert seine Frau an Pluto. Auch diesem gönnt sie Jupiter jedoch nicht und so macht er aus ihr eine Bacchantin.

Weitere Orpheus-Umsetzungen

Aus der großen Anzahl von Umsetzungen des Orpheus-Mythos seien hier noch einige interessante jüngere Werke herausgegriffen.

1948 wurde das Ballett ORPHEUS von Igor Strawinsky (1882–1971) in Zusammenarbeit mit dem Choreografen George Balanchine (1904–1983) entwickelt und im City Center of Music and Drama in New York uraufgeführt. Die Uraufführung war der Beginn der Neugründung des New York City Ballet unter der Leitung von Balanchine.

Beeindruckende filmische Umsetzungen des Orpheus-Stoffes gelangen Jean Cocteau (1889–1963) mit ORPHÉE (1949) und LE TESTAMENT D'ORPHÉE (1960). Die Dreharbeiten zu LE TESTAMENT D'ORPHÉE wurden in den Kalksteinbrüchen bei Les Baux in der Provence gedreht. Cocteau entwickelt aus dem mythologischen Stoff eine neue Geschichte, in der Orpheus ein dichtender Künstler ist. Das Thema ist die Auseinandersetzung mit dem Tod. Jean Cocteau spielte hier neben Jean Marais selbst die Hauptrolle. Das Orpheus-Motiv beschäftigte Cocteau auch als bildender Künstler sein Leben lang. So existiert eine große Anzahl an Orpheus-Zeichnungen mit unterschiedlichen Darstellungen, unter anderem „Orphée à la lyre" aus dem Jahr 1960, die sich als Abbildung am Anfang dieses Kapitels befindet.

Nach dem Film von Cocteau entstand 1993 die Kammeroper ORPHÉE von Philip Glass.

Resümee

Der Orpheus-Mythos ist auch heute noch aktuell, zeigt er uns doch, welche Bedeutung die Musik für den Menschen besitzt. Die „überirdischen" Kräfte des Gesangs, des Singens und einzelner Sänger verbinden sich zu einem transkulturellen, ubiquitären Phänomen, ob im Kunstgesang der Oper oder in der popularen Musik.

Ganz im Sinne des Orpheus-Mythos sollten wir in der Frage der Kultur den Blick nach vorne in die Zukunft richten, damit uns das Wichtigste – die Musik – nicht entgleitet.

Literatur

Abandowitz J, Antor M. Orpheus und Eurydike. Ludwig-Maximilians-Universität München, Fakultät für Griechische und Lateinische Philologie, Fachdidaktik Latein, WiSe 2007/2008, Fachdidaktisches Seminar Latein: Die Metamorphosen Ovids und ihre Rezeption. Prof. Dr. Markus Janka. www.fachdidaktik.klassphil. uni-muenchen.de (Zugriff: 31.8.2015).

Adorno TW. Kritik des Musikanten. In: Dissonanzen. Musik in der verwalteten Welt. Göttingen: Vandenhoeck & Ruprecht 1956; 75.

Altenmüller E, Grossbach M. Singen – die Ursprache? Zur Hirnphysiologie des Gesanges. üben & musizieren 2003; 2: 34–9.

Altenmüller E, Kopiez R. Ein Beitrag zum evolutionären Ursprung der Musik: Was kann uns die Gänsehaut lehren? In: Braunschweigische Wissenschaftliche Gesellschaft (Hrsg). Jahrbuch 2011. Braunschweig: J. Kramer Verlag; 133–155.

Altum JBT. Der Vogel und sein Leben. Münster: H. Schöningh [7]1903. doi: 10.5962/bhl.title.6995.

Anders LC. Erwachsenenstimmen als Leitbilder für die Kinderstimme – Segen oder Fluch? In: Fuchs M (Hrsg). Wechselwirkungen zwischen Erwachsenen und Kinderstimmen. Schriftenreihe zur Kinder und Jugendstimme, Band 4. Berlin: Logos 2010; 17–28.

Arav E. Leur trac au théâtre. 100 acteurs témoignent. Paris: Editions Payot et Rivages 2012.

Assmann J. Die Zauberflöte. Oper und Mysterium. München: Hanser 2005.

Assmann J. Die Zauberflöte – Eine Oper mit zwei Gesichtern. Wien: Picus 2015.

Ayres AJ. Bausteine der kindlichen Entwicklung: Sensorische Integration verstehen und anwenden. 5. überarb. u. erw. Aufl. Berlin, Heidelberg: Springer 2013.

Baladur R. Der Stille Tod. Menschheit zwischen Demenz und Dementi. Oberhausen: Athena 2001.

Barbey R, Daiber J (Hrsg). Du sollst nicht lärmen! Gesammelte Proteste von Seneca bis Gernhardt. Stuttgart: Reclam 2014.

Baur EG. Emanuel Schikaneder: Der Mann für Mozart. München: C. H. Beck 2012.

Beethoven L v. Heiligenstädter Testament. Faksimile. Hedwig M. von Asow (Hrsg). Wien, München: Doblinger 1957; 8–11.

Beethoven L v, Seyfried IX v, Pierson HH. Ludwig van Beethoven's Studien, zweite Ausgabe. München: C. H. Beck 2012.

Behrens R. Die Stimme als Gast empfangen. Walter Benjamins Überlegungen zur Radioarbeit. In: Stuhlmann A (Hrsg). Radio-Kultur und Hör-Kunst: Zwischen Avantgarde und Popularkultur 1923–2001. Würzburg: Köningshausen & Neumann 2001; 117–34.

Bergdolt K (Hrsg). Leib und Seele – Eine Kulturgeschichte des gesunden Lebens. München: C. H. Beck 1999.

Bernatzky G, Kreutz G (Hrsg). Musik und Medizin. Chancen für Therapie, Prävention und Bildung. Wien: Springer 2015.

Bernstein L. The unanswered question – Six talks at Harvard. Cambridge, London: Harvard University Press 1976.

Bernstein L. Introduction. In: Stokes G (ed). The Beatles. New York: Times Books 1980.

Besson M, Chobert J, Marie C. Transfer of training between music and speech: common processing, attention, and memory. Front Psychol 2011; 2: 94.

Biegl T. Singen macht glücklich. In: Spahn C (Hrsg). Musik und Emotion. Tagungsreader der Jahrestagung der Deutschen Gesellschaft für Musikpsychologie. Freiburg: Burger 2006; 12–4.

Blank T, Adamek K. Singen in der Kindheit. Eine empirische Studie zur Gesundheit und Schulfähigkeit von Kindergartenkindern und das Canto elementar-Konzept. Münster: Waxmann 2010.

Bloch E. Zauberrassel und Menschenharfe. In: Kesting J (Hrsg). Luciano Pavarotti: Ein Essay über den Mythos der Tenorstimme. Düsseldorf: Econ 1991; 95.

Boehm G. Die Wiederkehr der Bilder. In: Boehm G (Hrsg). Was ist ein Bild? München: Wilhelm Fink Verlag 1994.

Böhme G. Sprach-, Sprech-, Stimm- und Schluckstörungen. Band 1: Klinik. München: Urban & Fischer/Elsevier [4]2003.

Braine MD. The ontogeny of English phrase structure: the first phase. Language 1963; 39: 1–13.

Brands H. Cogito ergo sum. Interpretationen von Kant bis Nietzsche. Freiburg: Verlag Karl Alber 1982.

Breuer H. Der Zupfgeigenhansl. Herausgegeben von Hans Breuer unter Mitwirkung vieler Wandervögel. 11. Aufl. Leipzig: Verlag Friedrich Hofmeister 1913.

Brocksch F. The Sound of Disney: Filmmusik in ausgewählten Walt Disney-Zeichentrickfilmen. Marburg: Tectum 2012.

Bruhn H, Kopiez R, Lehmann AC (Hrsg). Musikpsychologie: Das neue Handbuch. Reinbek bei Hamburg: rororo 2008.

Burckhardt J. Briefe an einen Architekten 1870–1889. München: Georg Müller und Eugen Rentsch 1913; 257.

Busch W. Dideldum! Der Maulwurf. Heidelberg: Verlag von Fr. Bassermann 1874.

Bygren LO, Konlaan BB, Johansson SE. Attendance at cultural events, reading books or periodicals, and making music or singing in a choir as determinants for survival: Swedish interview survey of living conditions. Br Med J 1996; 313(7072): 1577–80.

Cage J. „Die Nützlichkeit des Unnützen." Informationsbroschüre des gemeinsam mit den Salzburger Festspielen realisierten Festivals ZEITFLUSS 97 ‚Endspiel …'. Salzburg 1997; 24.

Caruso D. Enrico Caruso. Hamburg: Claassen 1954.

Celletti R. Geschichte des Belcanto. Kassel: Bärenreiter 1989.

Clarke E, Reichard UH, Zuberbühler K. Context-specific close-range „hoo" calls in wild gibbons (Hylobates lar). BMC Evol Biol 2015; 15: 56.

Clarke E, Reichard UH, Zuberbühler K. The syntax and meaning of wild gibbon songs. PLoS One 2006; 1: e73.

Cleave M. „The John Lennon I knew". London: The Telegraph, 5. Oktober 2005. www.telegraph.co.uk/culture/music/rockandjazz-music/3646983/The-John-Lennon-I-knew.html (Zugriff: 31.08. 2015).

Clift SM, Hancox G. The perceived benefits of singing: findings from the preliminary surveys of a university college choral society. J R Soc Promot Health 2001; 121(4): 248–56.

Clift SM, Hancox G. The significance of choral singing for sustaining psychological wellbeing: findings from a survey of choristers in England, Australia and Germany. Music Performance Research 2010; 3(1): 79–96. www.mpr-online.net (Zugriff: 31.08.2015).

Cotroneo R. Frag mich, wer die Beatles sind: Brief an meinen Sohn über die Liebe zur Musik. Frankfurt a. M.: Insel 2006.

Csampai A, Holland D (Hrsg). Claudio Monteverdi Orfeo, Christoph Willibald Gluck Orpheus und Eurydike. Texte, Materialien, Kommentare. Reinbek bei Hamburg: Rowohlt 1988; 45, 75, 110, 153.

Csíkszentmihályi M. Flow: Das Geheimnis des Glücks. Stuttgart: Klett-Cotta [17]2014.

Czeike F. Mozarts Wohnungen in Wien. Historisches Lexikon Wien. www.wien.gv.at/wiki/index.php/Mozart-Wohnungen (Zugriff: 31. 08.2015).

Darwin CR. The expression of the emotions in man and animals. 1872. Reprint. London: Echo Library 2007; 46.

De Saussure PWF. Cours de linguistique générale. Zweisprachige Ausgabe Französisch-Deutsch. Tübingen: Gunter Narr Verlag 2013.

De Vries G. On Art: Artists' Writings on the Changed Notion of Art After 1965. Schauberg: DuMont 1974; 25.

DeCasper AJ, Fifer WP. Of human bonding: newborns prefer their mothers' voices. Science 1980; 208(4448): 1174–6.

Descartes R. Abhandlung über die Methode des richtigen Vernunftgebrauchs. V. Ordnung der untersuchten physikalischen Probleme – Unterschied Mensch und Tier (1637). www.textlog.de/descartes-methode.html (Zugriff: 31.08.2015).

Deutsches Musikinformationszentrum (miz). Opern mit den meisten Aufführungen in Deutschland 10/2014. www.miz.org (Zugriff: 31.08.2015).

Doderer K. James Krüss: Insulaner und Weltbürger. Hamburg: Carlsen 2009.

Eckermann JP. Gespräche mit Goethe in den letzten Jahren seines Lebens. 12. May 1825. Goldmanns gelbe Taschenbücher, Band 950/951. München: Goldmann 1962; 108.

Eckoldt M (Hrsg). Kann das Gehirn das Gehirn verstehen? Heidelberg: Carl-Auer-Systeme Verlag 2013.

Ekman P. Gesichtsausdruck und Gefühl: 20 Jahre Forschung von Paul Ekman. In: Salisch M v (Hrsg). Reihe „Innovative Psychotherapie und Humanwissenschaften", Band 38. Paderborn: Junfermann 1988.

Fahrenberg J. Leib-Seele-Problem. Lexikon der Psychologie. www.spektrum.de/lexikon/psychologie/leib-seele-problem/8687 (Zugriff: 31.08.2015).

Falk D. The „putting the baby down" hypothesis: bipedalism, babbling, and baby slings. Behav Brain Sci 2004; 27: 526–34.

Felsner M. Operatica. Würzburg: Königshausen & Neumann 2008.

Fitch W. The evolution of music in comparative perspective. Cognition 2006; 100: 173–215.

Fleischer G. Lärm – der tägliche Terror. Verstehen – Bewerten – Bekämpfen. Wiesbaden: Fourier 1990.

Fleming R. Die Biografie meiner Stimme. Leipzig: Henschel [2]2011.

Freud S. Vorlesungen zur Einführung in die Psychoanalyse. *1916–1917*. Gesammelte Werke Band 11. Frankfurt a. M.: Fischer 1960; 10, 476.

Freud S. Der Moses des Michelangelo. *1914*. Studienausgabe Band X. Frankfurt a. M.: Fischer 1969; 197.

Friederici AD, Alter K. Lateralization of auditory language functions: a dynamic dual pathway model. Brain Lang 2004; 89(2): 267–76.

Fuchs M, Heide S, Hentschel B, Gelbrich G, Thiel S, Täschner R, Dietz A. Einfluss der körperlichen Entwicklung und der sängerischen Aktivität auf Stimmleistungsparameter bei Kindern und Jugendlichen. HNO 2006; 54: 971–80.

Fuchs M, Meuret S, Stuhrmann NC, Schade G. Stimmstörungen bei Kindern und Jugendlichen. HNO 2009; 57: 603–14.

Geissmann T. Gibbon songs and human music in an evolutionary perspective. In: Wallin NL, Merker B, Brown S (eds). The Origins of Music. Cambridge, Massachusetts: MIT Press 2000; 103–23.

Gembris H, Kraemer RD, Maas G (Hrsg). Macht Musik wirklich klüger? Musikalisches Lernen und Transfereffekte. Augsburg: Wißner [3]2006.

Georges KE. Ausführliches lateinisch-deutsches Handwörterbuch. Hannover 1918, Band 2, Sp. 2398.

Gerhard A. Anachronismus der Legende. Originalbeitrag zum Programmheft NABUCCO der Deutschen Oper Berlin, 2013; 25–30.

Giesen H. Am Flügel Hubert Giesen. Frankfurt a. M.: Fischer 1972.

Glasenapp CF. Wagner-Encyklopädie. Band 1. Hilfesheim: Georg Olms Verlag 1977.

Goethe JW v. Faust. Der Tragödie zweiter Teil. In: Goethes Werke. Auswahl in zwanzig Teilen, achter Teil. Berlin, Leipzig, Wien, Stuttgart: Deutsches Verlagshaus Bong & Co., o. A.

Gordon E. Music Learning Theory for Newborns and Young Children. Chicago: GIA Publications 2003.

Görtz FJ, Sarkowicz H. Erich Kästner – Eine Biographie. München, Zürich: Piper 1999.

Goscinny R, Uderzo A. Streit um Asterix. Band 15. Berlin: Egmont Ehapa 1973; 36.

Grafe TU, Bitz JH. Functions of duetting in the tropical boubou, *Laniarius aethiopicus*: territorial defense and mutual mate guarding. Anim Behav 2004; 68: 193–201.

Grotjahn R. „A compleat nest of nightingales in her throat." Angelica Catalani und die Stimme(n) des Stars. In: Brandenburg D, Seedorf T (Hrsg). „Per ben vestir la virtuosa." Die Oper des 18. und frühen 19. Jahrhunderts im Spannungsfeld zwischen Komponisten und Sängern. Schliengen: Edition Argus 2011; 162.

Grotjahn R, Schmidt D, Seedorf T (Hrsg). Diva – Die Inszenierung der übermenschlichen Frau: Interdisziplinäre Untersuchungen zu

221

einem kulturellen Phänomen des 19. und 20. Jahrhunderts. Schliengen: Edition Argus 2011.

Gruhn W. Anfänge des Musiklernens: Eine lerntheoretische und entwicklungspsychologische Einführung. Hildesheim: Olms 2010.

Gruhn W, Rauscher F (Hrsg). Neurosciences in Music Pedagogy. New York: Nova Science 2008.

Gruhn W, Haußmann M, Herb U, Minkner C, Röttger K, Gollhofer A. The development of motor coordination and musical abilities in pre-school children. Arts BioMechanics 2012; 1(2): 89–103.

Haböck F. Die Kastraten und ihre Gesangskunst. Eine gesangsphysiologische, kultur- und musikhistorische Studie. Berlin, Leipzig: Deutsche Verlagsanstalt 1927.

Haenchen H. Das Autograph der „Zauberflöte", seine Geschichte und die Folgen. www.haenchen.net/fileadmin/media/pdf/mozart_zauberfloete.pdf (Zugriff: 31.08.2015).

Haffner H. His Master's Voice: Die Geschichte der Schallplatte. Berlin: Parthas 2011.

Harnoncourt N. Musik als Klangrede – Wege zu einem neuen Musikverständnis. Kassel: Bärenreiter Verlag [7]2014.

Harnoncourt N. „… es ging immer um Musik". Eine Rückschau in Gesprächen. St. Pölten, Salzburg, Wien: Residenzverlag 2014.

Hasler F. Neuromythologie – Eine Streitschrift gegen die Deutungsmacht der Hirnforschung. Bielefeld: transcript 2012.

Hegel GWF, Marheineke PK. Werke. Band 10. Ausgabe 3. Berlin: Duncker & Humblot 1838; 203.

Heinz G. Interview mit Claudia Spahn. In: Spahn C. Lampenfieber. Handbuch für den erfolgreichen Auftritt. Grundlagen. Analyse. Maßnahmen. Leipzig: Henschel 2012; 143.

Hellbrück J, Ellermeier W. Hören: Physiologie, Psychologie und Pathologie. Göttingen: Hogrefe [2]2004.

Hemming J. Phänomenologie des „Ohrwurms". In: Auhagen W, Bullerjahn C, Höge H (Hrsg). Musikpsychologie – Musikalisches Gedächtnis und musikalisches Lernen. Jahrbuch der Deutschen Gesellschaft für Musikpsychologie 20. Göttingen: Hogrefe 2009; 184–207.

Henderson WJ. Hath music charms to soothe the savage breast? New York: The Sun 1908; 34.

Hendrickx M. Elvis A. Presley – Die Musik, der Mensch, der Mythos. Innsbruck: Koch International GmbH, Hannibal Verlag 2003.

Hepper PG. An examination of fetal learning before and after birth. Irish J Psychol 1991; 12: 95–107.

Hesse H. Flötenspiel. 1940. Zitiert nach: Abret H. „Der rätselhafte Fremdling ...". Hermann Hesse und Mozart. Der literarische Zaunkönig 2008; 2: 19–29.

Hildesheimer W. Mozart. Frankfurt a. M.: Suhrkamp [3]1982.

Hinderks-Kutscher R. Donnerblitzbub Wolfgang Amadeus. Mozarts Jugend. Stuttgart: Franckh 1945.

Hoffmann von Fallersleben AH. „Die Gedanken sind frei". Volkslied, ca. 1790, bearbeitet von Hoffmann von Fallersleben, 1841 (Erstdruck 1842).

Hofmann G, Mürbe D, Kuhlisch E, Pabst F. Unterschiede des auditiven Frequenzdiskriminationsvermögens bei Musikern verschiedener Fachbereiche. Folia Phoniatr Logop 1997; 49: 21–5.

Hollien H. Developmental aspects of neonatalvocalizations. In: Murry T, Murry J (eds). Infant Communication: Cry and Early Speech. Houston: College-Hill Press 1980.

Homer S. My wife and I. New York: Macmillan 1939; 191.

Irmen HJ. Manostatos. Programmheft „Die Zauberflöte". Salzburger Festspiele 2012; 22.

Itô S, Koiwa S. Aspekte der Bach-Rezeption in Japan. In: Heinemann M, Hinrichsen HJ (Hrsg). Johann Sebastian Bach und die Gegenwart: Beiträge zur Bach-Rezeption 1945–2005. Köln: Christoph Dohr 2007.

Jacobs R. „Ich will Musik neu erzählen": René Jacobs im Gespräch mit Silke Leopold. Leipzig: Henschel 2013.

Jäncke L. Macht Musik schlau? Neue Erkenntnisse aus den Neurowissenschaften und der kognitiven Psychologie. Bern: Hogrefe [2]2012.

Jentschke S, Koelsch S, Sallat S, Friederici AD. Children with specific language impairment also show impairment of music-syntactic processing. J Cogn Neurosci 2008; 20(11): 1940–51.

Jentschke S, Koelsch S. Sprach- und Musikverarbeitung bei Kindern: Einflüsse musikalischen Trainings. In: Kupetz R, Blell G (Hrsg). Der Einsatz von Musik und die Entwicklung von audio literacy im Fremdsprachenunterricht. Frankfurt: Peter Lang 2010; 37–56.

Juvenal. Satiren 10, 356. In: Bergdolt K (Hrsg). Leib und Seele – Eine Kulturgeschichte des gesunden Lebens. München: C. H. Beck 1999; 240.

Kästner E. Der Gesang vom Singen. 1935. In: Görtz FJ (Hrsg). Erich Kästner. Werke in 9 Bänden. Band 2. München: Hanser 1998.

Kästner E. Als ich ein kleiner Junge war. *1957*. In: Görtz FJ (Hrsg). Erich Kästner. Werke in 9 Bänden. Band 7. München: Hanser 1998.

Kerényi K. Die Mythologie der Griechen. Band 2: Die Heroen-Ge-schichten. 1960. München: Deutscher Taschenbuch Verlag [18]1999.

Kesting J. Maria Callas. Monographie. Düsseldorf: Claassen 1990.

Kesting J. Die ewige Flamme – Zum 30. Todestag der Diva Maria Callas. Der Spiegel 2007; Heft 35.

Kleist H. Über das Marionettentheater. In: Werke in sechs Teilen. Fünfter Teil. Berlin: Deutsches Verlagshaus Bong & Co. 1910; 73.

Kleist H. Über die allmähliche Verfertigung der Gedanken beim Reden. In: Werke in sechs Teilen. Fünfter Teil. Berlin: Deutsches Verlagshaus Bong & Co. 1910; 33.

Klemperer V. LTI – Notizbuch eines Philologen. Berlin: Aufbau 1947.

Kletschke I. Klangbilder. Walt Disneys „Fantasia" (1940). Beihefte zum Archiv für Musikwissenschaft 67. Stuttgart: Franz Steiner 2011.

Klofstad CA, Anderson RC, Nowicki S. Perceptions of Competence, Strength, and Age Influence Voters to Select Leaders with Lower-Pitched Voices. PLoS One 2015; 10(8): e0133779.

Kopiez R. Alles nur Gegröle? Kultische Elemente in Fußball-Fange-sängen. In: Herzog M (Hrsg). Fußball als Kulturphänomen: Kunst – Kult – Kommerz. Stuttgart: Kohlhammer 2002; 293–303.

Kopiez R, Brink G. Fußball-Fangesänge: Eine Fanomenologie. Würz-burg: Königshausen & Neumann 1999.

Kremer G. Obertöne. Salzburg, Wien: Residenz Verlag 1997; 63–64.

Kreutz G, Bongard S, Rohrmann S, Hodapp V, Grebe D. Effects of choir singing or listening on secretory immunoglobulin A, cor-tisol, and emotional state. J Behav Med 2004; 27: 623–35.

Kühn V. Spötterdämmerung. Vom langen Sterben des großen kleinen Friedrich Hollaender. Berlin: Parthas 1996.

Kuskin K, Simont M. Das Orchester zieht sich an. München, Wien: Hanser [4]2008.

Ledner E. Erinnerungen an Caruso. Leipzig, Hannover: Paul Steege-mann Verlag 1922.

Lehmann C. Phonetik und Phonologie. 2.4 Sprachzeichen. Erfurt: Universität Erfurt 2007. www.christianlehmann.eu/ling/elements /index.html?http://www.christianlehmann.eu/ling/elements/pho nologie.php (Zugriff: 31.08.2015).

Lehmann C. Anthropologie des Singens. In: Mecke A, Pfleiderer M, Richter B, Seedorf T (Hrsg). Lexikon der Gesangsstimme. Laaber: Laaber 2016 (in Vorbereitung).

Lehmann C. Chorgesang. In: Mecke A, Pfleiderer M, Richter B, Seedorf T (Hrsg). Lexikon der Gesangsstimme. Laaber: Laaber 2016 (in Vorbereitung).

Leikert S. Der Orpheusmythos und die Symbolisierung des primären Verlusts – Genetische und linguistische Aspekte der Musikerfahrung. Psyche 2001; 55: 1287–306.

Lindgren A. „Niemals Gewalt". Dankesrede zur Verleihung des Friedenspreises des Deutschen Buchhandels 1978.

Lorenz M. Mozart's Apartment on the Alsergrund. Newsletter of the Mozart Society of America 2010; XIV(2). https://homepage.uni vie.ac.at/michael.lorenz/alsergrund/ (Zugriff: 31.08.2015).

Ludwig C. ... und ich wäre so gern Primadonna gewesen. Berlin: Henschel 1999.

Luehrs-Kaiser K. „Intime Einblicke – Die Berliner Philharmoniker und ihr Trip to Asia." Berlin: Berliner Morgenpost, 28. Februar 2008.

Magne C, Schön D, Besson M. Musician children detect pitch violations in both music and language better than nonmusician children: behavioral and electrophysiological approaches. J Cogn Neurosci 2006; 18: 199–211.

Mann T. Der Zauberberg. Berlin: S. Fischer 1924.

Matheopoulos H. Divo: Great Tenors, Baritones and Basses Discuss Their Roles. New York: HarperCollins 1986.

Matheopoulos H. Diva: Great Sopranos and Mezzos Discuss Their Art. Boston: Northeastern University Press 1992.

Matheopoulos H. Diva: The New Generation. Boston: Northeastern University Press 1998.

McNeill WH. Keeping Together in Time. Dance and Drill in Human History. Cambridge (MA): Harvard University Press 1995.

Mecke AC, Sundberg J, Richter B. A virtual Castrato? Logoped Phoniatr Vocol 2010; 35: 138–43.

Meyer O. Leib-Seele-Problem und Medizin: Ein Beitrag anhand des frühen 20. Jahrhunderts. Würzburg: Königshausen & Neumann 2005.

Meyer-Kalkus R. Stimme und Sprechkünste im 20. Jahrhundert. Berlin: Akademie-Verlag 2001.

Mohr F. Große Pianisten, wie sie keiner kennt. Basel: Brunnen [8]2009.

Moon C, Panneton Cooper R, Fifer WE. Two-day-olds prefer their native language. Infant Behav Dev 1993; 16(4): 495–500.

Morris D. The Soccer Tribe. London: Jonathan Cape 1981.

Mrozek B. Wortmysterium „Jahresendflügelfigur": Wer sagt denn so was! Spiegel online, 25. Dezember 2006. www.spiegel.de/kultur/gesellschaft/wortmysterium-jahresendfluegelfigur-wer-sagt-denn-so-was-a-456541.html (Zugriff: 31.08.2015).

Mürbe D, Pabst F, Hofmann G, Sundberg J. Effects of a professional solo singer education on auditory and kinesthetic feedback – a longitudinal study of singers' pitch control. J Voice 2004; 18: 236–41.

Muscheler U. Die Nutzlosigkeit des Eiffelturms: eine etwas andere Architekturgeschichte. München: C.H. Beck ^{3}2008.

Nadolny S. Ein Gott der Frechheit: Roman. München: Piper 1996.

Nietzsche F. Sprüche und Pfeile, 33. In: Götzen-Dämmerung oder Wie man mit dem Hammer philosophiert. Leipzig: C.G. Naumann 1889.

Nietzsche F. Nietzsche, Schopenhauer und die philosophische Kritik des Positivismus. In: Bergdolt K (Hrsg). Leib und Seele – Eine Kulturgeschichte des gesunden Lebens. München: C.H. Beck 1999; 308.

Nietzsche F. Sämtliche Werke. Kritische Studienausgabe. Band 10. Hrsg. von Colli G, Montinari M. München: Walter de Gruyter 1980.

Nikjeh DA, Lister JJ, Frisch SA. The relationship between pitch discrimination and vocal production: comparison of vocal and instrumental musicians. J Acoust Soc Am 2009; 125: 328–38.

Novalis. Die Enzyklopädie – Die Philosophischen Wissenschaften. 1798/1799.

Obrig H, Rossi S, Telkemeyer S, Wartenburger I. From acoustic segmentation to language processing: evidence from optical imaging. Front Neuroenergetics 2010; 2. pii: 13.

Ortkemper H. Engel wider Willen – die Welt der Kastraten. Berlin: Henschel 1993.

Osterkamp J. Gibbon-Kommunikation: Kleine Menschenaffen kennen 450 Vokabeln. Heidelberg: Spektrum.de, News. 10.04.2015.

Ovid PN. Metamorphosen. In der Übertragung von Johann Heinrich Voß. Frankfurt a.M.: Insel 1990.

Panter P. Zwei Lärme. Die Weltbühne, 28.07.1925, Nr. 30; 139.

Papoušek H, Papoušek M. Musical elements in the infant's vocalization: Their significance for communication, cognition, and creativity. Adv Infancy Res 1981; 1: 163–224.

Parkinson M. Interview mit Kiri Te Kanawa. As published in Blabbermouth.net, 3. Januar 2007 (Zugriff 31.8.2015).

Patel AD. Music, Language, and the Brain. New York: Oxford University Press 2008.

Pathe R. Zusammenhänge musikalischen und sprachlichen Lernens – eine Untersuchung. Regensburg: ConBrio 2008.

Payne R, McVay S. Songs of humpback whales. Science 1971; 173: 585–97.

Peters H (Hrsg). Silvestro di Ganassi. Schule des kunstvollen Flötenspiels und Lehrbuch des Diminuierens. Berlin: Robert Lienau Verlag 1956.

Pfister W. Fritz Wunderlich – Biographie. Mainz: Schott 2005.

Pidde E v. Richard Wagners „Ring der Nibelungen" im Lichte des deutschen Strafrechts. Berlin: Ullstein Taschenbuch 2003.

Prescott R. Infant cry sound; developmental features. J Acoust Soc Am 1975; 57: 1186.

Puschkin A. Mozart und Salieri. Russisch/Deutsch. Stuttgart: Reclam 1985.

Rauscher FH, Shaw GL, Ky KN. Music and spatial task performance. Nature 1993; 365(6447): 611.

Richter B. Die Stimme – Grundlagen, Künstlerische Praxis, Gesunderhaltung. Leipzig: Henschel ²2014.

Rieger E, Steegmann M. Göttliche Stimme – Lebensberichte berühmter Sängerinnen von Elisabeth Mara bis Maria Callas. Frankfurt, Leipzig: Insel 2002.

Riley M. Neuseelands Maori Abc: Geschichte, Sitten und Handwerk. Raumati South, Neuseeland: Viking Seven Seas 1995.

Rizzolatti G, Sinigaglia C. Empathie und Spiegelneurone: Die biologische Basis des Mitgefühls. edition unseld 11. Frankfurt a. M.: Suhrkamp 2008.

Robbins Landon HC. 1791 – Mozarts letztes Jahr. München: dtv ²1992; 175.

Röhl E. Wörtliche Betäubung. Berlin: Eulenspiegel 1986.

Rosselli J. Singers of Italian Opera. The history of a profession. New York: Cambridge University Press 1992.

Rosselli J. The life of Mozart. Cambridge: Cambridge University Press 1998; 70.

Russell B. Philosophie des Abendlandes. Ihr Zusammenhang mit der politischen und der sozialen Entwicklung. (History of Western Philosophy, 1945.) Zürich: Europa Verlag 2012.

Safranski R. Romantik: Eine deutsche Affäre. München: Hanser 2007.

Scherer K. Expression of emotion in voice and music. J Voice 1995; 9: 235–48.

Schiedermair L. Die Briefe W. A. Mozarts und seiner Familie. Band 1. München, Leipzig: Georg Müller 1914.

Schikaneder E. Der Spiegel von Arkadien: Eine grosse heroisch-komische Oper in zwey Aufzügen. Vorwort. Wien: Ochß 1795.

Schlosser HD. Sprache unterm Hakenkreuz. Köln, Weimar, Wien: Böhlau 2013.

Schnitzler HU, Denzinger A. Die Stimmen der Natur. In: Geissner HK (Hrsg). Das Phänomen Stimme – Natur und Kunst. Natürliche Anlage und kulturelle Formung. 6. Stuttgarter Stimmtage 2006; 33–41.

Schnitzler R. Singen ist klasse. Mainz: Schott 2008.

Scholz DD. Mythos Primadonna. 25 Diven widerlegen ein Klischee. Gespräche mit großen Sängerinnen. Berlin: Parthas 1999.

Schopenhauer A. Über die vierfache Wurzel des Satzes vom zureichenden Grunde. Eine philosophische Abhandlung. § 42 Subjekt des Wollens. 1813. www.textlog.de/23037.html (Zugriff 31.8. 2015).

Sedláček K, Sychra A. Die Melodie als Faktor des emotionellen Ausdrucks. Folia Phoniatrica (Basel) 1963; 15: 89–98.

Seedorf T. Sängerinnen und Sänger. In: Gerhardt A, Schweikert U (Hrsg). Verdi-Handbuch. 2., überarb. u. erw. Aufl. Stuttgart: J. B. Metzler 2013; 618–22.

Simmenauer S. Muss es sein? Leben im Quartett. Berlin: Berenberg 2008.

Sjobbema DJ. Die Geschichte der Elektronik. Vom Volta-Element zum digitalen Fernsehen. Aachen: Elektor-Verlag 1999.

Smith P. Interview in der Sendung „Studio 360" des US-amerikanischen Senders PRI am 24.12.2009.

Spahn C. Lampenfieber. Handbuch für den erfolgreichen Auftritt. Grundlagen. Analyse. Maßnahmen. Leipzig: Henschel 2012.

Spahn C. Musikergesundheit in der Praxis – Grundlagen, Prävention, Übungen. Leipzig: Henschel 2015.

Spahn C, Richter B, Altenmüller E. MusikerMedizin. Stuttgart: Schattauer 2011.

Springer C. Enrico Caruso. Tenor der Moderne. Wien: Holzhausen 2002; 87.

Stephan A. Leib-Seele-Problem. Lexikon der Neurowissenschaften. www.spektrum.de/lexikon/neurowissenschaften/leib-seele-problem/6967 (Zugriff: 31.08.2015).

Szagun G. Sprachentwicklung beim Kind: Ein Lehrbuch. Weinheim: Beltz ^{5}2013.

Tucholsky K. Traktat über den Hund, sowie über Lerm und Geräusch. In: Das Lächeln der Mona Lisa. Berlin: Volk und Welt 1974; 124–38.

Tucholsky K. Schloß Gripsholm: Eine Sommergeschichte. Reinbek bei Hamburg: Rowohlt ²⁴2001.

Uexküll T v. Die Entstehung der Psychosomatischen Medizin aus der Geschichte des Leib-Seele-Dualismus. Med Klin 1988; 83: 37–9.

Uexküll T v. Psychosomatische Medizin. Theoretische Modelle und klinische Praxis. Adler RH, Herzog W, Joraschky P, Köhle K, Langewitz W, Söllner W, Wesiack W (Hrsg). 7. Aufl. München: Urban & Fischer/Elsevier 2010.

Vergil MP. Georgica/Vom Landbau. Lateinisch/Deutsch. Übersetzt und herausgegeben von Otto Schönberger. Stuttgart: Reclam 1994.

Victor A. The Elvis Encyclopedia. New York: Overlook Books 2008; 558.

Voormann K. „Ich wäre besser gewesen als Paul". Interview mit Klaus Voormann von Willi Winkler. süddeutsche.de, 17. Mai 2010. www.sueddeutsche.de/kultur/im-interview-klaus-voormann-ich-waere-besser-gewesen-als-paul-1.432929 (Zugriff: 31.08. 2015).

Wagner R. Gesammelte Schriften und Dichtungen. Band 9. Leipzig: Röder ⁴1907; 338.

Wagner R. Oper und Drama. In: Sämtliche Schriften und Dichtungen. Band 4. Volksausgabe. Leipzig: Breitkopf & Härtel 1911.

Wirth JGA. Das Nationalfest der Deutschen zu Hambach. Neustadt: Philipp Christmann 1832. www.books.google.de (Zugriff: 31.08. 2015).

Wittlinger I, Sendlmeier W. Stimme und Sprechweise erfolgreicher Frauen. In: Sendlmeier W (Hrsg). Sprechwirkung – Sprechstile in Funk und Fernsehen. Berlin: Logos 2005; 71–120.

Wöhrle D. Bertolt Brechts medienästhetische Versuche, insbes. Kapitel IV: „Das Radioexperiment ‚Der Lindberghflug' und Brechts Auseinandersetzung mit dem Medium Rundfunk". Köln: Prometh 1988; 45–60.

Zatorre RJ. Predispositions and Plasticity in Music and Speech Learning: Neural Correlates and Implications. Science 2013; 342 (6158): 585–589.

Zentrum für Kulturforschung (Infas), Deutsche Orchestervereinigung. Kultur als Imageträger – Umfrage in Deutschland. Badische Zeitung vom 2.2.1995.

Zweig S. Sternstunden der Menschheit: Vierzehn historische Miniaturen. Das Genie einer Nacht. Berlin: Insel 2013; 92.

Weiterführende Links

Elvis – Hound Dog & Dialogue. Milton Berle Show, 5. Juni 1956. www.youtube.com/watch?v=WJnVQDA9rHA (Zugriff: 31.08. 2015).

European Broadcasting Union (EBU): www.ebu.ch (Zugriff: 31.08. 2015).

Gluck Christoph Willibald. www.deutschlandfunk.de/christoph-wil libald-gluck-reformator-der-alten-oper.871.de.html?dram: article_id=290593 (Zugriff: 31.08.2015).

Hier ist Berlin – Stimmen in den Medien. www.deutschlandradiokul tur.de/90-jahre-radio.1893.de.html?dram:article_id=267014 (Zugriff: 31.08.2015).

Josephine Baker dancing the original charleston, 1925. www.youtu be.com/watch?v=jEH6eDpjgRw (Zugriff: 31.08.2015).

Josephine Baker Vintage Naked on Stage. www.youtube.com/watch? v=gnBP9xkx2-w (Zugriff: 31.08.2015).

Josephine Baker's Banana Dance. www.youtube.com/watch?v=wm w5eGh888Y (Zugriff: 31.08.2015).

„Our World", 25 June 1967. First live international satellite TV. www.youtube.com/playlist?list=PLTnbwiCw-mMTMyud7eaLk zfQBN5gMwTIE (Zugriff: 31.08.2015).

Rolling Stone. 100 Greatest Guitarists. www.rollingstone.com/music/ lists/100-greatest-guitarists-20111123 (Zugriff: 31.08.2015).

Tübinger Forscher entdecken die älteste Flöte der Welt. Badische Zei-tung vom 25. Juni 2009. www.badische-zeitung.de/suedwest-1/ tuebinger-forscher-entdecken-die-aelteste-floete-der-welt--16384935.html (Zugriff: 31.08.2015).

„Une tribu en Amazonie regarde pour la première fois des images sur notre civilisation." www.youtube.com/watch?v=FJ6ERizJy2 s (Zugriff: 31.08.2015).

UNESCO Intangible cultural heritage. www.unesco.org/culture/ich/ index.php?lg=en&pg=00011&RL=00087 (Zugriff: 31.08.2015).

„Va pensiero." Nabucco, Roma 2011. www.youtube.com/watch?v= gaXE0v0bJoE (Zugriff: 31.08.2015).

Quellenverzeichnis

Abbildungen

Abbildung zu Kapitel 1 (S. XIV):
Man Ray, „Le Violon d'Ingres", 1924, © VG Bild Kunst, Bonn 2015.

Abbildung zu Kapitel 2 (S. 32):
Noten zu „Probier's mal mit Gemütlichkeit"; Musik: Terry Gilkyson, Text: Heinrich Riethmüller; Notensatz: Laura Bollack.

Abbildung zu Kapitel 3 (S. 50):
Maria Callas als Turandot (1957). Aus: Jürgen Kesting, Maria Callas. Düsseldorf, München: Verlag Econ/Claassen 1990, S. 97.

Abbildung zu Kapitel 4 (S. 70):
Illustration aus: James Krüss, Der Sängerkrieg der Heidehasen, mit Illustrationen von Ole Könnecke; © Carlsen Verlag GmbH, Hamburg 2002.

Abbildung zu Kapitel 5 (S. 86):
Das Zauberflötenhäuschen in Salzburg. Foto: Autoren.

Abbildung zu Kapitel 6 (S. 116):
„Die Lauschenden" des Bildhauers Karl-Henning Seemann, Musikhochschule Freiburg. Foto: Autoren.

Abbildung zu Kapitel 7 (S. 132):
Cover des Buchs „Hoppe hoppe Reiter. Liebe alte Kinderreime." Mit Bildern von Ingeborg Pietzsch. München: Paul Hugendubel Verlag, o.J. (ca. 1940).

Abbildung zu Kapitel 8 (S. 156):
Francis Barraud, „His Master's Voice", 1898.

Abbildung zu Kapitel 9 (S. 180):
Henri Toulouse-Lautrec, Yvette Guilbert, 1894.

Abbildung zu Kapitel 10 (S. 194):
Jean Cocteau, „Orphée à la lyre", 1960, © VG Bild Kunst, Bonn 2015.

Zitate

S. V: Victor Hugo. Aus: William Shakespeare. Première Partie. Livre II: Les Génies. Paris 1864; IV., p. 120.

S. 78f.: James Krüss, „Mein Lebens-ABC". Aus: James Krüss, Von Anfang bis Zebra – ABC-Gedichte. © Carlsen Verlag GmbH, Hamburg 2011.

S. 85: Erich Kästner, „Der Gesang vom Singen". Aus: Erich Kästner, Wir sind so frei. Werke Bd. 2, Carl Hanser Verlag, München Wien 1998.

S. 114: Hermann Hesse, „Flötenspiel". Aus: Hermann Hesse, Sämtliche Werke in 20 Bänden. Herausgegeben von Volker Michels. Band 10: Die Gedichte. © Suhrkamp Verlag Frankfurt am Main 2002. Alle Rechte bei und vorbehalten durch Suhrkamp Verlag Berlin.

S. 162f.: Thomas Mann. Aus: Der Zauberberg. © S. Fischer Verlag, Berlin 1924. Alle Rechte vorbehalten S. Fischer Verlag GmbH, Frankfurt am Main.